KB202930

나는 감사로 기적을 보았다

나는 감사로 기적을 보았다

# 나는 감사로 기적을 보았다

메마른 세상에서 행복을 찾아 떠난 감사여행

*Miracles with Thankfulness*

지은이 임승훈

글샘
GEULSAEM PUBLISHING

## 추천사.1

행복한 삶으로 안내해주는 책

임승훈 목사님의 "나는 감사로 기적을 보았다"라는 책은 한마디로 행복한 삶으로 안내하는 책이다. 그렇다고 철학적 행복론을 쓴 것은 아니다. 현실에서 몸부림치다가 배우고, 깨닫고, 경험되어진 삶을 바탕으로 진정한 행복은 감사에 있다는 저자의 체험담이 근간을 이룬다.

자신의 경험적 깨달음에서 출발하여 세계적 명인들의 가르침과 경험담을 망라하고 있고 독서운동을 할 만큼 수많은 독서를 한 분인데 그 많은 책을 통하여 많은 저자들의 경험도 자기 것으로 소화하여 요리하여 내어놓은 한 상 차림과 같이 매우 풍성한 내용의 책이다.

이 책에 일관되게 흐르는 주제는 물론 "감사"라는 주제이다. 감사하는 삶이 행복의 원리일 뿐 아니라 어떻게 감사하여야 하는가까지도 잘 안내하고 있다.

진지하게 이 책을 읽는다면 누구라도 행복한 인생을 평생 누리게 될 것을 확신하며 감사 운동은 병든 한국사회를 치유하는 축복이 될 것을 확신하면서 일독을 권하여 추천하는 바이다.

_이강천 (시인, 영성가, 서울신학대학교 교수, 바나바훈련원장 역임)

## 추천사.2

감사의 에세이요, 감사의 시요, 감사의 노래다


임승훈 목사님은 감사의 중요성을 깨닫고, 감사의 중요성을 전파하는 분이다. 감사가 행복의 비결이며, 자족의 비결이며, 기적의 비결임을 깨우쳐 주는 분이다. 감사를 통해 우리 민족이 행복한 민족이 되길 소원하는 분이다. 조국교회가 새롭게 되기를 원하는 분이다. 감사를 통해 절망을 극복하고 소망을 품기 원하는 분이다. 감사를 통해 치유를 경험하길 원하는 분이다. 저자의 감사운동은 민족 개조의 운동이다.

감사는 히브리 민족을 원망하는 노예로부터 위대한 민족으로 세우는 원리다. 하나님은 모세를 통해 광야 40년 동안 히브리 노예들을 위대한 민족으로 개조하셨다. 그것은 실로 엄청난 혁명이요, 놀라운 개혁이다. 민족이 새롭게 태어나는 경험이며, 새롭게 만들어지는 경험이다. 그 혁명의 뿌리에 '감사의 언어'가 있었다. 하나님은 히브리 노예들의 언어 습관을 바꾸지 않으면 위대한 민족이 될 수 없음을 아셨다.

히브리 노예들의 언어는 원망이었다. 불평이었다. 원망과 불평은 그들의 오래된 언어습관이었다. 그들을 불행하게 만들었던 언어의 쓴 뿌리였다. 그들이 사용했던 원망 언어는 400년 노예 살이의 상처와 억울함 원통함에서 자연스레 스며 나온 것이다. 하지만 하나님은 원망 언어를 사용하는 민족이 거룩한 제사장 나라가 될 수 없음을 아셨다. 그래서 원망하는 그들의 언어를 감사 언어로 바꾸기를 원하셨다. 그들의 마음 그릇에 담긴 원망의 언어를 버리고, 감사의 언어로 채우길 원하셨다.

히브리 민족의 원망 언어가 감사의 언어로 바뀌는 데 무려 40년이 걸렸다. 마침내 그들은 원망하는 민족에서 감사하는 민족으로 새롭게 태어났다. 감사로 하나님께 영광을 돌리는 민족이 되었다(시 50:23). 이스라엘 백성들이 함께 모여 기도할 때에 특별히 '감사하는 말씀을 인도하는 자'가 있었다는 사실이다(느 11:17).

저자의 글은 감사의 에세이요, 감사의 시요, 감사의 노래다. 감사를 전염시키는 거룩한 바이러스다. 이 책은 감사를 통해 가정을 변화시키고 공동체를 변화시키고, 민족을 변화시키는 촉매제다. 원망의 언어를 벗어버리고, 감사 언어로 옷 입기 원하는 이들에게 이 책을 추천한다. 감사라는 품격 있는 언어를 통해 사람들을 치유하기 원하는 이들에게, 감사를 통해 행복을 체험하기 원하는 이들, 감사를 통해 하나님께 더욱 가까이 나아가기 원하는 이들에게 이 책을 추천한다.

_강준민 (L.A. 새생명비전교회 담임목사, 작가)

## 추천사.3

부정적 정서의 결박을 끊고
감사의 땅으로 전진한 체험

친구 임승훈 목사님이 감사의 여정에서 얻은 보석 같은 정감을 글로 빚어내었다. 신학대학 시절 학보사에 글도 쓰고 합리적인 통찰이 깊었던 분이다. 지적인 논리가 훨씬 어울리던 사람이 감성의 우물에서 길어 올리는 것이라서 감동이 색다르다. 카페에서 커피 한 잔 시켜놓고 부담 없이 대여섯 편은 쉽게 읽을 수 있는 글들인데, 아마도 글에서 다가오는 감동 때문에 앞에 놓인 커피가 식는 줄 모르게 책 속으로 빠져들까 싶다.

불평과 불만이 결코 이롭지 않다는 것을 모르는 사람은 없다. 삶의 경험에서 부정적인 감성에 휘둘려 후회해 본 경험은 누구에게나 있을 테다. 그러나 방향을 바꾸어 감사로 용감하게 걷는 사람은 드물다. 머리로만 아는 감사가 아니라 손과 발로 체험하는 감사의 길로 깊숙이 들어선다는 것이 만만치 않다. 몸과 마음에 부정의 감성이 벌써 아주 깊게 배어든 까닭이다. 습관이 되어 몸에 배어버린 정서를 바꾼다는 것이 참 어렵다.

저자는 이런 부정적인 정서의 결박을 끊고 감사의 땅으로 전진한 체험을 갖고 있다. 감사가 몸과 마음에 거룩한 습관이 되도록 자신이 실천해온 간단한 매뉴얼을 전한다. '1532감사'다. 악마는 디테일에 있다. 이 말을 거꾸로 뒤집어 보자. 거룩한 습관은 일상의 디테일을 통해서 만들어진다. 이 길로 가는 지도가 '1532감사'다. 저자는 이를 통해 인생의 후반전을 감사 전도사로 살고 있다.

감사(gratitude)와 기쁨(gratification)과 은혜(grace)가 한 단어에서 나왔다는 임 목사님의 통찰은 독자에게 깊은 깨달음을 준다. 라틴어 그라투스(gratus)가 그 어원이다. 이 단어는 '사랑스럽다, 고맙다, 즐겁다, 마음에 든다, 은혜를 안다'는 뜻을 가진 형용사다. 사람이 사람답게 사는 데 꼭 필요한 정서들을 모두 담고 있는 단어 아닌가!

그리스도인이 이 책을 읽다보면 신앙생활을 하면서 수도 없이 들어왔던 명제가 생각날 것이다. "범사에 감사하라." 너무 흔해서 그 귀한 가치를 알지 못하는 것이 많은데 감사에 관한 이 위대한 명제도 그 중 하나다. 그리스도인이 아닌 사람이 이 책을 읽다보면 삶의 길목에서 종종 마주쳤던 보석 같은 깨달음이 생각날 것이다. 낙천적이고 긍정적인 인생이 비관적이고 부정적인 인생보다 분명히 더 행복하다.

임 목사님을 이 책의 부제를 빌어 이렇게 소개할 수 있을 것이다. '메마른 세상에서 행복을 찾아 길 떠난 감사 여행의 순례자.' 저자의 감사는 근본적으로 하나님에게서 오며 사람에게로 이어진다. 책 제목 '나는 감사로 기적을 보았다'에서 당신은 하나님과 이웃을 담은 말이다. '감사 전도사'의 책을 기쁜 마음으로 추천한다.

_지형은 (성락성결교회 목사, 남북나눔 이사장)

## 추천사.4

감사의 삶을 실천하는 우리 이웃의 이야기 속에서...

삼면이 바다인 우리나라 곳곳에 있는 해변 중 '몽돌'이라는 이름이 붙은 해변들이 몇몇 있습니다. 언제부터 그곳에 있었는지 모를 자갈들이 매일 밀려오는 바닷물에 깎이고 부서져 동그랗고 부드러워 보이는 조약돌들이 지천으로 깔려 아름다운 풍경을 만들어냅니다.

임승훈 목사님의 「나는 감사로 기적을 보았다」는 우리와 별다른 것이 없는 삶을 살고 있는 분들의 어쩌면 아무것도 아닐 수도 있는 이야기로 가득합니다. 그러나 이 이야기들이 힘이 있는 것은, 자신의 자리에서 꿋꿋이 고난을 견디며 오히려 감사의 삶을 실천하는 우리 이웃의 이야기이기 때문입니다.

언론인의 경험이 있는 임목사님이 매의 눈으로 찾아낸 이 몽돌 같은 이야기들은 읽는 이들의 가슴을 따뜻하게 한다. '나도 다시 한번 시작해 보자.'는 용기를 갖게 합니다. 모쪼록 더 많은 감사의 이야기들이 전해지고, 읽혀지고, 모아져서 증보의 증보를 더하는 끊이지 않는 이야기가 되길 소망합니다.

_임석웅 (기독교대한성결교회 총회장, 부산대연교회 담임목사)

## 추천사.5

감사하면 행복해지는 사건을 만나게 된다

초등학교, 중학교, 그리고 대학교 동기동창이기도 한 임승훈 목사가 증보판으로 내는 감사책에는 실제로 감사하며 살아가는 많은 분들의 이야기가 담겨 있어서 좋다. 감사에 대해 저자는 이렇게 말한다. "진정 행복을 원하시는가? 그렇다면 이제부터라도 감사를 시작해보자. 감사하면 행복해지는 사건fact을 만나게 될 것이다." "감사운동은 광야에서 길을 만들고 사막에 강을 내는 어려운 일이다. 하지만 불가능이 아니라 가능한 일이다. 감사는 하나님을 찬송하는 일이다. 감사와 찬송은 기적 같은 일들을 만들어내는 일이다." "감사운동은 격려하는 것이다. 감사운동은 동행하는 것이다. 감사운동은 박수를 쳐 주는 것이다. 감사운동은 칭찬을 해주는 것이다. 감사운동은 같이 아파해주고, 아픈 사람 곁에 있어 주는 것이다. 감사운동은 지켜보는 것이다." "감사는 하나님 아버지의 마음이다. 그 마음을 알고 실천하는 게 감사생활이다."와 같은 문장들은 우리가 왜 감사하며 살아가야 하는지에 대해서 분명한 동기를 부여해주고 있다.

_노용찬 (광주 빛고을나눔교회 담임목사)

## 추천사.6

### 우리, 마음껏 감사에 빠져들어 가 보자

나는 오래전에 "말의 힘, 물은 답을 알고 있다."라는 유튜브 영상을 본 적이 있다. 일본의 마사루 에모토 박사가 주장한 '파동이론'에 근거하여, 일반적인 물에 '사랑' '기쁨' '감사' 등 좋은 말을 하면 물의 결정체가 아름다운 육각수로 바뀐다는 것이다.

이후 비슷한 실험들이 참 많았다. 흰쌀밥에 '고맙습니다. 감사합니다.'라는 말을 해준 밥은 아름답고 구수하게 발효되었지만, '미워! 꺼져버려!'라는 말을 한 밥은 시커멓게 곰팡이가 피어난 영상 등이다. '참으로 신기하고 놀랍다'라는 생각은 했지만, 나도 저런 실험을 직접 해봐야겠다는 의욕으로까지는 이어지지 않았다.

그런데 신학교 동기이며 기숙사 같은 방을 썼던 동기동창 임승훈 목사가 쓴 책 "나는 감사로 기적을 보았다."를 읽으면서는 "그래! 나도 절대로 감사를 놓치지 말자! 이것대로 살아보자!"라는 결심을 하게 되었다. 왜냐하면! 이 책은 이론적인 면도 탄탄하지만, 자신과 가족들, 그리고 지인들의 삶과 체험에 근거해서 썼기에 훨씬 더 설득력 있게 다가왔기 때문이다.

사실 임 목사와는 너무 가까운 친구이기에, '글'보다는 주로 '말'로 소통했던 탓인가? 책을 읽으며 그의 맛깔스러운 글솜씨에 새삼 놀라며 책에서 눈길을 떼지 못했다. 지금도 내 마음에 남아서 큰 소리로 외치고 있다. "감사에는 중독은 없고 다만 치유가 있을 뿐이야! 그러니 마음껏 감사에 빠져 들어봐!" 그래, 친구야! 네 책을 통해 삶을 정화하고, 더 많은 미소를 머금은 환한 얼굴로 만나도록 하겠네. 좋은 책 고마워!… _김영대 (부천 꿈마을엘림교회 담임목사)

---

## 추천사.7

감사는 세계로 뻗어나갈 이슈입니다.

임승훈 목사님은 인천의 영흥도에서 출생하였습니다. 가난 속에 살면서도 항상 소망과 적극적 삶을 사는 변하지 않는 친구였습니다. 임승훈 목사님은 수학적 능력도 우수하여 신학대학원시절 항상 1등을 하면서 거의 ALL A+이었습니다. 교회를 위해 자신의 모든 것을 다 바치는 헌신에 비해 교회는 그릇이 큰 목사님을 수용하지 못하여 일반 목회는 그리 순탄치 못했습니다. 그런 하나님은 한부모 가족들을 섬기는 목회를 하게 하셔서 감사운동본부와 한부모가족돌봄센터〈위대한맘〉을 만들게 하셨습니다. 이 운동은 전 세계로 뻗어가야 할 현대의 이슈입니다.

순수한 임 목사님은 이 시대에 감사의 눈이 떠져 "나는 당신을 만나 행복합니다"를 18년에 초판을 만들었는데 이번에 개정판을

낸답니다. 저는 초판을 읽으며 감사의 눈이 뜨여졌습니다. 이 책은 "감사 비타민"입니다. 전 국민들의 필독서입니다. 감사운동이 살아나면 가족들이 살고 자살률이 떨어지고 인구 절벽이 해결되고 대한민국이 살아나게 됩니다. 이 땅에 천국이 이루어지는 귀한 책입니다.

_김현석 (대전 유일교회 담임목사)

## 추천사.8

일상에서 전해오는 감사라는 향기를 느끼게 하는 글!!

범사에 감사하라는 성경구절은 크리스천에게는 너무나 상식적인 이야기이고 우리도 너무 쉽게 뱉어내는 말입니다. 그러나 실제 범사에 감사하라는 문장의 뜻을 온전히 실천하기에는 너무나 어려운 말입니다. 범사! 모든 순간에란 뜻인데 이 모든 순간은 이미 감사할 수 없는 상황까지도 포함해야 하며 그 조건은 다시 말하면 '그럼에도 불구하고'라는 접속어로 이어져야 하는 것입니다.

감사할 수 없는 조건에서도 감사할 수 있다는 것이 과연 가능한 것일까? 믿지 않는 자들에게는 너무나 괴변처럼 들릴 수 있는 말일 것이다. 그러나 우리 믿는 자들에게 감사란 더 이상 필요충분조건 하에서 하는 것이 아니라 감사로 먼저 아뢰며 되어질 미래의 모든 부분을 주님께 맡기는 것이라고 생각합니다. 이번 임승훈목사님의 저서에서는 우리 안에 이 작은 순간순간 마다의 감사의 경험을 통해 우리의 삶 속에서 느껴지는 작은 감사의 순간들과 고백들을 모아 믿는 자들에게는 우리의 평범한 인생에 동변상련의 의식을 통해 공감을 얻어내며 믿지 않는 자들에게는 자신의 삶의 작은 순간마다 얼마나 작은 행복을 놓치고 있는지 당연한 것으로 여겨졌던 모든 것들에 대해 다시금 돌아보게 하는 좋은 계기가 되게 합니다. 많은 인터뷰를 통해 평범한 이야기들 속에서 역사하시는 그리스도의 향기가 코끝에 전해지는 듯 합니다.

_권지연 (청운대학교 외래교수, 권사)

## 추천사.9

젊은이들이 꿈을 … 버리는 이 시대에, 지나가다 멈춘 봄 바람

〈나는 감사로 기적을 보았다〉는 무엇인가 불분명한 이미지가 저를 괴롭혔습니다. 헌데 원고를 인쇄물로 한 페이지씩을 넘기며 정독을 하고 난 후에야 스스로 웃고 있는 제 자신을 보게 되었습니다. 그 이유를 찾았기 때문입니다. 이 책은 바로 임승훈 목사였습니다. 까까머리의 학생 시절부터 편집장 시절과 교회를 개척할 때, 그리고 "감사"를 주제로 대구지방교역자회를 찾아 강의를 해 줄 때의 모습까지에서 읽을 수 있었던 그 모습, 영흥도 바닷가를

헤엄쳐 나아갔듯 수많은 역경에서 "감사해요"라고 웃으며 씩씩하게 이겨 나왔던 바로 그 모습. 예수님의 손을 꼭 잡고 미소 짓던 그 모습이었습니다.

동기 목사 한 분이 제게 이런 말을 했습니다. "임목사님은 시대를 잘 만났으면…". "아니요 임목사님은 시대를 정말 잘 만났습니다." 하나님께서 모세의 때를 정확하게 맞추신 것처럼 감사를 잃어버린 시대, 불평이 가득한 시대, 그리고 젊은이들이 꿈을 잃고 자살로 삶을 쉽게 버리는 이 시대에 지나가다 멈춘 봄바람 같이 '저자 자신의 삶의 고백'을 우리에게 살그머니 내어주어 새로운 소망을 갖게 하고자 하시는 하나님의 놀라운 이끄심에 감사할 수밖에 없음을 고백합니다. 많은 분들이 본서를 통하여 "임승훈목사님과 사모님"이 겪으신 기적을 만나시기를 기도합니다.

_김기환 (대구기독교총교연합회전회장, 대구동광교회 담임)

---

**추천사.10**

감사는 하나님을 영화롭게 합니다

항상 행복하고 감사가 넘치시는 임승훈 목사님과 함께 떠나는 감사행전! 감사의 고백이 있는 곳이면 어디든 달려가 감사의 깊은 감동을 만나고 오시는 임승훈 목사님의 수고와 사명이 담겨 있는 귀한 책을 만났습니다.

우리는 늘 하나님께 영광을 돌리는 삶을 살아가야 한다고 고백합니다. 그런데 무엇이 하나님께 올려 드리는 가장 아름다운 영광인지를 모른 채 살아가고 있는 것은 아닐까요? 감사로 제사를 드리는 자가 하나님을 영화롭게 한다는 시편 50:23의 말씀 처럼 우리는 얼마나 하나님을 영화롭게 하며 살아갈까요?

감사를 캐내어 삶에 대한 감사의 고백이 담긴 이 책은 그 소중한 길을 비추어 주고 있습니다. 삶에 희망을 잃고 참 감사의 힘을 잃어 버리고 있는 이 시대에 우리 모두가 다시 회복해야 할 하나님을 향한 감사의 회복을 위해 이 책을 깊은 감사의 마음으로 추천합니다.           _김영민 (2023-24 인천서지방회장, 검암중앙교회 담임목사)

---

**추천사.11**

감사는 보물찾기 놀이입니다

감사는 영영 찾을 수 없는 보물섬 같은 이야기가 아니다. 찾아나서기만 하면 쉽게 찾을 수 있는 '보물찾기 놀이'다. 그 삶의 보물을 하나하나 찾아가다 보면 어두운 방에 불이 켜진 것처럼 놀라운 보화를 발견할 수 있을 것이다.

삶은 존엄하고 가치가 있다. 잠식되어 있는 부정의 생각들이 고개를 내밀 때마다 가라앉히는 가장 빠른 처방전은 바로, 감사! 생각과 행동을 바꾸는 데에 이보다 더 큰 응원은 없다. 필자가 제안한 '1532 감사운동'을 통해 우리의 삶에 가장 격렬하고 긍정적인 응원이 되기를 기대한다.

_문창국 (기독교대한성결교회 교단총무, 목사)

---

## 추천사.12

감사는 소소한 행복입니다

감사하며 사는 삶이 당연한 것으로 알고 있지만 실제적인 삶에서 감사를 잘 하지 못하고 있는 것이 현실입니다. 우리나라에 119 소방대원들에 의해 구조를 받은 사람들의 3%로만이 감사하다고 인사를 한다고 합니다. 성경에 "범사에 감사하라"고 했는데, 모든 일에 감사하는 것이 성도들의 마땅한 삶인데, 임목사님의 귀한 책을 통해 일상의 삶에서 감사한 분들의 실제적인 경험과 고백들을 보면서 다시 하면 감사가 얼마나 중요하고 우리 인생에서 큰 축복을 가져다주는지를 알게 됩니다. 감사를 고백하는 한 분 한 분들의 심정을 직접 대면하여 듣는 것 같은 느낌과 기쁨을 주는 정보를 제공하여 주셔서 감사하며, 이에 추천에 가름합니다.

_신건일 (서울 북아현교회 담임목사)

감사운동, 전국민운동으로 확산되기를 희망합니다

『나는 감사로 기적을 보았다』의 저자 임승훈 목사님은 감사의 삶을 경험적으로 맛보고 더 많은 사람들이 감사로 행복해지기를 소망하며 지난 10년여간 감사 전도사로 감사운동을 펼쳐오신 분입니다. 교회 이름도 더감사교회인데 아마도 근력을 많이 사용할수록 더 강해지고 행복한 삶을 살 수 있기에 붙여진 이름이 아닐까 하는 생각을 갖습니다. 필자는 감사와 행복을 짝꿍으로 생각하며 '행복하게 사는 길, 감사가 답'이라고 말하며, 감사의 들숨과 날숨으로 감사의 숨결이 책 곳곳에 혈관처럼 흐르고 있습니다. 특히 '독서와 감사는 닮은 데가 많다'고 하는 이야기에 오랫동안 독서로 다져진 필자의 내공이 오랜 기간 글쟁이로서의 식견이 잘 드러나 있습니다. '감사는 최고의 화장품이기에 얼굴도 예뻐진다'는 말이 있는데, 불안과 근심 그리고 걱정과 염려로 찌그러진 대한민국 국민들의 삶이 예뻐지면 좋겠습니다. 필자의 바램과 소망처럼 우리 사회가 '감사로 해가 뜨고 감사로 해가 지는' 감사운동이 최고의 영적 보약으로 교회를 넘어서 전국민 운동으로 확산되기를 희망해 봅니다. 행복으로 인도하는 최고의 지름길이 감사라고 외치는 본서를 기쁜 마음으로 추천하는 바입니다.

_강춘근 (인천, 한국교회 담임목사, 한국민들레도서관장)

## 추천사.14

행복과 감사의 함수관계를 명쾌하게 풀어내

임승훈 목사님은 감사의 바이러스에 감염되어 기적을 많이 경험하신 분이십니다. 전작인 "나는 당신을 만나 행복합니다."를 통해서 인생의 위기를 극복하고 감사를 회복한 감동적인 이야기를 전해주시기도 했습니다. 너무나 진솔하고 와 닿는 일상의 감사이야기였습니다. 저도 이 책을 통해서 감사에 감염되었습니다. 함께 제자훈련을 공부하는 분들에게 추천도서로 권하여 많은 성도들이 일독을 하기도 했습니다. 우리가 놓치고 살아가는 감사의 이야기 속에 몰입되면서 둔감해졌던 감사의 감각이 다시 깨어나는 거룩한 충격을 받습니다.

이번에 감사의 인생을 사는 분들을 인터뷰하고, 저자 자신과 가족의 진솔한 삶의 현장에서 건져 올린 감사의 이야기들을 "나는 감사로 기적을 보았다"라는 제목으로 두 번째 집필을 내어놓으시게 된 것을 축복합니다. 행복과 감사의 함수관계를 명쾌하게 풀어내며, 하루 5가지 감사 제목을 찾아 세 명에게 나누고, 두 권의 책을 읽어서 균형잡힌 감사를 실천하자고 하는 저자의 '1532 감사운동'이 감사의 근육을 더욱 강화시켜 줄 것이라는 기대감을 갖게 합니다.

저자의 간절한 외침이 나날이 원망과 불평으로 메말라가는 우리들의 세상을 치유하고 회복하는 희망의 메시지가 될 것을 확신하며 일독을 추천합니다.

_신현모 (전주 바울교회 담임목사)

## 들어가는 말

이 책은 어거스틴이나 루쏘의 고백록처럼 거창한 신앙고백이
아니다. 어떤 철인의 행복론은 더더욱 아니다. 미려한 수필이나
칼럼도 못 된다. 지난 십 년 동안 느끼고 경험한 '감사와 관련한 경
험들'을 짬짬이 기록해두었다. 첫째 작품 『나는 당신을 만나 행복
합니다』의 개정증보판이다. 후배가 발행하는 전자신문《본 헤럴
드》에 연재용으로 쓴 것들과 교단지《활천》에 '감사인물을 찾아
서'라고 연재한 것들을 추가하고, 몇 가지 내용을 퇴고(推敲)해보
았다.

태생적으로 허당 끼가 있는 나는 모든 게 늦다. 우둔하여 깨달
음도 더디고, 나무늘보같아 막차를 타고나서야 한숨을 돌리는 스
타일이다. 논어에서 나이 오십을 지천명(知天命)이라 했다. 뭔가
하늘의 뜻을 아는 나이라는 말이겠다. 필자도 오십대 후반을 넘겨
서야 원리 하나를 깨달았다. 감사가 행복으로 가는 지름길임을 알
게 된 사실이다. 보통사람들은 돈과 재정, 장수와 건강, 사업의 성
공, 취직과 승진, 재미와 취미생활, 독서와 여행 등에서 행복이 온
다고 생각한다. 그런데 생각해보면 꼭 그렇지가 않다. 행복을 가

져다주는 많은 것들 가운데 하나일 뿐이다. 비행기가 나는 하늘 길, 배가 운행하는 바닷길, 자동차가 질주하는 도로가 있듯이 '행복으로 가는 전용도로'가 있음을 알게 되었다. 그것은 바로 '감사와 함께 살아가는 생활'이다. 감사하며 체험한 보배들이다.

사실, 나는 매일 죽음을 생각할 만큼 속앓이를 하며 지낸 적이 있다. 이러다가 죽지...., 죽어...., 아니야! 죽으면 안돼! 죽음과 관련한 과거 파노라마가 떠오른다. 초등학교 시절 친구들과 저수지에서 헤엄치다가 죽을뻔했던 일, 고등학교 시절 바닷가에서 수영하다가 깊은 바다로 떠밀려 해로안내표지등에 올라타 목숨을 건진 일, 출근 중 사거리에서 일어난 교통사고 차량이 덮치던 순간의 아찔했던 기억, 해병대훈련 중 앞니가 부러지고 손가락이 골절돼 고통받던 순간 등....., 우울했던 시절을 자주 떠올리던 위험한 때였다.


하루는 자전거를 타다가 횡단 보도에서 신호대기 중이었다. 고개를 드니 백화점 외벽에 허영자님의 행복이란 시가 걸려있다.

눈이랑 손이랑/ 깨끗이 씻고/ 자알 찾아보면 있을 거야.//

..............

행복이란 단어가 그렇게도 무게감 있게 내게로 다가오던 날, 무엇일까? 분명 길이 있기는 있는 모양인데... 마침 집에 돌아와 길에서 만난 '행복 시' 이야기를 아내에게 말했더니, 새로운 길, 감사의 길을 걷던 아내가 자기하고 같이 가야 할 데가 있다며 인도한다. 감사를 배우고 실천하는 '감사그룹'을 소개하는 게 아닌가. 아내는 이미 그 모임에 중요한 멤버로 활동하고 있었다.

감사그룹. 이것이 자산이 되고 자양분이 되었다. 배우는 것마다 매일매일 실천했다. 우리 집에서도 감사모임을 만들었다. 감사관점으로 성경을 읽어나갔다. 감사 서적 30여 권을 읽는다. 그리고 감사이야기 강의안을 만들어 사회의 기관들 은행, 학교, 교회의 문을 두드렸다. 이제는 어색함을 넘어 경력을 쌓아올린다. 한 땀한 땀 바느질하듯 시작한 글이 칼럼이 되고, 씨실과 날실이 되더니 연재가 되고 오늘에 이르렀다. 첫 감사세미나는 은행 문을 두

드려 얻어냈다. 오후 4시에 셔터를 내리고 은행원 15명을 놓고 내 이야기를 풀어갔다. 얼마나 떨리던지...., 어느덧 100여 회의 감사 세미나를 인도해내고 있다. 전라도 제일 큰 전주바울교회에서, 부천의 자랑 꿈마을엘림감리교회에서 감사세미나를 열었고, 세현교회와 길음교회에서는 감사부흥회를 갖기도 했다. 감사가 낳은 기적이다.

# 목차

## 2부 당신이 행복해지기를 간절히 소망한다

### 5장 당신이 행복해지기를 간절히 소망한다

### 6장 나는 감사운동을 이렇게 생각한다

### 7장 나는 이렇게 감사한다

1부

# 나는 감사로
# 기적을 보았다

## Miracles with Thankfulness

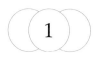

# 1

## 감사로 하나 되기

"아무것도 염려하지 말고 다만 모든 일에 기도와 간구로,
너희 구할 것을 감사함으로 하나님께 아뢰라"(빌 4:6)

편안한 마음으로 옷매무새를 만지고는 콧노래를 부르며 차에 오른다. 행정교회(담임목사 이병복)는 천안의 끝머리 차령고갯마루 언덕 광덕면 행정리에 위치한다. 세종시와 인접하는 아늑하고도 조용한 시골마을이다. 헌데 대로에서 교회로 들어가는 진입로가 비좁아 '진입로가 좀 비좁네요,'라고 말했더니, '이 길은 특별한 길'이란 말이 돌아온다.

10여 년 전의 일이란다. 교회가 마련한 대지가 맹지인지라 건축을 할 수 없는 처지였으나, 딱한 사정을 알게 된 마을주민들이 나서서 자발적으로 서명을 해주어 '은혜로 생겨난 길'이란다. 그만큼 이 교회는 마을주민들에게 인정을 받았다. 주민들의 단합된 힘에 행정기관 공무원들이 협조해주어 가능했다. 행정교회는 여러 해 동안 마을에 이웃사랑을 베풀어 좋은 인상을 심었다. 이병복목사는 행정교회의 담임이기도 하지만 전적으로 이 마을의 일원이다.

주민들(집안)의 대소사에 적극 개입하고 참여하며 축하하고 조문하기를 20여 년 간 계속해 오고 있다. 주민들은 이목사를 '우리 목사님'이라 여긴다. 그도 마을주민들을 가족처럼 섬기고 있다.

이병복목사는 충남 부여출신으로 명문 부여고를 나왔다. 어려서부터 교회를 통해 크고 자랐다. 그의 어린 시절부터 어머님의 서원기도가 있었으나, 그와는 별개로 그가 중학 2학년 때에 스스로 목사로 서원하였다. '어떻게 그 시절에 서원을 했느냐'했더니 대답하기를, "저는 어린마음에 목사님들이 자주 바뀐다든지 시골교회를 떠나는 현실에 마음이 안타까웠어요. 내가 목사님이 되면 시골교회를 지키겠다."라며 서원기도를 하였다는 것이다. 그래서인지 그는 행정교회를 24년째 꿋꿋하게 지키고 있었다.

서울신학대학원을 졸업하고, 천안에서 상가에 개척할 때였다. 한 친구가 찾아와서는 '어떻게 지내느냐?'라고 물었을 때, 곁에 있던 아내가 대답하기를 "하나님 은혜로 삽니다. 참 감사한 일입니다."라고 대답하는 소리를 들으며 그때에 '감사의 기본이되는, 긍정마인드의 시작과 원망 없이 살아가는 감사의 삶에 눈을 떴다'고 한다. 하지만 너무나 개척이 어려워 쓰러지기 직전, 한 선배에게 목회지를 옮겨달라고 요청했더니 소개해준 곳이 지금의 행정교회란다.

2000년 여름, 행정교회에 부임해올 때는 폐쇄직전의 교회였다. 헌데 지금은 넉넉한 교회란다. 할머니들 몇 명이 고작이던 교회가 지금은 장년 부부들로 구성된 탄탄한 교회가 되었다. 결산을 해보면 경상비가 1억이 넘는 교회, 사랑이 넘치고 감사가 넘치는 교회요, 소문난 교회로 발돋움하고 있다.

오후 예배에는 말씀을 선포한 뒤 6개구역이 순서대로 「감사나눔」을 발표한다. 한주간의 감사한 일들을 구역원들이 나서서 발표하는 시간이다. 구역원들이 처음에는 쑥스러워 말하기가 여간 어렵지 않았으나 지금은 아주 자연스런 일이 되었다. 이목사의 감사교육, 감사 마인드의 공유와 실천이 결실을 맺은 것이다.

이병복목사는 척~ 보기에도 선비스타일이다. 조용조용하고 성실한 청지기 스타일이다. 핸썸한 외모에 정갈하며 오직 하나님의 나라와 의를 위해서 목숨 걸고 살아가는 복음의 선비 말이다. 성결교단에 부여출신의 성공한 선배목사님들이 많지만 한 번도 그 선배들께 '전화해볼까' 라는 생각을 하지 않았다고 한다. 그는 자신의 목회지에 집중하였다. 그 결과 행정교회는 놀라운 감사운동의 진원지로 변모하고 있다.

몸이 불편한 오상한권사가 「감사나눔」에서 발표한 내용을 들어보자.

월요일, 첫 시간부터 주님께서 좋은 말씀 주심을 감사합니다. 늘 건강하게 지냄을 감사합니다. 이모저모 살펴준 막내아들과 딸에게 감사합니다.

화요일, (새벽기도회를 나와) 거룩한 말씀으로 출발하게 하심을 감사합니다.

수요일, 추운 날씨임에도 수요일밤예배에 참여하니 감사합니다. 오늘 하루 주님의 은혜로 살게 하시니 감사합니다.

목요일, 남편이 질병에 시달리면서도 저녁마다 예배드리게 하심을 감사합니다.

금요일, 하루를 새벽 말씀으로 시작함을 생애에 가장 큰 기쁨으로 생각하며 감사합니다.

토요일, 이목사님을 통해 들은 선포된 말씀으로 살 것을 다짐하며 감사합니다. 휴가를 나와 나를 기쁘게 해준 손녀딸에게 감사합니다.

글씨를 쓰거나 연필을 잡는 것도 쉽지 않은 어르신들일텐데…, 이들이 주보의 「감사나눔」 칸을 빼곡하게 채워 한 주간 동안 감사일기(Thanks Journal)를 쓰고 주일 오후에는 「감사나눔」을 발표한다는 것이다. 그녀는 휠체어에 의지하는 삶이지만 하루도 거르지 않고 새벽기도회에 참여한다. 폐암으로 투병중인 남편의 곁에서 기쁨으로 매일 저녁 가정예배를 드리며 감사로 살아간다. 오권사는 이목사의 필사 권면을 받들어 성경필사에 성공했다. 그것을 본 며느리는 깜짝 놀라 '가보'(家寶)로 삼겠다고 다짐했다. 일상에 굳어버린 노년을 상대로 목회하기가 참 어려울 텐데, 얼마나 많은 수고와 노력을 기우렸으면 감사생활로 순종하는 분들이 됐을까?

필자가 2018년에 감사책을 발간하고 신문에 광고를 낸 적이 있다. 그것을 보고 직접 전화로 책을 주문한 첫 번째 사람은 다름 아닌 이병복목사님이다. 지난해 초, 이런저런 인연으로 〈감사말씀

세미나〉를 다녀왔다. 놀란 것은 행정교회 성도들이 이미 거의 다 책을 읽고 난 뒤 집회에 참여하였다는 사실이다. 성경을 필사하라면 필사를 하고, 새벽기도에 열심을 내자자면 열심을 내고, 감사생활을 실천하라면 감사생활을 하며, 주일 오후예배에 「감사나눔」을 하자면 해내고 마는 것은 이병복목사의 영력이며, 행정교회 성도들의 순종과 신뢰의 힘이고, 행정교회만의 실력이라고 생각된다.

몇 해 전 신년이다. 행정교회에서 감사집회를 마치고 현관에 나오는데 간경화로 얼굴에 황달(黃疸)끼가 서린 황인국권사가 우뚝 서 있었다. '몸도 불편하신데..., 추운데..., 여기 서 계시냐?' 했더니, '감사 강사님께 인사드리고 갈란다.'며 큰 키에 고개를 90° 가까이 숙였다. 여러교회에 집회를 다니지만, 이렇게 강사의 마음을 먹먹하게 한 사건은 없었다. 목양실에 들러 그런 일이 있었다고 말하니 '네 황권사도 책을 읽었어요.' 그래서인가 필자의 감사책을 더 찾는 이가 있어 돌려가며 읽었다는 것이다.

여기서 고 황인국권사의 부인되는 홍복순권사의 감사 일기를 들여다보자.

1. 행정교회에 온지 4년, 좋은 교회와 좋은 사모님 만나서 말씀중심 예배와 붕어빵 전도로 은혜 충만한 삶을 살 수 있어 감사합니다.

2. 68세, 모든 것을 포기할 나이에 (목사님의 가르침대로) 새롭게 도전하여 성전꽃꽂이와 운전을 할 수 있어서 감사합니다.

3. 남편 황권사가 행정교회에서 「감사나눔」 생활을 하다가 주님 부

르실 때 '감사해요, 감사해요'로 화답하며 눈을 감으니, 그 누구도 체험할 수 없는 기독교식 장례예배로 마지막을 장식하니 감사합니다.

4. 묘지를 선산으로 갈 수 밖에 없었는데, 하나님 은혜로 대전 현충원에 가게 되고, 비석에 '범사에 감사하라(살전 5:18)'는 문구를 넣게 됨을 감사합니다.

5. 허전한 마음이 드는 새벽녘, 말씀 암송과 드라마성경 듣기, 성경 필독을 읽고, 저녁에는 하루를 마무리하며 생활감사, 사람감사에 대한 일기쓰기(Journal)와 성경읽기로 마무리함을 감사합니다.』

이병복목사에게 행정교회에서 20년을 넘기며 힘들지 않느냐 물었더니, '나는 행복하다', '너무나 좋은 교회를 만나 감사하다.'라고 대답한다. 그 이유가 무엇일까? 교회마당에 0.5톤 트럭이 서있어 '저 차량은 뭐냐라고 물으니, 우리교회 보물단지 붕어빵 전도차량이란다. "10여년 전쯤으로 기억되는데요. 지나가던 순복음교회 목사님께서 '우리교회도 전도해 줄 수가 있느냐' 하더란다. 그것이 계기가 되어 지역사회뿐 아니라 읍면과 시의 경계를 넘어 하나님 나라 확장에 나서게 되었죠." 왜 하필 0.5톤이냐 했더니, 작은 차량이어야 골목 이곳저곳을 마음대로 드나드는데 유리하다는 것이다. 복음이 필요한 영혼은 모두가 골목 안에 있다는 말이다. 현재 8개 교회를 매주 섬기는데 주로 목요일이나 금요일을 활용한다. 교회의 분포는 수원, 온양, 천안, 공주에 위치한다. 이미 2020년에도 6월까지 전도지원계획을 수립한 상태였다.

이병복목사가 이렇게 완성도 높은 목회계획에, 교우들과 일치된 전도활동, 심방과 목양의 일념으로 다가서기까지 흘린 눈물이 얼마나 많을까? 생각하니 정말로 감동이다. 특히 십여년 일구어온 붕어빵 전도활동, 최근에 시도하는「감사나눔」활동에 이르기까지, 시골의 어르신들을 추스르고 섬기고 가르치고 등 떠밀고 업어서 온 시간들이 참으로 대단하다고 여겨진다. 오후 예배시간 6살 짜리 어린아이가 구역원들 사이를 오가며 마이크를 전달하고 스스로도「감사나눔」이야기를 한다는 말에 경외감마저 든다. 행정교회의「감사나눔」실천 이야기는 그 대미가 어떻게 장식될지 참으로 기대가 된다.

감사의 문을 열면 찬송의 문이 열리고,
감사의 문을 열면 하늘의 문이 열리네.
감사의 문을 열면 사랑의 문이 열리고,
감사의 문을 열면 회복의 문이 열리네.
감사의 문을 열면 부요의 문이 열리고,
감사의 문을 열면 치유의 문이 열리네.
감사의 문을 열면 기적의 문이 열리고,
감사의 문을 열면 행복의 문이 열리네.

# 2

# 감사의 깃발을 올려라

"사람이 마음으로 자기의 길을 계획할지라도
그의 걸음을 인도하시는 이는 여호와시니라"(잠 16:9)

초등학교 2학년 때부터 매일 하루 다섯 가지씩 감사 일기를 써온 보기 드문 자매를 소개하고자 한다. 서울제일지방 구리시 본푸른교회 최온유 자매(당시 29세) 이야기다. 실제로 그녀는 자기가 그동안 써왔던 '감사일기장'을 취재 장소에 가지고 나온다. 필자는 입이 떡 벌어진다. 크고 작은 감사노트들이 족히 일곱여덟 개는 돼 보인다. 너무나도 귀한 생각이 들어 사진을 몇 장 촬영했다. 그것은 분명 온유자매에게 있어서 1호 보물목록이라 할 만큼 소중한 자산이 되겠다고 생각한다. 나이는 아직 연소하지만 지나온 날의 감회, 어린 시절의 모습 그대로를 글로 표현한 감사일기가 아닌가.

필자는 우리 자녀들이 어린 시절로부터 최근까지 찍은 사진을 앨범으로 정리해 놓고 있다. 그 아이들이 결혼할 때 한 권씩 선물로 나누고자 함이다. 이미 큰 딸은 결혼하였기에 혼수에 딸려 보냈다. 그런데 사진도 좋지만 글로 쓴 일기장, 그것도 자신이 기록한 감사일기란 너무나도 소중한 기록들일 것이다. 훗날 차곡차곡 쌓인 기록을 펼쳐보며 하나님을 사랑하고 사모하기를 계속한다면 그는 분명 이 시대의 놀라운 인물이 될성 싶다. 먼지를 조금은 뒤집어쓴 듯한 크고 작은 감사일기(Thanks Journal) 노트가 필자를 황홀하게 할 만큼 부러움을 준다. 하나님께서는 얼마나 좋아하실지… 감사운동을 펼치는 필자에게도 큰 도전이었다.

최온유자매는 북경수도사범대학교를 2018년에 졸업하고 현재 이화여자대학교 대학원에서 (국제중국어교육학) 공부하는 등 언어 수재라 할 만하다. 이대대학원 과정은 북경대학교와 공동학위과정으로 이를 졸업하면 다시금 중국에 건너가 박사과정을 마칠 예정이다. 목회자 가정에서 3남매의 맏이로 태어난 그녀지만 벌써 인생의 과정과 코스, 진로 등을 설계 완료한 상태다. 건축물을 지을 때 설계도가 잘 그려진 집은 안전하고 아름답고 친숙성 범용성 모든 면에 가치 활용성이 뛰어나다. 마찬가지로 온유자매를 만나 취재하며 그에게서 느낀 것은 차분함이다. 정숙하고 나이보다 훨씬 성숙하고 커 보인다는 느낌을 받았다. 아직 어리고 자그마한 그녀에게 어찌 그런 힘이 엿보일까. 왜 그럴까. 어떻게 온유에게는 다른 사람에게 안 보이는 내면의 큰 힘이 느껴지는 것일까? 그 배경에 궁금증을 더한다.

출애굽하던 이스라엘 백성에게 광야 40년은 고난의 연속이었다. 왜 그랬을까? 불평불만 가득한 모습에서 감사와 감격으로 훈련된 백성이기를 소원하시던 하나님의 뜻 때문이었다. 감사와 배려와 칭찬으로 우뚝서는 백성이길 기대했다. 그래서 가나안에 들어갔을 때 승리의 깃발을 올리기를 기대했다. 가나안의 일곱 종족들을 과감히 무찌르고 바알숭배를 배격하며 살기를 바랐다. 하나님만을 바라며 예배하는 백성이기를 소원했다. 풀무 불같은 혹독한 담금질 훈련이 바로 이스라엘 민중을 광야에 머물게 했던 이유다.

그녀가 좋아한다는 「온 맘 다해」라는 복음 찬양을 들으며 가사를 음미해 보았다. 내게도 잠시 후 고요함이 임한다. 주님의 마음을 헤아리고, 주님을 사랑하되 온 맘 다해 알기 원하는 작가처럼, 온유자매의 마음을 조금이나마 읽을 수 있는 시간이 되었다.

주님과 함께 하는 이 고요한 시간

주님의 보좌 앞에 내 마음을 쏟네

모든 것 아시는 주님께 감출 것 없네

내 맘과 정성 다해 주 바라나이다

온 맘 다해 사랑합니다

온 맘 다해 주 알기 원하네

내 모든 삶 당신 것이니

주 만 섬기리 온 맘 다해

나 염려하잖아도 내 쓸 것 아시니

나 오직 주의 얼굴 구하게 하소서

자 이해할 수 없을 때라도 감사하며

날마다 순종하며 주 따르오리

온 맘 다해 사랑합니다

온 맘 다해 주 알기 원하

내 모든 삶 당신 것이니

주만 섬기리 온 맘 다해


몇 해 전 썼다는, 온유자매가 북경수도사범대학교(대외한어과)에서 유학하던 시절의 감사일기를 펼쳐보았다. (2017. 6. 10(토). 감사일기)


"첫째, 독후감을 쓰게 하시니 감사합니다. 둘째, 밍주(중국친구)가 와서 내 글의 문법을 봐주고, 재밌게 시간을 보내게 하시니 감사합니다. 셋째, 중국어 말하기 녹음을 하느라 다섯 시간이나 목을 사용해 힘들었지만 잘 마치게 하시니 감사합니다. 넷째, 채영이랑 미시엔(중국음식)을 먹고 행복하게 하시니 감사합니다. 다섯째, 우리 가족들의 건강을 지켜주시니 감사합니다. 여섯째, 감사하는 삶에 대해 다시 한 번 생각하게 하시니 감사합니다. 일곱째, 온정이가 예쁜 영상을 보내주어서 기분 좋고, 미소가 지어지게 하시니 감사합니다."


그녀가 쓴 감사노트는 사실 별 것 아닌 것처럼 보인다. 하지만 작은 것이 쌓여 큰일을 이루는 이치와 같다. 일반적인 일기와 다른 것은 모든 관점을 감사의 시각과 관점으로 기록한다는 사실이다. 안네의 일기가 어린이의 순수한 감성으로 기록한 독일군의 만행을 기록했다는 점에서 돋보이는 것처럼 말이다. 더욱이 우리가 놓치지 말아야 할 것은 감사관점이란 하나님의 관점을 말함이다. 감사관점은 하나님께서 생각하시는 시각을 딸막딸막하게 한 줄씩 적어가는 것이다. 나의 삶 주변에서 일어나는 소소한 일상을 적으면서도 하나님을 떠올리고 그분께 감사를 올리는 것이다. 감사라는 매개체를 통해 일상에서 소소한 측면과 작은 시간까지도 예배하는 신령한 순간처럼 하나님께 드리고자 하는 맘을 표현하는 것이다.

온유자매라고 웃기만하고 재미만 있는 삶이었을까? 그래서 필자는 혹여 살면서 큰 고통은 없었는지를 물었다. 중국유학 첫 학기였던가(?) 급성빈혈로 쓰러지기 직전, 큰 고통이 찾아왔으나, 친구들을 만날 때마다 웃음을 잃지 않았다. 기숙사에서 5분이면 걸어가는 교실을 20여분을 헤매며 가야했다. 급성빈혈이었다. 하지만 그 학기를 포기할 수는 없었다. 리포트를 제출하고 기말시험도 무사히 치렀다. 기적 같은 일이다. 한국에 sos를 보내고 부족한 혈액을 보충하고 영양을 투여하며, 빈혈 치료 후 다시 귀국해 도전했다. 서울신학대학교 1학년을 마친 뒤 떠난 교환학생 프로그램으로 우수학생 추천케이스로 1명 선발에 발탁되었지만 그녀는 중국에 건너가 재입학을 택했다. 4년 성적우수 장학금을 받았다. 중국인도 하기 어려운 최우수논문상(최우수학생)으로 졸업을 하기에 이른다. 전 세계 70여 개국에서 유학을 오는 학교에서 그녀가 수석졸업을 했다. 그녀가 얼마나 감사했을까? 미루어 짐작하고도 남는다.

처음 초등학교 저학년 무렵, 그는 아빠가 권유하여 감사하기를 배우고 쓰기 시작했다. 온가족이 일어나 5가지 감사이야기를 시작했다. 처음엔 말로만 5가지 감사를 말하다가 나중에는 자연스레 글쓰기로 넘어갔다. 아래 동생들도 잘 따라와 주었다. 지금도 온유는 아침에 일어나자마자 감사기도를 올린다. 말씀읽기는 당연한 일이다. 저녁에는 감사일기 노트를 쓰고, 잠자리에 들기 전 다시금 감사기도를 올리는 생활의 연속이다. 약간 하기 싫을 때도 있었지만 부모님 말씀에 순종적이던 온유는 다시 용기를 내었다. 동생들이 둘이나 더 있기에 맏이로서 늘 책임감도 한몫했다. 한 해가 지나고 3년이 지나고 중고부를 거쳐 대학생활을 할 때도, 유학생활을 할 때도. 이제는 대학원생인 입장에도 감사생활은 그녀의 삶이요 그 자체가 곧 인생이 되었다. 그것이 자랑스럽기에 이제는 바꿀 생각도 없다. '정말 하기 싫은 때가 없었느냐'고 짓궂게 질문을 던졌더니. "하나님을 사랑하면 할 수 있는 일이더군요."라는 대답이 돌아온다. '그래서 늘 행복하고 또한 감사했다.'는 것이다.

하고 많은 나라 중에 왜 중국이었냐고 물었다. 온유는 중학교에 들어갔는데 제2외국어에 중국어가 있어 택하고 공부했다. 중국인 오빠들이 자주 집에 와 머물며 놀아주고 중국어를 가르쳐준 것이 계기가 되었다. 고등학교는 중국어 특성화고교에 진학해 공부했다. 서울신대에 들어가며 미국 독일 이스라엘 중국을 염두에 두고 유학을 꿈꾸고 있었는데 학교의 추천으로 자연히 중국유학을 가게 되었다는 것이다.

"아버지(최원영목사)가 중국선교를 많이 하였어요. 신학교를 운영하고 중국학생들을 선발하여 국내에 유학을 주선하는 등 1년에 한 달 이상을 중국에서 머물렀어요. 아빠가 중국선교비전을 가지고 있었어요. 그래서인가 중국 오빠들이 자주 놀러왔고 집에서 곧잘 머물기도 하는 등 중국에 대한 친숙한 이미지와 관계를 유지하던 것이 제게 영향을 주었던 것 같아요."

그녀는 언제 구원의 체험을 했느냐했더니, "날마다 구원을 체험하지만 특히 중학교2년 시절 필리핀에 단기선교를 나갔다가 현지교회에서 예배하는 가운데 특별한 하나님의 부르심, '내가 너를 구원하였다, 기쁨으로 너를 사랑한다.'라는 구원의 확신을 갖게 되었어요."라는 대답이 돌아온다. 날마다 구원을 체험한다는 말이 특히 이채롭다. 그녀는 늘 감사하며 살고 있다. 그녀에게 감사란 무엇일까? 그녀의 답변인즉 "나를 선하게 만들어가고 하나님의 형상을 닮아가는 기쁨을 얻게 해주는 선물"이라고 말한다.

「삶의 진정성」의 저자 멘프레드 케츠는 일찍이 감사에 대해 이렇게 설파했다.

"감사하는 사람들은 부족한 것을 한탄하기보다는 가진 것에 집중한다. 감사를 표현하는 능력은 신체적, 정신적 건강을 증진시킨다. 감사하는 마음은 어려움과 좌절을 마주했을 때, 계속적으로 희망을 찾아야만 할 때 느끼는 스트레스를 긍정적인 에너지로 바꾸어준다."고 말이다.

또한 『명상록』을 남긴 바 있는 마르쿠스 아우렐리우스(Marcus Aurelius A.)는 "만약 당신이 가진 탁월함이 없다면, 감사함으로 그것을 어떻게 얻을지를 고민하라"고 말했다. 창궐하는 페스트와 싸우며 남긴 말들인지라 더욱 가슴을 시리게 한다. 감사하는 마음만 가지고도 다른 이의 마음을 얻고, 내 안의 에너지를 폭발시켜 탁월함을 얻을 수 있다는 가르침이다. 최온유 자매에게 감사는 위위인들이 말한 것과 같이 긍정에너지였다. 기쁨의 선물이었다. 하나님의 강한 임재를 경험하는 생동하는 체험이었다. 그녀의 오늘 이후와 내일이 주목되는 이유이다. 북경대학교에서 박사과정을 마치고 돌아오는 날 그녀는 대한민국에 우뚝 서게 될 것이다.

# 3

## 우직하게 하늘만 보고 달려온 감사이야기

"우리가 알거니와 하나님을 사랑하는 자 곧 그의 뜻대로 부르심을
입은 자들에게 모든 것이 합력하여 선을 이루느니라" (롬 8:28절)


지난 해 가을 쯤, 경기동지방 남감찰회 연합예배를 통하여 안면
이 있던 터라 조금은 편하게 만날 수 있었다. 오세현목사는 늘 만
면에 웃음이 가득하다. 환갑이 넘은 나이에도 청년 같은 힘이 엿
보인다. 카메라 셔터를 몇 장 눌렀더니 모두 다 눈을 감은 것처럼
나온다. 웃음이 많은 사람, 사람을 편안하게 해주는 사람, 얼굴의
주름이 참 멋져 보인다. 이야기를 이어가는 가운데 오세현은 여타
의 목사들에게 없는 것이 보인다. 엄숙함이 있고 내재된 영적파워
가 보인다. 지루하고 고통스러워 참아내기 어려웠던 길고도 추운
고통의 시절을 이겨낸 그의 진면목이 서서히 베일을 벗는다.

오세현은 서울 상도동에서 어린 시절을 보냈다. 어려서부터 어
머니를 따라 교회를 다녔다. 상도중앙교회(고 주관중목사)를 통해
서였다. 진정 그는 목사가 뭔지도 모른 채 목사가 되겠다고 입버

룻처럼 말하며 살았다. 그만큼 교회생활에 익숙했다는 뜻이다. 그래서인가 숭실고등학교를 졸업하고는 이모(姨母)님의 안내로 성결대학교에 입학하여 공부하였다. 졸업 후 당시 OMS가 운영하던 십자군전도대(88-89년)를 거쳐 목사가 되었고, 현재의 대명교회에서 목회하는 중에 자기개발을 위해 공부하였다. 평택대학교 사회개발대학원에서는 사회복지학을 공부하였고 나중에 서울신대학교에서는 신학전문대학원에서 선교학을 공부했다.

1990년 9월말, 가을 벼이삭이 누렇게 무르익던 시절이었다. 지인이신 모 장로님의 소개로 현재의 충북 음성군 대사리 대명교회에 부임하였다. 말이 부임이지 그저 4명이 4개월 전부터 예배드리던 전형적인 농촌의 가정교회였다. 중부고속도로 개통으로 교통이 편리해진 것이 그런대로 다행이었다. 이웃하는 감리교회에서 떨어져 나온 지 얼마 안 된, 그러나 뜻은 크게 세우라고 큰 사명 대명교회라 명명하였다. 한 권사님의 가정 2층 공간이 대명교회였다. 사택도 없고, 사례비도 없고, 차량도 없는 그런 곳이었다. 큰 절이 있었다 하여 대사(大寺)리, 한양으로 올리는 마이산 봉화대 아래 동네 85호 가운데 무당집이 8호나 되던 특별한 동네에 기적 같은 대명교회가 들어선 것이다. 오목사는 심방할 때면 논둑길을 그저 수없이 걸어 다녔다. 어린 두 딸은 인근 병설유치원에 등교시키면서 목회에 열정을 쏟았다. 강철도 씹으면 삼킬만한 30대, 열정과 믿음으로 헌신했다. 당시 80여명(61가구)에 불과한 작은 동네에서 4명으로 시작한 교회, 대 명 교 회. 이름이 좋았는가. 현재는 세례교인만 172명, 전성도가 200여명이 넘는 중형교회로 성장하여 해외에 3개의 지교회를 개척하였고, 9명의 선교사들을 섬기는 교회로 성장중이다.

대명교회가 시작되던 때를 떠올리면 지금으로부터 꼭 31년 전이다. 충북음성, 아무 것도 준비되지 않은 교회에 부임한다는 게 쉽지 않을 텐데,,, 이해하기 어렵다 하니 이런 감사이야기를 전한다. "고린도전서 1:26-31에 기록된 말씀처럼 미련한 것, 세상에 약한 것, 세상에 천한 것, 멸시 받는 것이란 말씀이 나오는데, 그게 바로 저였습니다. 내가 한없이 부족한 존재라는 것을 깨달으니 모든 게 감사한 겁니다. 저는 공부도 못하던 무지한 자요, 지혜도 없고, 무지렁이라는 생각밖에 없었어요. 그러니 이런 시골구석의 작은 교회도 내겐 과분하다고 생각했죠." 참 기가 막히다. 물론 사정은 짐작해 볼 수 있다. 그토록 사랑하던 아내는 이단에 빠졌다가 사별해 혼자지, 어머니마저 이단에 빼앗겨버려 오랫동안 피폐해지는 것을 경험했다. 아이들 둘을 달고 있는 혼자된 목사. 하지만 하지만.... 오목사는 이대로 물러설 수가 없었다. 어려서부터 목사가 되겠다고 입버릇처럼 외치던 장래 소망이 이런 어려운 때를 위함이던가.

필자가 짓궂게도 '만약 감사할 수 없는 일이 생긴다면 그래도 감사할 수 있을까?'라고 질문해보았다. 대답은 '예스'였다. : 2015년

장성한 큰 딸로부터 온 소식은 절망할만한 소식이었다. "아빠, 저 암이래요." 오목사의 대답인즉 "그래...? 돌아오는 주일에 '암에 걸려서 감사합니다.'라고 써서 감사예물을 드리거라."라고 하였다. 살고 죽는 것은 하나님의 소관이니 병에서 낫는 것도 감사이고, 병으로 짧은 인생을 살다 죽더라도 감사해야 한다고 생각한 것이다. 딸이 어떻게 감사예물을 드렸는지는 알지 못하지만 저는 저대로 하나님께 감사예물을 드렸습니다. '그런데 왜 성도들이 웃음이 없지요?'라며 기도했더니, 주님의 대답인즉 '네가 웃지 않는데 어떻게 웃느냐'라고 깨닫게 하시는 것이었어요. 죄송합니다. 제가 웃겠습니다. 새벽마다 제가 활짝 웃으면서 성도들간에 서로 인사하게 하였다. '오늘도 좋은 일이 있을 겁니다.'라고 말이다.

어느 날, 주일예배 설교를 하다말고는 "'저의 큰 딸이 암에서 고침받으면 축복이지요?' '아멘' 그러면 '딸이 암으로 죽어도 축복이지요?'했더니 대답이 없다. 침묵. 다시 묻기를 '딸이 암으로 고침받는 것도 축복이지만 암 때문에 죽어도 축복입니다.' 반응이 없었다. 다시 물었다. '딸이 죽으면 어디 갑니까? 저의 딸이 죽으면 천국갑니다. 그렇습니다. 저의 딸은 천국갑니다.' 그래서 죽는 것도 축복입니다."라고 했더니 그제야 '아멘'이란 대답이 돌아온다. 이때부터 성도들은 웃음을 찾고 평안을 회복했다. 얼마 후 찬송을 부르는 가운데 큰 딸은 하나님 곁으로 들어갔다. 흔들림 없이 목회는 계속되었다. 감사가 능력이었다.

오목사에게 '그 많은 시련가운데 어떻게 감사할 수 있었느냐. 감사가 나오더냐.'했더니 '반복되는 시련과 어려움을 통해 감사를 배웠다'는 것이다. 개인적으로도 외삼촌(목사님)과 어머니, 아내가 한꺼번에 '이단 밤빌리아'에 빠진 사건을 통해 엄청난 고통을 겪었다. 뿐만 아니라 대명교회에서 목회하면서도 무당들의 준동, 정신박약자의 칼부림, 돌팔매와 주먹질 등 온갖 수모를 겪었다. '그래도 감사가 나오더냐.' 했더니 일종의 학습이란다. 돌아보면 감사한 일이고, 돌아보면 하나님의 섭리였음을 깨달으며 감사만이 길임을 알게 되었다는 것이다.

자랑할 만한 나만의 「감사 성경구절」이 무엇이냐 물으니, 신약성경 데살로니가전서 5:18과 로마서 8:28을 언급한다.

"범사에 감사하라 이것이 그리스도 예수 안에서 너희를 향하신 하나님의 뜻이니라.", "우리가 알거니와 하나님을 사랑하는 자 곧 그의 뜻대로 부르심을 입은 자들에게는 모든 것이 합력하여 선을 이루느니라."

하나님의 뜻을 이루어 드리기 위해서도 감사를 하지만 모든 것이 합력하여 선을 이루실 하나님께 기대를 걸고 앞선 감사를 하게 된다고 하는 말이다. 어떤 사건이 일어났을 때 기도하다가 깨닫고 돌아서서 감사하고, 하나님의 사랑을 깨닫고 돌아서서 감사하는 것은 웬만한 신앙인이면 모두가 가능하다. 이렇게 어떤 사건이 지나가버린 뒤에 깨닫는 감사의 신앙인도 나쁘진 않다. 2% 정도 부족하기는 하지만...., 헌데 즉시즉시 감사를 깨닫는 신앙인은 훨씬 더 좋은 편에 속한다. 헌데 오목사의 경우처럼 하나님께 기대를 걸고 앞선 감사를 하게 되면 그것은 엄청 빼어난 신앙인에 속한다.

하나님께서는 우리들의 연약함을 도우신다. 마땅히 기도할 바를 알게 하신다. 그분은 우리들의 마음을 살피시는 분이시다. 왜냐하면 우리들의 주, 성령께서는 하나님의 뜻대로 성도를 위하여 간구해주시기 때문이다. 이 어찌 감사하지 않으리요. 오목사의 감사는 오랜 경륜과 목회에서 반복적 이적체험을 통하여 깨달은 실천적 체험의 감사이야기다. 그뿐만이 아니다, 교우들과 그 마을에 쏟아 부은 섬김과 위로, 마음으로 전하는 희망이야기에, 앞으로 오세현목사가 써나갈 감사이야기는 끝이 없을 듯싶다.

그는 충북 음성군 대명리에서 목회를 시작하면서 안 해본 일이 거의 없다. 마을에 초상이 나면 성도의 유무를 떠나 그가 거의 모든 일에 앞장선다. 특히 30대 후반에 여주의 한 장로님을 통해 배운 염습의 예는 예나 지금이나 전도에 큰 효자역할을 했다. 마을의 완악했던 그 누구도 오목사의 초상집 헌신에 남녀노소 모두 고개를 숙인다. 어떻게 그렇게 할 수 있는가를 물으니 '나를 써준 하나님께 감사하고, 나를 초청해준 초기 성도들께 감사하고, 지금까지 목회하도록 협조해준 선후배 목사님들께도 감사하다.'는 감사이야기가 먼저 나온다.

지나온 날을 돌아보며 오목사는 필자에게 감사저널 스무 가지를 적어주었다.

첫째, 어머님께서 예수를 믿고 생활하는 가운데 저를 낳아주시고 길
　　러 주심을 감사합니다.

둘째, 숭실고등학교에서 H.C.C.C. 활동을 통해 기도생활, 말씀생활
　　을 할 수 있었던 것을 감사합니다.

셋째, 부족하지만 성결신학대학교를 다니고 졸업한 것을 감사합니다.

넷째, 전도사 시절 이단을 경험하면서 다툼을 통하여 연단 받은 것
　　을 감사합니다.

다섯째, 교단의 십자군전도대를 통하여 전도훈련사역을 할 수 있었
　　던 것을 감사합니다.

여섯째, 한 때 목회를 포기할 뻔한 적이 있었던 것도 감사합니다.

일곱째, 목회에서 좌절하고 있을 때 한 사람을 통하여 사명을 다시
　　금 알게 하심을 감사합니다.

여덟째, 지금의 대명교회에서 목회할 수 있도록 인도하심을 감사합
　　니다.

아홉째, 지금의 아내를 만나게 하시고 평생 배필로 짝지어주심을 감
　　사합니다.

열 번째, 자녀들을 선물로 주심을 감사합니다.

열한 번째, 목회하면서 칼에 찔리고 돌팔매질을 당하고 멱살을 잡힌
　　것도 감사합니다.

열두 번째, 누구라도 미워하지 않고 기도하며 목회하게 하심을 감사합니다.

열세 번째, 더 좋은 환경을 그리워하거나, 더 좋은 교회에 가고 싶은 마음이 전혀 없이 그저 대명교회를 좋아하고 행복해 할 수 있음을 감사합니다.

열네 번째, 누군가에게 베풀 수 있는 마음을 주신 것을 감사합니다.

열다섯 번째, 해마다 지역 어르신들을 초청하여 섬기게 하심을 감사합니다.

열여섯 번째, 모든 대명교회 성도들이 부족한 저를 따르고 순종하는 것을 감사합니다.

열일곱 번째, 너무나도 과분하게 채워주시는 것들로 인해 감사합니다.

열여덟 번째, 나라와 교계와 교단과 성도들과 지역민들을 위해서 한결같이 기도할 수 있음을 감사합니다.

열아홉 번째, 주변에 좋은 선배 목사님들과 동역자와 후배들이 있는 것을 감사합니다.

스무 번째, 오늘도 단잠을 자며 눈을 뜨게 하심을 감사합니다.

# 4

## 감사는 부메랑이다

이달의 감사인물 김수영권사(시인, 아동문학작가)를 만나기 위해 마티즈 차를 바지런히 몰았다. 여주나들목을 나와서도 20여분 더, 남한강 인근 강변을 돌고 돌아 벚나무들이 무성한 길에 들어섰다. 인천 계양에서 서둘러 나섰지만 성남-원주간 고속도로가 정체로 이어져 정오를 넘겨서야 목적지 여주 귀백마을(전원주택단지)에 도착했다. 잘 정돈된 정원에 잔디가 잘 자라나 제법 새집티를 벗었다. 재롱이(강아지) 두 마리가 꼬리치며 구면인 필자를 반긴다.

김수영작가는 언제나 귀티가 난다. 자기관리에 철저하다. 그녀는 어린 시절 원인 모를 병으로 시름시름 앓았었다. 부모에게 늘 걱정거리였다. 그래서인가 초등학교도 해를 넘겨 입학했다 : "예수님을 영접하기 전이었어요. 오랫동안 건강이 안 좋으니까, 엄마가 하루는 용하다는 사람을 찾았는가 봐요. '이 아이는 하나님 딸이니 하나님께 맡겨야 한다.'고 그러더래요. 저는 예수를 믿지 않던 엄마의 권유(?)로 믿음생활을 하게 됐어요." 고향마을에서의 어린 시절 이야기다, 여름성경학교에서 새벽기도를 다니다 성령을 체험한다. 원인 모를 병마에서 고침을 받았다. 이를 계기로 엄마가 전도돼 믿음의 가정이 되었다.

그녀가 태어난 곳은 전남 무안군 현경이다. 학창시절엔 목포에 나와서 공부하였고, 1980년대 인천에 올라와 지금까지 살았다. 그러던 중 믿음에 큰 진보가 있었다. 현재는 인천제일교회를 섬기고 있으며 지난해 겨울, 여주로 이사했다. 남편 유시학집사의 건강회복을 위해 내린 결단으로 잘한 결정이라고 여긴다. 처음엔 적응이 잘 안 되었으나 이제는 여주댁이 다 되었다. 현재 남편의 얼굴은 건강미가 넘쳐난다. 신선한 산(山)공기가 주는 혜택일 것이다.

사실 김수영은 불혹을 넘긴 늦깎이로 등단했지만 문학공간 시부문신인상(2005), 한국아동문학 대상(2009), 대한민국크리스찬작가 대상(2017), 서울아동문학 대상(2019), 한국아동문학 오늘의 작가상(2020) 등을 수상했다. 누구는 상복도 많다고 할 테지만 그의 글쓰기 집념이 낳은 결과다.


여주 홍천면에서 주민등록을 전입하는데 담당자 하는 말이 "무슨 작가선생님 아닌가 생각되는군요."....? "어찌 아셨어요, 네 저는... 동화작가랍니다." 이렇게 해서 면사무소에 소문이 나고 면장에게도 소개됐다. 새침 떼기 도시여자, 돋보이는 옷매무새, 주황

색 스카프에 빨간 배래모 차림, 누가 봐도 독특하다. 따가운 시선
들이 그녀를 주시한다.

하지만 김수영은 금요일마다 개근하며 김밥을 만들고, 독거노
인 어르신들께 도시락 배달을 나간다. 면사무소 봉사현장에 제일
먼저 도착하여 준비해간 따뜻한 커피를 돌리며 위원들과 인사를
나눈다. '에이, 얼마나 가겠어?', '저러다가 그만두겠지 뭐!' 수군거
리는 뒷소리도 들리지만 그건 김수영을 모르는 소리다. 매주 마다
한결같다. 왜곡된 시선은 몇 달 만에 평정되었다. 토박이들의 왕
따 담장은 무너져버렸다. 현재 주민자치위원을 자청하여 열심이
봉사 중이다. 여주도서관, 세종도서관과 강의계약도 맺었다. 코로
나가 지나면 기지개를 켤 것이다. 이것이 김수영의 감사이야기다.

토박이들의 눈총이 거센 시골에서 모두에게 인정을 받으니 이
얼마나 감사한 일인가. 그뿐이 아니다. 아직은 코로나19로 인해
문화예술 활동에 제약이 많다. 하지만 그녀는 이를 하나님과의 영
성함양의 계기로 만들어 간다. 성경읽기, 찬송듣기, 하나님과 친
밀한 대화 나누기, 그러다 보니 영성이 더욱 풍성해 진다. 코로나
사태로 감사하기 어려운 시기에 작가 김수영은 또 하나의 작품을
탄생시켰다. : "그것은 '어린이들의 면역력을 높이자는 동기부여
의 책' 「청국장파티Ⅱ」이에요. 요즘 아이들이 인스턴트식품을 선
호하는 시대지만, 엄마의 정성이 듬뿍 담긴 우리나라 전통음식을
많이 먹자는 취지로 동화책을 집필했어요." 좋은 반응이라니 이
얼마나 감사한 일인가. 취재후 사진을 몇장 찍자하니 「청국장파티

Ⅱ」를 꼭 가슴에 안고 포즈를 취한다.

그녀에게 '감사란 무엇일까?' 궁금하다. : "동화작가가 예술활동을 하지 못하니 참 답답하죠. 초등학교는 물론, 도서관에서도 강의를 못해요. 감사의 조건이 성립되지 않는거에요. 하지만 그래도 감사하니까 감사한 일들이 생기더라고요. 그래서 저는 '감사는 부메랑이다.'라고 말해요. 감사한 만큼 감사할 일이 생기고 감사를 드리니까 그 감사가 내게로 돌아오는 것이죠." 감사는 부메랑이라. 이어령박사는 감사를 가리켜 벽에 던지면 돌아오는 농구공에 비유한 바 있다. 그녀의 깨달음도 격이 있어 놀랍다.

그렇다면 김수영작가에게 감사한 삶이 어떻게 실천되는지 살펴보자. : "감사는 실천이라 생각해요. 그래서 나는 봉사하기를 참 좋아해요. 또한 찬양을 많이 부르죠. 아침에 일어났을 때, 식사를 준비할 때, 글을 쓸 때, 운동할 때도 찬양을 해요. 감사 찬양은 보약과도 같죠. 찬양을 부르면 기분이 좋아지고, 기쁨이 넘치며, 가장 중요한 건 일에 능률이 오른다는 사실이에요."

일상의 감사 말고 좀 더 구체적인 감사습관은 무엇인지요. : "매일매일 감사하며 예배하고 예물을 뗍니다. 매일의 일상이 똑같은 것이지만 그것 자체가 감사하다는 것을 깨달았어요. 삼시 세끼 식사를 할 수 있는 것이 감사하고, 비오는 날엔 비를 바라보다가 글쓰며 감사하고, 맑은 날에는 햇빛의 고마움을 느끼며 감사합니다. 바람이 불 땐 설레는 맘으로 글을 쓰며 감사한답니다." 이러한 감사를 어떻게 표현할 방법이 없어 김수영작가는 몇 해 전부터 매일 일천번제로 감사예배를 드리고 있다.

도심생활과 여주의 삶의 차이는 무엇일까? '도심에선 밤 10시에도 쇼핑을 다니잖아요? 이곳은 저녁만 먹으면 창밖이 모두 캄캄한 세상이어서 숲속 한복판에 갇힌 거와 같았단다.' 답답하던 환경을 180° 바꾸어 생각했다. 그만큼 책 읽고 사색할 시간, 기도할 시간, 감사할 시간이 많아졌단다. : "지난해 겨울, 여주로 이사 오고부터는 주간의 예배활력을 위해 여주교회로 새벽기도회를 다니고 있어요. 새벽기도회를 갈 때는 부지런히 차를 몰지만, 집으로 돌아오는 길에는 여유를 찾았어요. 놀라운 경험이지요. 경치가 좋은 남한강변 공원 곁에 차를 대고는 산책을 하면서, 꽃들과 대화를 하고, 참새, 뻐꾸기들과도 소통하는 호사를 누리며 감사생활을 한답니다."

요즈음 김수영작가는 도회지에선 느낄 수 없는 감사를 경험하고 있다. 아름다운 자연의 모습을 담아 시작(詩作)을 한다. 아담한 정자에 기대어 찬양을 올린다. 그러다보면 숲속이 온통 새벽잠에서 깨어나 합창을 하는 경험이다. 이 특별한 경험은 그로 하여금 감사와 감격에 빠지도록 한다. : "예쁜 '금계화'가 흔들거리며 춤을 춘답니다. 그 옆의 '상사화'가 하늘하늘 노래하는 모습으로 보이기도 하구요, 이게 바로 야외음악회로구나, 참~ 아름답다고 감격한답니다! 이때 저는 마음껏 하나님께 찬양을 올려드립니다." 도시, 도시에선 결코 누릴 수 없는 감사경험이다. 자연과 함께 새들이 꽃을 통해서 찾아왔다. 참새가 지저귀고 뻐꾸기가 '뻐꾹, 뻐꾹'하며 그녀의 주위를 맴돈다. 그녀는 이렇게 매일같이 감사가 회복되는 놀라움을 경험하고 있다. 흡사 성 프란체스카가 자연과 벗 삼아 살면서 새들과도 대화를 했다는 기독교 야사를 듣는 듯 했다.

여주생활이 시간을 더할수록 이제는 다문화 가정들이 눈에 들어온다. 농촌 총각들이 필리핀이나 베트남의 아낙을 얻어 삶을 꾸리는 경우가 많다. 주변의 농촌풍경을 읽으며 외국 며느리들이 보이더란다. 얼마나 열심히 일하고 땀을 흘리는지, 애틋한 생각마저 든다. 농번기 후두둑하는 빗방울소리에 저들이 기뻐하는 소리를. 논밭이 메말라갈 때 저들의 한숨을 들었다는 것이다. 다문화 가정 며느리들의 기쁨과 한숨이 들리니, 쌈 채 한 묶음을 사면서도 저들의 땀이 기억돼 감사함으로 먹게 되더란다. 글 쓰는 사람으로서 그것들을 소재로 한 글을 쓰고 싶단다. 도서관이 다시 열리고 문학강좌가 열리는 날을 고대하며 다문화가정의 여인들과 아픔을 공유하고 싶다고 말했다.

김수영권사는 섬기고 있는 교회가 잠시 멀어졌지만 그래도 감사하다. 인천제일교회의 예배와 섬김을 위해서는 이른 새벽부터 부산을 떨어 온가족과 함께 여주를 출발한다. 한 주에 한번 만나서 그런지 자신에게 맡겨진 학생들이 그렇게 예쁠 수가 없단다. 담임목사님의 말씀이 꿀 송이처럼 단 것은 무슨 연유일까. 아마도 사모함이 그만큼 크기 때문일 것이다.

그녀가 하고 싶은 일은 무엇일까? : "여주 시민들을 초대해 작은 음악회를 열고 싶어요. 특히 다문화가정 주부들의 땀과 수고를 눈으로 보았으니 위로해야지요. 추운 겨울에 이사를 오고 우~웅~ 하는 매서운 바람소리로 인해 움츠러들었었지요. 헌데 봄이 되면서 눈 녹듯 언 마음도 녹아내렸어요. 파릇파릇 새싹이 나고 잔디와 함께 꽃이 피는 정원을 보며 생각이 달라졌어요. 아름다운 가든(음악회) 파티라도 열 꿈을 꾸면서 저를 이곳에 보내신 이유서를 찾았지요. 이제는 잔디가 제법 자라나니 예초기라도 돌려야 할까 봅니다." 최근 지은 시 한수 소개를 부탁드리니 낭랑한 목소리에 '아침이 좋다'가 실려 나온다.

아침이 좋다
새벽기도 마치고
산책 중
감사로 하루를 연다

푸르름으로
촉촉한 아침
매일 똑같은 일상이지만
새롭게 보이는
아침이 좋다

포기하고 싶을 때

힘을 주고

도전을 주는

아침이 좋다


다투지 말고 욕심내지 말고

감사와 사랑으로

하루를 시작하라는

바람의 속삭임이 있어

아침이 좋다


기도의 향기

하늘에 진동해

아침이 활짝 웃고 있다.

# 5

## 감사는 받아들이는 과정이다

"그리스도의 말씀이 여러분 가운데 풍성히 살아 있게 하십시오. 온갖 지혜로
서로 가르치고 권고하십시오. 감사한 마음으로 시와 찬미와
신령한 노래로 여러분의 하나님께 마음을 다하여 찬양하십시오."(골 3:16)

노용찬은 지금은 안산이 된 대부도의 부속도서 '선감도'가 고향
이다. 선감도는 잘 알려져 있지 않다. 하지만 필자는 대부도가 외
가인데다 어린 시절 어머니를 따라 갔던 기억 속에 선감도가 남
아 있다. 어머니는 선감도이야기 속에 "거기는~ 우상구(?)들이 감
물(간조 때)에 소와함께 걸어 다니는 바닷길이 있단다. 대부도에서
송산방향으로 걷다보면 '섬감도'가 나오지." 우상구(소 중개상)들이
소를 여러 마리씩 이끌고 바닷길을 건너는 장면이 신경림작가의
글속에도 등장하는데 그곳이 바로 선감도. 현재는 경기도 안산
시 단원구 선감동. 황해도 출신 아버님이 6.25로 피난을 내려왔다
가 국군으로 전쟁터를 누볐다. 전쟁이 끝나자 농촌지도사 겸 선감
도 시설공무원으로 부임하니 그가 거기서 태어났다. 그는 섬감도
에서 11살 때까지 살았다.

그가 예수를 알게 된 것은 어머니의 영향이 크다. 60년대 선감도에는 교회가 없어 대부도의 한 장로님이 오셔서 순회예배를 드렸다. 그 예배는 꼭 노용찬의 집에서 드렸기에 자연스럽게 그도 예배에 참여하면서 곁에서 설교를 듣곤 했다. 무교회지역인지라 체계적인 성경공부나 신앙교육은 받지 못했다.

어린 노용찬은 어려서부터 예수를 믿었다. 성격이 내성적이고 사색하는 것을 좋아하던 노용찬은 혼자서 지내는 경우가 많았다. : "어느 날 저녁이었어요. 집 대문에 기대어 석양을 보는 중에 그 광경이 너무나 장엄하고 아름다워 순간적으로 머릿속에 창조주이신 하나님을 떠올리게 되었어요. 아마 그때가 하나님의 거룩성을 처음으로 경험하는 고백의 순간이 아닌가 생각됩니다."

노목사는 지금도 그때에 회심했다고 주장한다. 그때부터 그는 마음속에 세상을 창조하신 하나님을 의지하게 되었다. 또 하나의 잊을 수 없는 사건은 백부의 죽음이다. : "6세쯤인데 새벽에 엄마의 우는 소리가 들렸지요. '엄마 왜 울어?' '재 너머 큰아버지가 돌아가셨단다.' 날이 밝자마자 이웃 마을 큰 집으로 달려갔는데, 말 그대로 초상집이다. 삼일장이 진행되는 동안에 문상과 손님맞이, 노제와 꽃상여, 북재비의 망향가 등 장례의 모습이 너무나 선합니다. 그 인상이 얼마나 강렬했던지…" 삶과 죽음의 문제는 여전히 지금까지 그의 삶의 큰 질문 중에 하나다. 하나님의 창조와 거룩성, 인간의 나약성과 죽음, 그것은 존재하는 모든 인류의 원천적인 질문이고. 문제가 아닌가.

고교 2학년 여름, 같은 반 친구를 따라 새마을(인천 만수동)에 설립된 개척교회를 다녔다. 노용찬은 교회에 재미가 들어 학생 신분으로 헌신했다. : "친구와 함께 성경학교를 진행해 '아이들에게 성경을 가르치고.' '등사기로 주보를 만든다.' '찬양을 한다.' 그렇게 교회에 가서 하룻밤을 자고 주일 저녁예배를 마치고야 늦게 집에 들어오곤 했습니다. 헌데 고3 때 어머니께서 위암 말기 판정을 받았습니다. '내가 기도해서 낫게 해드리겠다.'고 학교를 결석하며 어머니를 모시고 교회에 가서 기도에 올인 했던 문제 많은 학생이 기도 했지요. 결국 어머니는 돌아가셨으나, 그녀는 저에게 신앙을 유산으로 물려주셨습니다."

노용찬목사는 작은 체구지만 특별한데가 있다. 그는 어떤 일이든 생각하고 묵상하며 철학적이다. 대화도 깊이가 있다. 일반인이 미처 생각하지 못하는 것을 짚어내는 능력이 있다. 그래서인가 숭실대공과대학에 입학했으나 철학·신학을 공부하고 싶어 서울신학대학교로 무작정(?) 편입했다. 한때는 작가의 꿈을 키우기도 하고. 서울신학대학교에서 실망한 그는 교역자과정을 포기하겠다고 4학점 펑크를 내기도 하고... 방황하던 시절이 있었다. 1987년 십자군전도대에 들어가 진도, 신안 등 당시 어렵고 힘들다는 시골·개척교회만을 자원하며 사역했다. 무리가 되었는가. 그만 간염이 발병돼 더 이상 목회를 할 수 없는 지경이 되었다. 이런 그에게 무슨 감사이야기가 있을까.

건강문제로 총회본부 선교국 간사일도, S교회 교육사역도 모두 사임하고 쉬고 있을 때였다. 그런데 그분은 그에게 선한 길을 인도해 주셨다. 가정사역과 심리상담사역으로 사회운동에 뛰어들게 되니 남들이 가지 않는 색다른 길이었다. : "그때가 1994년도 7월쯤일 겝니다, 그러면서 속으로 기도했지요. '내 나이 50쯤 되었을 때, 연륜이 좀 쌓이고, 세상을 좀 알 때 목회를 해도 늦지 않아.' 그러면서 정신없이 교회 밖에서 사역을 했는데, 2006년 서호교회로부터 청빙을 받았습니다. 목회의 시작이었죠. 생각해보니 제 나이 꼭 50이 되는 해였습니다. 그러다가 2014년도 말 사임했는데 꼭 10년이더군요." 교회에 새로운 분위기가 필요하다는 판단해서 내린 결정이었다. 우리사회에 가장 시급하다고 생각했던 체계적인 자살예방운동을 펼치기 위함이었다. 친구들도 놀랐고 가정에서도 한바탕 소동이 일어날법한 일이다. 하나님께서는 노목사가 생각하고 있던 과거의 일까지도 기억하시고 인도하시고 있었다. 그렇게도 연약하고 나약해 보이는 노목사를 통해서 일하시는 하나님, 이 어찌 감사하지 않을 수가 있을까.

실제로 노용찬목사는 160센치 남짓 넘어가는 작은 키에, 몸무게도 40킬로 대로 병역도 면제받았다. 과연 그는 어떤 때 가장 감사하다는 생각을 할까? : "저에게 있어서 가장 감사한 때는 먼저 '말씀 묵상일기를 쓸 때'이고, 다른 하나는 '설교문'을 작성할 때'이며, 또 다른 하나는 예배시간 '말씀을 전할 때'입니다. 습관적으로 저는 매일 아침 말씀묵상일기를 쓰고 있습니다. 하루라도 쓰지 않으면 불안해 할 정도로..., 거기엔 묵상뿐 아니라 감사가 기본 베이스입니다. 왠지 아시나요. 나같이 함량 부족하고 사명 미달인 사람을 믿어주시고 사용하신다는 생각 때문에 하나님께 대한 감사가 더 크지요."

필자가 수없는 목회자를 만났지만 말씀과 관련하여 하나님께 감사를 올리는 분은 흔치 않다. 오히려 말씀을 통해 성도를 가르치고 교육시키고 선포한다는 게 부담이라는 분도 꽤 있었다. 헌데 노목사는 모두가 하나님의 말씀을 중심으로 감사가 일어나며 현대적인 감각으로 요리하여 성도들에게 선포할 때 감사는 최고조에 이른다는 것이었다. 아! 맞다. 목사는 이런 말을 해야 옳다. 참 말씀에 목말라하는 목자다운 목사를 오랜만에 만났다는 느낌이다.

필자가 감사운동을 전개하며 깨달은 중요한 사실이 하나 있다. 개역개정판 한글성경에서 감사구절을 분류해보니, 모두 188회가 나오는 데 구약성경엔 126회, 신약에는 62회. 이러한 수많은 "감사구절들"은 십중팔구가 공교롭게도 '하나님, 아버지, 주, 여호와'라는 단어와 함께 쓰이고 있었다. 하나님께서 원하시는 바가 무엇인지 확실하게 보여준다. 감사하는 예배자를 찾으시는 하나님을 보게되었다. 노목사가 하나님 아버지의 감사 마음을 알고, 감사를 귀히 여기시는 여호와의 마음을 꿰뚫고 있다고 여겨진다. 특히 구약에서는 절반이 넘는 회수가 시편(75번)에 나오는데 다윗을 비롯한 시편기자의 고백이다. 하나님께서 감사를 원하심을 꿰뚫은 시편기자들의 마음의 표현이 바로 감사구절이다.

노목사에게 가장 기억에 남는 감사이야기는 무엇일가? : "저는 90년대 초반부터 만성간염에 걸려 고생했는데 엎친데 덮친 격으로 폐결핵까지 앓았어요. 어느 날 유학준비를 위해 신체검사를 했는데 모두가 완치되었다는 겁니다. 얼마나 기뻤는지... 헌데 다른 문제가 생겼어요. 아내의 검진결과인데, 당황스럽게도 갑상선 종양이라는 겁니다. 다 준비해 놓은 유학을 포기해야 했지만, 그 당시 저는 인생 최고의 감사를 올렸습니다. 저의 지병들이 전부 나았다는 판정결과가 그 하나라면, 또 다른 하나의 감사이야기는 아내의 질병을 조기에 발견해 치료하게 된 사실 때문입니다."

"보라 내가 이 성읍을 치료하며 고쳐 낫게 하고 평안과 진실이 풍성함을 ... 나타낼 것"이라고 예레미야(33:6)가 선포했던 것 같이 '노용찬목사 부부를 치료해주셨다, 그 말씀을 증거 하셨다.'는 놀라운 감사이야기다. 감사는 놀라운 치유의 힘을 가진다. 100세문제연구소장 이시형박사는 현대인의 질병은 수많은 스트레스에 기인한다면서, 하나님께 대한 감사를 가리켜 스트레스의 정화제요, 치유제라고 정의한다. 실제로 필자에게 있었던 심한 아토피피부질환도, 저의 아내에게 나타났던 갑상선부종도, 첫딸 지영이에게 생겼던 베체트병도 감사로 치유 받은 사례가 확고하다(참고, 활천 2016년 10월호, 11월호, 12월호에 3회 연재됨).

한발 더 들어가 보자. '감사하기 어려운 사건 가운데 감사해본

적은 없는가.' : "어머니와 아버지의 연이은 죽음 앞에서의 고통, 저와 아내의 질병이 겹쳐왔을 때의 중압감의 문제였죠. 제가 10여 년간 만성간염을 앓았는데, 총회의 간사업무도, 공부와 목회도 모두 포기해야 했습니다. 생계가 문제였기에 10원짜리 전자제품을 조립하기도 했고, 번역하는 일도 하며, 안 해본 일이 없을 정도입니다. 나의 건강을 추스르고 나니 이번에는 아내에게 다시 자궁종양과 갑상선 종양이 발견돼 수술했고, 최근에는 유방암이 또 발견돼 치료 중입니다. 그런데 감사한 것은 이런 시련의 과정들을 내가 꿋꿋하게 견디어내고 있다는 사실입니다(형제에게 알리지 않은 사실도 있다).

노용찬목사는 사회활동을 여러 가지 한 걸로 아는데 주로 어떤 일들을 하였으며 거기서 얻은 감사이야기는 무엇일까. : "연세대 연합신학대학원을 통한 기독교 상담활동, 서울신학대학교 카운슬링센터를 통한 상담활동, 크리스천라이프센터를 통한 건강가정 운동, 두란노를 통한 가정사역 회복운동, 그뿐만이 아닙니다. 라이프호프를 통한 자살예방운동 등 교회 안밖 활동을 꾸준히 해 올 수 있었다는 점이 저에게는 너무나도 감사한 일이었습니다."

상담활동으로 최근까지 연결되는 감사한 일은 무엇일까. : "얼마 전, 현장감독으로 광주에 내려왔다면서 전화가 걸려왔어요. 반가운 사람이었죠. 결혼 전 사귀던 자매(지금 아내)와 갈등을 겪을 때 파트너가 자살충동을 느낀다고 호소하던 형제인데. 그때의 상담 후 문제가 해결됐고, 결혼했고, 지금은 행복하게 사는 가정이랍니다." 오랜만에 함께 저녁식사를 먹으며 따뜻한 감사를 올려드렸단다. 이런 게 상담의 보람이고 감사한 일일 것이다.

그렇다면 그에게 있어서 '감사란 무엇일까?' : "감사란 '저에게 닥쳐오는 모든 것을 있는 그대로 받아들이는 과정'이라고 정의하고 싶습니다. 라인홀드 니버가 소개한 유명한 익명의 시인데, '평안을 구하는 기도'라고 부르지요. '주여, 제가 변화시킬 수 없는 일들은 있는 그대로 받아들이는 평안을, 제가 변화시킬 수 있는 것들은 변화시킬 수 있는 용기를 주옵소서. 이 두 가지를 구별할 줄 아는 지혜를 주옵소서.' 저는 여기에 감사의 핵심이 있다고 생각합니다. 감사란 주님의 섭리에 따라 저에게 일어난 모든 것을 그대로 수용하고 받아들이는 것이라고. 심지어 질병과 죽음의 문제까지도 마찬가지구요. 왜냐하면 그것은 하나의 '문지방'으로써 그것을 넘어서야만 영원한 세상으로 들어갈 수 있다고 믿기 때문이죠." 노목사의 감사 정의하기는 특별하다. 질병과 죽음마저도 '받아들이는 과정'이라는 감사의 정의가 잘 이해되지 않을 정도다. 그것은 고차원이고 철학적이다. 모든 것을 하나님의 섭리로 받아들이는 차원이다. 광주에서 다시 시작된 그의 말씀감사 이야기는 주보를 통해서 그림, 음악, 사진을 통해서 앞으로도 계속될 것이다.

# 6

## '그만큼이나', '그만큼만이라도' 감사한다

나는 감사인물취재기를 연재하며 되도록 비수도권을 중심에 두었다. 서울이 늘 교단의 정치무대에 중심이 되지 않았던가. 그래서인가. 나만이라도 취재 대상을 수도권 이외의 지역에서 감사인물을 찾아내려 노력했다. 그러다 보니 가까운 곳을 놓치고 마는 우를 범했나보다. '등잔 밑이 어둡다.'는 속담처럼 말이다. 우연한 기회에 검단우리교회의 김남영목사를 만나게 됨은 행운이었다.

그는 인천 토종이다. 그것도 송현동 수문통(일명 '똥 바다') 시장 인근에서 태어나고 자라며 인천에서 공부했다. 공중화장실 한 개를 놓고 북적이며 함께 이용하던 동네, 바닷물이 역류해 들어오던 동네, 그것이 인천 수문통시장의 옛 풍경이다. 그가 신학을 하기 이전까지 송현동 인근에서만 살아왔다니 토종 짠물임에 틀림이 없다. 인천 출신이라 하면 흔히 짠물이라고 말한다. 삶 어딘가에 짠물이 배었다는 말이겠다. 지금은 모두 공단으로 변하고 주택가로 바뀌었지만, 필자의 중,고교 시절까지만 해도 인천에는 '주안염전'이 있었다. 소금고장이라는 의미에서 인천을 짜다고 말하는 모양이다.

김남영목사에겐 그런 짠물 모습이 없다. 해맑은 미소를 머금은 얼굴은 사랑과 감사가 넘친다. 지천명(知天命, 50세)을 조금 넘긴 나이와는 어울리지 않게 머리가 전부 회색(그레이색)이지만 목회적 노련미도 엿보인다. 덕 많고 감사가 넘치는 목회자임을 인터뷰 내내 볼 수 있어 기뻤다. 얼굴엔 귀족 티가 난다 싶었는데 살아온 이야기를 듣다보니 어린 시절 무척이나 어렵게 살았나보다.

어린 시절의 풍경화를 요청했다 : "운 좋게 주운 공병(空甁)을 주고 사먹는 리어카 대패 엿은 천하일미(天下一味?)였어요. 번데기 국물을 먹고 싶어 리어카를 졸졸 따라다니던 동네에서 자랐지요. 유년시절 교회에서 먹게 된 간식은 그야말로 진수성찬(珍羞盛饌)이었습니다."

김남영은 인천에서 가장 역사가 오랜 인천교회(구 평동교회) 출신이다. 그는 어머니를 따라 초등학교를 다니기 전부터 산기도를 다녔다 한다. 기도하시는 어머니 곁에서 소나무를 기어오르다 떨어져 큰 상처를 입기도 했고, 핏빛 소변이 나올 때는 목사님께 안수기도 받고는 치유 받은 경험도 있다. 어린시절 죽을 뻔한 자잘한 기억도 많은데 모두가 지금 생각해보니 어머니의 서원기도 덕분이라고 여긴다. 이것이 김남영의 감사의 출발이다.


○ 코로나 덕분에 예배와 목회가 모두 어려웠을 텐데 이럴 때 감사는 어찌했을까? : "올해 저희교회는 금년이 창립 50주년입니다. 희년이 된 기념으로 3가정의 선교사를 파송하고 해외에 3교회

의 건축을 하게 하셨습니다. 본래 계획보다 넘치게 하신거죠. 특별한 하나님의 은총이었기에 감사하지 않을 수가 없습니다. 연초부터 터진 코로나 사태로 인해 '50주년(희년)선교프로젝트'에 비상이 걸렸지요. 내년으로 연기하자는 의견들이 많았습니다. 한 권사님이 던진 '어려운 때 더욱 심어야 하지 않겠습니까?'라는 격려 말씀에 하나님께서 행하게 하실 것이라는 강한 확신을 갖고, 순종하고 추진하였습니다."

심적인 부담이 컸기에 김목사는 평소보다 2배 이상의 시간을 들여 기도하였다. 예상치 못한 어려움에 대상포진을 앓기도 했다. 하지만 결과는 대성공이었다. IMF사태 때보다도 어렵다는 금년, 목표보다도 넘치도록 하시니 감사하다는 것이다. 준공식을 다녀와야 할 텐데 코로나사태로 못가고 있지만 이것도 감사한 일이라고 한다.

○ 그렇다면 특히 목회 중에 기억되는 감사이야기는 어떤 것이 있을까? : "저는 부족한 것이 많은 사람입니다. 목회는 제가 하는 게 아니라 하나님께서 인도하신다는 강한 믿음으로 목회하고 있습니다. 그래서 늘 기도할 때마다 하나님의 은혜가 그치지 않는 목회가 될 수 있도록 기도합니다. 하나님이 주신 감동에 따라 세운 목회계획 가운데 그 이유를 보고 깨닫게 될 때, 저를 도구로 삼으시고 하나님의 사역에 동참케 하시는 것을 발견할 때마다 희열과 함께 감사가 터져 나옵니다." 결과를 보고 감사하는 게 아니라 목회계획을 세울 때도, 그 과정을 진행할 때도, 모든 것을 통한 하

나님의 역사를 보고 느끼고 깨닫게 하심에 감사가 터져나온다고 표현한다.

○ 그렇다면 구체적인 예를 하나 들어 말씀해달라.: "올해 '행복나눔예배'라는 것을 계획하고 출발했습니다. 개척교회 같은 작은 교회를 돌보도록 하나님께서 감동을 주셨습니다. 물질뿐만 아니라 영적인 후원을 위해서도 함께 할 것을 명하셨습니다. '어떻게 하는 게 좋을까' 생각 중에 한 교회를 선정해, 매주 한 기관씩을 파송하여 같이 예배하고 그 교회의 부흥을 위해 기도하도록 하셨습니다. 헌데 2월부터 코로나사태가 터진 겁니다. 저희교회도 출석율이 절반 가까이 떨어져 어려운 상황이었지만, 힘들고 어려운 교회를 위해서 그렇게 예비하게 하신 하나님의 마음임을 깨닫고는 얼마나 기쁜지요. 제가 어찌 코로나19사태가 있으리라 생각했겠습니까? 하나님께서 이때를 아시고 제 마음에 감동을 주시고 순종하게 하셔서 작지만 한 교회를 돌아보게 하시고 힘이 되게 하시니 참으로 감사할 따름입니다. 개척교회의 어려움을 이기게 하시는 하나님의 은혜를 생각하니 얼마나 감사한지요."

김목사는 확신에 찬 목소리로 이렇듯 '순종이 감사를 낳게 한다'고 말한다. 헌금을 드릴 때도 감사하고, 성도들을 섬길 때도 감사하다고 말한다. 누군가를 돕고 분에 넘치도록 하나님 앞에 마음껏 헌금할 수 있어 감사하다는 것이다. 감사한 마음을 부어주시고 그것에 순종하니 어려운 이들을 돕거나, 개척교회를 섬기고, 하나님께 헌금을 올리는 것에 평안을 누리는 게 아닐까? 어찌 이같은 일들이 가능할까? 그것은 자신의 어린시절의 아픔을 동력삼아 목사로서 사역하는 가운데 구제하고 섬기고 돕는 사역으로 승화시켰기 때문일 것이다.

　○ 김목사 나름의, '나만의 감사습관'에 대해 소개를 부탁드린다. : "저의 감사습관은 목회와 삶 가운데 '그만큼의 감사'입니다. 기도하고 준비한 것 이상으로 '그만큼'이나 열매를 맺게 하심을 보며 하나님께 감사합니다. 어떤 경우에는 기대 이하의 결과가 나올지라도 '그만큼'이라도 허락하신 하나님께 감사합니다. 이런 경우는 나를 겸손하게 해주시기에 되돌아보게 하시는 하나님의 섭리를 깨닫고 감사하게 됩니다." 그는 목회가운데 '평가회'를 갖지 않는 것으로 유명하다. 다만 모든 것을 기도로 준비하고 결과 또한 하나님께서 허락하신 것임을 인정하기 때문이다. 다만 조용히 되돌아보고 또 다른 사역 가운데 하나님의 역사가 충만하도록 기도할 뿐이다. 그는 다시 한 번 이렇게 감사한다. '그만큼이나', '그만큼만이라도' 감사하다고 말이다.

　○ 이참에 나만의 감사의 근거가 되는 성경말씀을 소개한다면? 또 그렇게 된 이유는 무엇인가? 김목사는 조금도 주저함 없이 시편 50편23절 말씀을 소개한다. : "감사로 제사를 드리는 자가 나를 영화롭게 하나니 그의 행위를 옳게 하는 자에게 내가 하나님의 구원을 보이리라. 시편 50편은 아삽의 시로써 '형식만 남아 있고 하나님을 잊어버린 제사'를 책망하는 내용을 담고 있습니다. 감사가 없는 것은 곧 하나님을 잊어버리는 것과 같습니다." 그래서 김남

영목사의 감사는 늘 하나님을 기억하는 기억의 방편이다. 하나님께서 내게 행하신 일을 잊지 않고 늘 고백하며 '감사'의 제사로 하나님을 영화롭게 하는 것, 그것이야말로 진정 행복한 삶임을 확신하고 있다.

구약의 제사는 요즘말로 예배이다. 물론 이렇게 치환하는 데는 무리가 있긴 하지만 우리들의 예배에서 감사가 빠진다면 무슨 예배일까? 찬양, 기도, 신앙생활 등 전반적인 그리스도인의 삶 가운데 감사는 실로 중요하다. 찬양을 찬양되게 하는 것은 감사이다. 기도와 예배와 믿음생활을 진실 되게 하는 데는 감사 없이 불가능하다고 본다. 김목사는 그런 측면에서 본질을 꿰뚫고 있었다.

○ 그렇다면 김목사에게 있어서 '감사란 무엇인가?' 궁금하다. : "'감사는 곧 순종이다.' 순종이 감사를 낳게 한다는 생각에서 나름 그렇게 정의하고 싶습니다. 순종하지 않으면 결코 알 수 없는 하나님의 섭리와 역사하심을, 순종할 때에야 비로소 맛볼 수 있는 것이 있거든요. 섭리의 참맛을 알게 되면 당연히 순종하게 되고, 순종하면 그 기쁨을 맛보게 하시기에 저는 감사와 순종의 관계를 그렇게 설정하고 싶고요, 때문에 하나님께 감사할 수밖에 없습니다."

○ 만일 감사할 수 없는 조건임에도 불구하고 '감사한 일이 있는가?' : "아내가 둘째를 임신했을 때였습니다. 산부인과에서 진찰을 했더니 자궁에 큰 혹이 있어 당장이라도 혹을 제거해야 한다는 진단결과가 나왔습니다. 그냥 두면 혹과 아이가 같이 자라나 산모의

생명이 위험해질 수 있다는 것이었죠. 혹의 수술은 곧 태아도 제거해야 한다는 전제였던 겁니다. 어쩔 수 없이 수술 날짜를 잡고는 왔으나, 염려가 이만저만이 아니었습니다. 태아도 걱정, 산모도 걱정, 수술비도 걱정인 형편이었는데, 기도하는 가운데 깨닫게 하시는 음성이 들려왔습니다. '하나님께서 주신 생명인데 하나님께서 해결해주시지 않겠는가?' 걱정을 감사의 마음으로 바꾸어주셨습니다." 이렇게하여 그는 아내와 함께 더욱 기도하였고, 하나님께서 어떻게 역사하실까 기대가 되었다. 이후 산부인과에 한 번도 가지 않았단다. 해산달이 임박해서야 병원을 갔더니 의사에게 '미쳤다'는 소리까지 들어야 했다.

"임신 10개월 동안 그 어떤 통증도 느끼지 않도록 아내를 지켜주셨습니다만, 출산 2주전부터는 엄청난 고통을 느끼도록 하셨습니다. 그간 혹으로부터 지켜준 고통이 어느 정도였는지를 깨닫게 하신 기간이었습니다. 그래서 더욱 감사하게 되었습니다. 한 번의 수술로 건강한 아이가 태어나고 혹 제거수술도 받게 되었지요." 산모는 그야말로 목숨을 걸고 아이를 낳았고, 아들은 생명을 걸고 태어난 셈이었다.

김목사의 가정은 그래서인가. 매우 다복하다. 박행순사모와는 서울신학대학교 사회복지대학원을 나온 캠퍼스커플인데 슬하에 의진(신대원)이와 의평(신학과)이가 모두 서울신학대학교에서 공부하며 사명자의 길을 걷고 있다. 온가족 네 식구가 서울신학대학교 동문이 되는 특이한 감사 가정이다.

-생활 속에 감사생활은 어떻게 하고 있는지가 궁금하다. : "감사는 표현해야 제 맛이라고 생각하고 있습니다. '네 보물 있는 그 곳에는 네 마음도 있느니라'(마 6:21)란 말씀처럼 어떤 식으로든 표현합니다. 특히 감사의 예물(헌금) 드리기를 좋아합니다. 자녀들에게도 동일하게 강조하여 이제는 제법 훈련돼 있습니다. 고백을 통해서 우리 마음의 중심이 늘 하나님께 있다는 것을 표현하고 있습니다. 감사는 저와 우리 가족의 마음이 늘 하나님 나라에 있음을 고백하는 시간이기도 합니다."

김남영목사는 목사이기 이전에 한 신앙인으로써 당연하지만 쉽지 않은 감사의 예물드림을 통한 감사표현을 특히 좋아하고 기뻐했다. 이제는 두 아들마저 신학에 입문하고 사역 훈련을 받고 있다는 사실은 부모의 모범 없이는 불가능한 일이기에 더욱 감사한 일이다. 특히 김목사의 가정은 가정예배에 충실하다. 늘 감사의 고백을 올린다. 과거를 돌아보며 현재 우리 가운데 주신 축복이 모두 감사의 결과였음을 하나님 앞에서 함께 나눈다. 모든 삶과 사역에 관계된 기도제목을 함께 나누고 응답하시고 부어주신 것에 대해서도, 응답하신 결과에 대한 감사도 잊지 않도록 감사나눔의 예배를 드리고 있다.

# 1

# 감사는 중독이 없다
# 다만 치유가 있을 뿐이다

과도한 감사만큼 아름다운 지나침은 없다. _라 브뤼에르

중독中毒은 유해물질에 의지하려는 약물중독이나 또는 그에 대한 정신적 의존 증을 일컫는다. 사람들이 좋아하는 세상의 것들은 대개 중독성이 있다. 건강을 위한 복약服藥, 몸을 튼튼하게 하는 운동, 기호식품이라 하는 녹차, 커피, 술과 담배 등, 부자가 된다고 착각하게 하는 복권, 도박 등이 모두 그러하다. 약은 좋다 해도 중독성이 있다. 늘 부작용을 주의해야 한다. 약은 어떤 세포는 살리고 병세를 낫게 하지만 또 다른 한쪽으로는 건강을 멍들게도 한다. 섬세한 진단과 관찰이 필요하다.

과거에 근무하던 기관에서 있었던 일이다. 본부 총무이신 대선배께서 몸이 허약한 후배 국장에게 보약을 권했다. 자신이 그 보약을 먹었는데 좋더라는 것이다. 후배 분이 꼭 같은 보약을 지어 먹었는데 상당한 부작용이 생겼다. 얼굴과 몸 전체가 부어올라 보기가 민망하였다. 누구에겐 보약補藥이라도 누구에게는 해害가

될 수 있다. 다도茶道를 즐기는 사람들 사이에 하는 말이 있다. '알고 먹으면 보약 모르고 마시면 독'이란 말이 바로 그것이다. 보약의 처방도 이와 같다. 전문 한의사와 철저한 체질분석을 통한 투약이 필요하다고 본다.

운동을 하는 것도 중독성이 강하다. 등산에 몰입하다보면 국내 100대 봉오리를 오른다고 호들갑을 떨다가 몸에 이상이 오는 것도 모른다. 자칫하면 가정이 파괴되기도 한다. 낚시에 중독되면 동행시킨 어린 아들이 물에 떠내려가는데도 '뉘 집 자식이여~?'라면서 정신을 못 차린다. 자전거를 타다가 아마추어 철인3종 선수로까지 변신했던 한 이비인후과 의사는 무릎관절이 망가지고 나서야 그만두었다. 테니스에 미쳤던 효창동의 어떤 사장은 운동이 재미 있어 사업체가 망하는지도 모르고 매일같이 테니스 라켓 들고 운동장에 나왔다고 한다. 중독의 심각성을 일컫는 말이다.

연예인들이 마약 관련 뉴스에 자주 오르내리는 것은 무엇 때문일까? '대중의 인기를 한 몸에 받고 카메라 셔터 소리에 숨 돌릴 틈이 없다. 그러다 정신적 스트레스에 노출된다. 자신의 삶은 잃고 쫓기는 삶이 시작된다.' 내가 살았는지 죽었는지, 내가 잘 사는 건지 아닌지 방향을 가늠하기 어렵다. 그러니 혼자 있을 땐 극심한 허탈감에 빠지고, 마음이 허전하여 마약의 유혹에 빠진다. 한번 접하면 좀처럼 헤어 나오기 어렵다. 마약의 강한 중독성 때문이다. 알코올, 담배, 대마, 아편 문제가 모두 대동소이大同小異하다.

도박은 중독성이 강하기로 유명하다. 도박에 손을 대는 순간 그 사람은 아내와 가정을 잃는다. 직장도 버린다. 심하면 자식이 죽어도 장례식장에 가지 않는다. 한국의 잘나가던 수출 중견기업체의 한 사장님, 강원도 정선 땅에 어려운 조손가정 학생들에게 장학금을 전달하러 내려갔다가 정선카지노 호텔에서 묵었다. 카지노가 어떤 곳인가 호기심에 한번 내려갔다. 도박에 손대고 중독이 되니 수년째 하산하지 못하고 있다는 얘기가 공영방송을 탔다. 미국에 사는 딸이 교통사고로 죽었다는 소식을 접하고도 내려가지 못했다. '내가 미국 간다고 죽은 딸이 살아나는가?'라면서. 극심한 도박 중독중세가 몰고 온 한 가정의 파국이었다.

그런데 중독성 없는 것이 있다. 독서와 감사이다. 독서에 대해서는 앞서 언급했으므로 감사만을 이야기해보자. 감사의 특징 가운데 가장 강력한 특징은 중독성이 없다는 사실이다. 여기서 이 말로 끝난다면 감사, 그것은 맹탕에 불과하다. 헌데 감사는 몸을 건강하게 하는 능력이 있다. 분명한 사실이다. 감사에 치유가 있다는 것은 일반인들이 잘 모르는 사실이다. 현대인들의 가장 큰 적은 스트레스다. 스트레스에 가장 강력한 힘은 감사하는데서 나온다. 감사하면 기쁨이 오고, 감사하면 마음에 평안이 깃들고, 감사하면 얼굴에 미소가 머물게 된다. 감사하면 정신건강이 좋아진다. 또한 감사하면 내적 건강에도 청신호가 켜진다. 감사에 성공하면 인생의 모든 것에 성공하게 된다.

이는 곧바로 면역체계에도 영향을 미친다. 면역체계의 역량이

대폭 강화된다. 감사가 중독이 없다는 사실도 흔치 않은 발견이지만 감사에 성공하면 치유가 뒤따른다는 사실 또한 나만의 발견일까? 금세기 최고의 스트레스 연구의 레전드 한스 셀리에(1907-1982)는 스트레스를 떨칠 수 있는 한 가지를 말한다면 그것은 '감사感謝, appreciation'라고 말한 바 있다. 우리나라 스트레스의 권위자 이시형박사도 '감사'만한 스트레스의 정화제가 없고, 감사만큼 강력한 스트레스의 치유제가 없다고 말한다.

사람이 은혜를 모르면 저분이 사람인가 생각된다. 감사를 모른 채 살아가는 것도 같은 맥락이다. 물水, 공기空氣, 빛 등에도 감사해보자. 인간의 생체生體, 인간의 몸뿐 만 아니라 우주과학의 세계 속으로 들어가면 그것은 더욱 신기한 세계일뿐이다. 나를 태어나게 하신 부모님께도, 나를 세상에 보내주신 하늘의 그분에게도 감사하자.

감사는 물과 같이 무색無色 무취無臭하며 투명하다. 감사는 아무런 변화가 없는 것 같다. 힘도 없는 것 같고, 주장도 없는 듯하다. 그런데 실은 결코 그렇지가 않다. 물을 보라. 아무 힘이 없을 것 같지만 바위를 뚫고, 대자연을 변화시킨다. 최근의 혁신 기술 분야에서는 물을 이용하여 강철을 자른다. 인간의 구성분자 중 70%이상이 물 성분임은 누구나 아는 상식이다. 물에도 감사하며 살아보자.

감사도 물과 같다. 어떻게 들려지고 어떻게 쓰이느냐에 따라 천

양지차天壤之差가 된다. 감사는 자체 동력이 없다. 사람에게 들려져야만 한다. 감사는 사람이 들어 써야만 된다. 감사로 축복해야 행복 감정을 느끼게 하는 신경전달물질 '세로토닌'이 흘러나온다. 감사를 베풀어야 은혜가 흘러넘친다. 감사는 타인뿐 아니라 자신에게도 적용된다. 감사해야 힘이 나온다. 감사하지 못하면 좌절한다. 특히 감사에 실패하면 불행한 인생을 살게 된다.

공기를 보라. 공기 또한 지구를 둘러싸고 있는 대기로써 무색무취無色無臭의 투명한 기체가 아닌가. 보이지도 않고 잡히지도 않는 것이 흡사 없는 것 같지만 그것 없이는 단 1분도 살수 없는 존재가 우리 사람이 아닌가. 공기는 모든 생명체가 살아가는 원동력이다. 그러므로 우리는 공기의 존재에도 감사하자.


우리나라의 마지막 등대지기로 알려진 분이 가까운 지인의 형부다. 40년이 넘도록 우리나라의 중요한 동서남단의 끝자락 무인도의 등대지기였다. 정년을 앞두고 언론 여기저기서 인터뷰를 하며 떠들썩하더니 갑자기 유명인사가 되었다. 헌데 어느 날 외출하여 인도를 걷다가 덤프트럭에 사고를 당했다. 바퀴에 튄 돌에 그만 얼굴을 맞았다. 사고차량은 지나가버렸고, 사고 여파로 그는 한쪽 눈을 잃었다. 외모도 잃었다. 그 후로는 방안에 틀어박혀 나오지 않았다. 믿음의 사람이 '창피하다'고 생각했다. '믿는 이에게 어찌 이런 일이 벌어지느냐'며 위의 분을 원망했다. 가족들에게도 원망과 불평을 쏟아냈다. 끝내 방에서 나오지 않았다. 거기서 죽었다. 감사에 실패한 사례에 속한다.

그는 정말로 감사할 수 없었을까?

○ '우리나라에서 한해 교통사고로 4천3백 여명이 목숨을 잃는데 나는 죽지 않았구나, 아! 감사하다.'

○ '가수 이동우씨는 교통사고로 시력을 완전히 잃었는데 나는 한쪽 눈만 잃었으니, 이것 또한 감사하다.'

○ '큰 돌이 튀어 얼굴이 크게 다치는 상황에서도 한쪽 눈은 볼 수 있으니, 그것도 감사하다.'

○ '덤프트럭도 그 기사도 찾지 못했지만 건강은 되찾았으니, 이 또한 감사하다.'

○ '큰 돌이 튀어 얼굴에 맞았지만 여타의 다른 뼈는 상함이 없다니, 참 감사하다.'

○ '아내와 같이 걸었는데 나만 다치고 아내는 안 다쳤으니, 더욱이 감사하다.'

○ '비록 장애는 얻었으되 나라가 마련한 여러 가지 혜택도 누리니, 감사하다.'

만약 그분이 덤프트럭의 큰 사고로 한 쪽 눈을 잃고도 감사하며 과감하게 세상으로 나왔더라면 그는 더 유명한 사람이 되었을지 모른다. 세바시(세상을 바꾸는 시간, 15분) 같은 프로그램의 유명 강사가 되었을지도 모를 일이다.

"큰 빛들을 지으신 이에게 감사하라 그 인자하심이 영원함이로다"(시 136:7). 감사는 중독이 없다 다만 치유가 있을 뿐이다.

# 2

## 넘치는 감사로 행복한 삶 누리기

어느 날 인터넷으로 자료검색을 하다가 보화寶貨를 발견했다. 건강100세문제연구소 소장 이시형 선생*을 만난 것이다. 이왕 이시형을 만났으니 독자를 위해 조금 수고해보자. 그는 경북대와 예일대학교 의과대학원에서 공부하고 경북대, 성균관대에서 의과대 교수를, 서울대의대에서도 객원교수를 하는 등 평생을 의과대에서 후학양성에 힘쓰다가 말년엔 서울 강북삼성병원장을 역임한 분이다.

특히 그는 한국 정신의학계 스트레스분야에서 탁월한 명성을 쌓았다. 관련분야 연구를 꾸준히 하여 약 60여권의 저술도 냈다. 그중에 '공부하는 독종이 살아남는다'는 100만부 이상 팔린 스테디셀러이며, '세로토닌하라!', '행복한 독종'은 베스트셀러이며, '뇌력혁명', '세로토닌의 힘', '옥시토신의 힘' 등도 유명세를 탄 책자이

---

* 이시형(1934~ ), 대구출생, 경력 : 강북삼성병원 원장/공군군의관/이스턴 주립병원 과장/사회정신건강연구소 소장/2005년 건강100세연구소 초대소장/동남정신과병원장

다. 특히 아침마당에서 한때 그의 명성은 자자했다.

이시형에 의하면 '감사하면 스트레스가 없어진다.'고 주장한다. 어디 그의 이야기를 한걸음 더 들어가 보자. 이시형박사의 글을 보자.

## 감사하면 스트레스 이상 무! 이시형박사

우리 정신의학에서는 '스트레스의 대가' 하면 한스 셀리에Hans Seyle 1907-1982라는 분을 듭니다. 이분은 1958년도에 스트레스 연구로 노벨 의학상을 받았습니다. 슬로바키아 태생의 캐나다 분인데, 이분이 고별 강연을 하버드대학에서 했습니다. 제가 때마침 그 대학에 있어서 정말 아주 감동적인 강연을 들었습니다.

그 하버드 강당에는 백발의 노교수들이 **빽빽히** 들어섰습니다. 강연이 끝나자 기립 박수를 받았습니다. 강단을 내려가는데 웬 학생이 길을 막았습니다. "선생님, 우리가 스트레스 홍수 시대를 살아가는데 그것을 해소할 수 있는 비결을 한 가지만 이야기해 주십시오."

그러자 이분이 한 마디를 말합니다.

"Appreciation!"(감사), '감사하며 살라"는 그의 말 한 마디에 장내는 물 끼얹은 듯 조용해졌습니다. 여러분, 감사만큼 강력한 스트레스 정화제도 없고, 감사만큼 강력한 치유제도 없습니다.

여러분들, 종교인이 장수하는 이유 중에 하나는 종교인들이 범사에 감사하기 때문입니다. 작은 일이나 하찮은 일에도 하나님께 감사드리는 이 자세가 종교인이 장수하는 비결로 의학계는 증명을 하고 있습니다.

감사하는 마음속에는 미움, 시기, 질투가 있을 수 없습니다. 참으로 편안하고, 마음이 그저 평온하면서, 또 우리가 뇌과학적으로 말하면 이러는 순간 '세로토닌*'이 펑펑 쏟아진다고 합니다. 여러분, 세로토닌이 건강체를 만든다는 이야기는 제가 말씀 드린 적이 있습니다. 이렇게 '감사'라는 것이 인간을 그저 편안하게 하고 몸과 마음을 건강하게 하는 것입니다. 이게 '감사기도'입니다.

여러분, 기도라는 게 하나님께만 감사를 드리게 되겠습니까? 고생하는 아내일 수도 있고, 남편일 수도 있고, 또 이른 봄부터 밭에서 땀 흘려 일하는 농부에게도 우리는 감사를 드릴 수 있습니다. 이웃에게도 감사를 드릴 수 있습니다.

여러분, 저는 요즘 가끔 길에서 저의 동년배를 만날 때가 있습니다. 우리는 정말 힘든 세월을 살아왔습니다. 동지 같은 생각이 듭니다. "여보, 노형 당신이 용케 살아남았구려." 이렇게 하며 어깨를 두드려 주고 싶고, 그렇게 고마운 것입니다. 동지애 같은 느낌이 듭니

---

* 세로토닌(serotonin, 영), 신경전달물질, 아미노산인 트립토판에서 유도된 화학물질로서, 혈액이 응고할 때 혈소판으로부터 혈청 속으로 방출되는 혈관의 수축작용을 돕는 물질이다. 인간과 동물의 위장관과 혈소판, 중추신경계에 주로 존재하며 행복의 감정을 느끼게 해주는 분자이다. 호르몬이 아님에도 해피니스 호르몬(happiness hormone)이라 불리기도 한다.

다. 힘든 세월을 우리는 참으로 땀 흘려가며 죽어라 일을 했습니다. 그래서 오늘의 한국이 있게 된 것이지요. 감사하지 않을 수가 없습니다.

여러분, 저는 아침마다 프랑스 작가 '쥘 르나르'의 기도문을 꼭 외웁니다. 이분은 '홍당무'를 지은 작가인데, 신체가 허약해서 아침마다 이렇게 감사를 드렸다고 합니다.

눈이 보인다.
귀가 즐겁다.
몸이 움직인다.
기분도 괜찮다.
고맙다.
인생은 참 아름답다.

저는 이 기도를 들을 때마다 제 몸에 한없는 감사를 느끼게 됩니다. 오늘 아침에 눈을 뜨는 것만으로도 정말 고마운 것입니다. 내 발로 이렇게 대지를 버티고 서 있는 것만으로도 참으로 감사한 일입니다. 우리는 감사하는 생활을 어느 한 순간도 잊어버리면 안되겠다는 생각을 하게 됩니다. 저는 아침에 제 발을 주무르면서 이렇게 이야기를 합니다. 발이 제일 고생을 하잖아요? "수고했다. 고맙다. 조심할게. 잘 부탁해." 저는 정말 진심을 담아서 발을 주무르면서 내 발에게 부탁을 드리고 감사를 합니다.

여러분, 내 몸에도 감사를 해야 되겠지요? 이렇게 감사할 일을 찾아보십시오. 지천에 널린 것이 감사뿐입니다. '정말 감사를 생활화합시다.' 이런 말씀을 드립니다.

이미 '정신의학계의 선구자들이 감사하는 방법을 연구했다는 것을 알게 된 것'은 참으로 다행이며 감사한 일이다. 스트레스를 날리는 방법을 연구했고 전파했다. 아침마당을 비롯한 방송과 언론에, sns에 수없이 언급하였다. 그런데도 사람들은 감사에 소홀하였고 듣지 않았다. 감사는 스트레스를 날린다고 주창한다. 문제는 '감사할 수 있는 게 없지 않느냐'는 것이다. 그러나 감사에 성공한 이들은 하나같이 말한다. '감사꺼리는 지천에 널렸다'고. 다만 보지 못하고, 듣지 못하는 것뿐이라고.

사람들은 자신이 듣고 싶은 말만을 선호한다. 듣고 싶지 않은 말은 귀를 닫는다. 사람의 귀는 닫을 수 없도록 구조적으로 열려져 있다. 얼마나 열고 살아야 하는 것인지 하나님께서는 그것을 두 개씩이나 만들어 주셨다. 하지만 사람들은 어느 샌가 '듣는 귀'가 필요하게 되었다. 선천적인 귀머거리, 후천적인 귀머거리, 듣지 않는 귀머거리, 이어폰을 달고 세상이야기를 못 듣는 귀머거리, 이래저래 귀찮다고 닫고 사는 귀머거리 등등 귀머거리도 여러 종류다.

어느 날 예수께서 바닷가에서 배에 올라타고는 '씨 뿌리는 자의 비유'를 말씀하였다. 중요한 말씀을 하실 때는 꼭 끝에다가 '귀 있는 자는 들으라.'고 부연하신다. 귀가 없는 것처럼 귀를 닫고 사는 자들이 많았다는 이야기다.

> "더러는 길 가에, 더러는 흙이 얕은 돌밭에, 더러는 가시떨기 위에, 더러는 좋은 땅에 떨어지매 어떤 것은 백 배, 어떤 것은 육십 배, 어떤 것은 삼십 배의 결실을 하였느니라 '귀 있는 자는 들으라' 하시니라"(마태 13:4-9)

다시 한 번 말해보자. 인생에 제일 중요한 것은 행복이다. 행복해야 한다는 명제는 모르는 이가 없다. 하지만 행복하고자 노력하는 이는 흔치 않다. 행복으로 가는 비결이 있는 것을 유념하지 않는다. 행복은 행복 자체를 추구하여 행복해지지 않는다는 데 문제가 있다. 행복해 질 수 있는 방법은 매우 간단하고 명료하다.

행복은 그것으로 인도하는 특별한 도구가 따로 없다. 행복은 행복을 노래한다고 행복해지는 게 아니다. 행복으로 인도하는 것은 감사感謝라고 하는 별도의 언어와 체계가 있다. 우리는 행복으로 인도하는 감사에 대하여 너무나도 무심했다. 이제부터는 감사를 깊이 인식하고, 주목하고, 친구가 되어야겠다. 그것도 감사에서 '일반감사'를 넘어 '특별한 감사'로, 특별감사를 넘어 '넘치는 감사'로 나아가자.

넘치는 감사란 범사에 감사함을 의미한다. 인생 모두에게 필요한 요망 사항이다. 감사에 성공하는 사람은 정말 인생에서 성공하는 사람이다. 인생의 성공은 젊은 날만을 의미하지 않는다. 인생 노년을 행복하고도 풍성하게 누리며 살아야만 진정 행복한 인생이다.

"범사에 감사하라 이것이 그리스도 예수 안에서 너희를 향하신 하나님의 뜻이니라"(살전 5:18).

# 고질적인 아토피가 사라지다

"감사는 최고의 항암제, 해독제, 방부제다." _ 존 헨리

천상의 목소리로 평가받는 인기 가수 박기영은 '노래는 치유'라고 말한다. 그녀가 어느 날인가 CGN TV*에 출연하였다. MC와 대화를 나누는 가운데, '노래가 무엇이냐'는 사회자의 질문에 "노래는 치유입니다."라고 확신 있게 답하는 것을 보고 나는 깊은 감동을 받았다. 자신이 받은 감동, 자기 속에 내재되어 있는 한恨, 응어리, 울분 같은 것을 노래로써 쏟아내고, 쏟아냄으로써 치유된다고 나는 이해했다. 그녀의 노래 속에는 단순한 기쁨 보다는 비애悲哀라든지, 애절함, 또는 스산함이랄까 오싹하는 무서운 감동(?)이 이는 것은 정말 특별하다. 치유는 고통을 넘어서야 비로소 일어나는 사건이라 여겨진다.

* 온누리교회의 글로벌선교교육방송

말복이 다가오던 주말 아침 아내의 치과치료를 위해 청량리행 전철을 탔다. 책을 읽는데 감동이다. 전규태 산문집 「단테처럼 여행하기」라는 책이다. 전규태는 젊디젊은 나이에 갑자기 췌장암으로 3개월의 시한부 선고를 받았다. 절망했다. 가족들도 절규했다. 그런데 주치의主治醫가 시한부 선고를 하며 첨언하는 말이 있었다. "친구야! 모든 것을 놓아버리고 그동안의 인연과 과감히 결별하고 떠나라... 마음껏 여행하다가, 그러다가... 객사하세요." 길에서 죽으라는 소리인데 전규태는 그 말을 씀뻑 받았다. 참으로 기가 막힌 말인데 아무렇지도 않게 받아들였다.

엄청난 부를 누리던 스티브 잡스는 췌장암 선고를 받고 돈독한 후견인으로부터 "병을 잊고 하던 일에 최선을 다해 골몰해보라."는 충고를 받고는 실행에 옮겨 엄청난 발명을 해 세상의 돈은 다 끌어 모았으나 가장 소중한 목숨은 건지지 못했다.

하지만 전규태는 생명의 본체는 육체가 아니라 마음이기에 ... 그리고 심령을 주장하는 분은 하나님인 것을 알기에, 스스로의 힘으로 '없음'에서 '있음'을, '불가능'에서 '가능'을 만들어낼 수 있다는 것을 믿으며 훌훌 털어버리고 세상으로 나아갔다. 화구 하나 걸친 채, 그는 대한민국의 산골짜기들(화엄사, 설악산, 계룡산 등)을 돌아 뉴욕, 파리, 베를린, 부다페스트, 뉴델리, 부에노스아이레스, 시드니 등 그야말로 미친 사람처럼 세계를 누비며 그림을 그리기 시작했다. 그런데 10년이 지나고 20년이 지난 지금까지 버젓이 살고 있는 게 아닌가? 췌장암이 눈 녹듯이 사라져 버린 것이다.

현대인들의 질병 가운데 원인모를 병도 많지만 대개 그 원인을 꼽아보자면, 심한 스트레스로 인한 발병이 첫째요, 둘째는 과로로 인한 발병이며, 셋째는 스트레스와 과로로 인한 면역체계의 변형에서 오는 발병인데, 후천적 환경적 요인인 경우가 대부분이라 하겠다.

나의 경우도 불혹을 넘어서며 건강에 문제들이 생겼다. 장래에 대한 불안, 자녀교육에 대한 근심과 걱정, 재정의 고갈, 운동부족과 불규칙한 생활로 인한 이상 증세 등 이러저러한 스트레스와 불안이 겹쳐 극심한 '아토피성 피부염'이 발병하였다. 20~30대초까지는 허리가 아파 고생은 했지만 피부과에는 아무 이상이 없었는데 글쎄 심한 가려움증세가 도를 넘는다. 허리 아래 중요 부위를 중심으로 타나났는데, 누구에게 하소연하기도 난해한 부분이어서 피부과의원을 찾아가도 꼭 여의사가 아닌 곳을 찾아가야만 했다. 스트레스를 많이 받으면 발진이 심해지고, 덜 받으면 조금 나아졌지만 늘 가려움으로 잠을 청하기 어려웠다.

아토피 피부염 가려움증이 심할 때면 엎치락뒤치락하기가 일쑤였다. 새벽에 일어나면 손톱에 핏자국이 뻘겋게 남아 있는 경우가 많았다. 심방에 제자훈련, 기관교육에 기도 등 여기저기 뛰어다니며 사람을 만나는 등, 바쁘게 살아가는 낮에는 잘 모르지만 밤만 되면 어김없이 심한 가려움증으로 고통을 받았다. 수도권에 유명하다는 피부과의원은 섭렵하다시피 하였다. 특히 서울의 상도동

에 유명하다는 ㅇㅎ피부과의원은 단골손님으로 정착하여 약 10여
년 이상을 정기적으로 찾았다. 최고의 병원으로 소문나니 병원은
돈 벌고 인기가 있어서 사람들은 넘쳐났지만 별다른 차도는 없었
다. '바울의 눈병처럼', '조선 태종의 피부병처럼' 고통스러워하면
서 나도 그저 '평생 이 병을 달고 살아야 하나'라며 절망했다. 하지
만 고쳐야 한다는 생각만은 간절했다. 질병에 대한 치유와 신유를
소원하는 기도를 수천 번이나 하였지만 나을 조짐은 보이지 않았
다. 목회하던 곳에서 교우들을 안수기도하면서 편두통, 불면증 등
의 병이 치유되는 역사도 여러 번 경험했다. 하지만 나의 경우는
소용 없었다. 어찌해야 해결될 것인지.

　병마가 낫는 체험을 기적이라 한다. 놀라운 체험이기 때문이다.
질병은 사람의 심신을 모두 갉아 먹는다. 고매한 인격도 쇄락하게
한다. 그래서인가 우리 사회에 '긴 병엔 장사 없다.'는 속담俗談도
회자된다. 정말 피부병이 깊어질 때는 아내도 잠을 못자고 아이들
도 잠을 자기가 어렵다. 고통스러워하는 소리가 문턱을 넘었기 때
문이다. 짜증이 자주 났기에 마인드 컨트롤이 안 되어 부부간에
불화하는 일도 잦았다.

　신유의 기적을 꿈꾸고 기대하며 산 기도를 가기 위해 원주 깊은
치악산 ㅁㅅ기도원으로 고속도로를 달릴 때 친근한 후배의 전화
벨 소리가 울렸다. 기도하러 간다니 당장 길을 돌리라면서 바나바
훈련원(충북 옥천군 소재)을 소개하였다. 지원도 즉석, 훈련비도 후
불로 해주겠다며 모두 전화로 때늦은 예약(?)을 해 준 사랑하는 강

룽의 후배 오영근목사 덕분에 원장님의 즉석 인터뷰가 있고 나서 간신히 입소가 허락되었다.

개강예배 후 첫 강좌였다. 나는 울음보가 터졌다. 분명, 슬픈 울음은 아니고 기쁨의 눈물이었다. 곁불만 쪼이던 심령에 활활 타오르는 장작불 한가운데 올리어진 닭백숙 냄비와 같았다고나 할까? 펄펄 끓어 오르기 시작하였다. 나의 모습은 볼성 사나왔지만 얼굴은 기쁨의 환희가 보여 지고 있었다. 참으로 놀랍고도 신기한 이야기다.

소리도 낼 수 없고 계속해서 눈물은 쏟아지는 데, 눈물샘이 그리 깊은 줄 그때 알았다. 강사는 이강천 선생님*, 제목은 '여주동행如主同行, Walking with God'이었다. 첫 시간인지라 무슨 말인지 채 깨닫기 전, 이해할 듯 말 듯한 상태였는데 나의 눈물샘이 터져버린 것이다. 곁에 서있던 한 간사가 휴지통을 밀어주는데, 그 강의 시간 내에 두 통을 거의 다 소모하였다. 강사의 얼굴도 제대로 볼 수 없고 하염없이 눈물만 흘러내린다. 눈에 눈물샘이 터진 것처럼 귀 또한 구멍이 열 배로 열렸는지 그 말씀의 은혜가 배가되어 선명하게 들리는 것이었다. 입에서는 같은 말만 반복된다.

'감사합니다.', '감사합니다.', '감사합니다.', 주님!!! '감사합니

---

* 미국에서 유학하고 대학에 돌아와 첫 강의를 하실 때, 난 군에 있었지만 동기들의 담임교수이셨기에 나는 선생님이라 부른다. 서울신대교수, 바나훈련원장을 역임, 영성가, 시인, 사진작가이다.

다.', 주님!!! '감사합니다.'

　내게 막혔던 심령, 답답했고 무지했던 영적인 문제 하나가 풀려 나갔다. 그때까지 수많은 신학적 도전과 토론, 학위과정과 책들을 읽으면서도 알지 못했던 그 무엇을 '여주동행'이라는 강좌 한 말씀을 통해 폐부 속 깊숙이, 심령으로 느끼고, 비었던 속사람이 새로워지고 채워지는 경험을 하게 되었다. 지금 생각해보니 진정한 의미의 회심悔心이었다.

　드넓은 은혜의 바다를 유영遊泳하면서 그리고 눈물을 세숫대야에 받듯이 쏟아내면서 내가 응답한 말은 오직 한 가지뿐이었다.

　"감사합니다, 감사합니다, 감사합니다." 하나님.

　"감사합니다, 감사합니다..." 수도 없는 '감사합니다'라는 외마디 기도만을 읊조리며 계속해서 눈물을 흘리고 말았다. 그날 밤, 나는 그렇게도 부정하던 방언기도(고린도전서)가 터져 나왔다. 방언을 부정하던 입에서 방언이 쏟아진 것이다. 놀라운 감사의 시간이었다.


　한 주일 뒤, 다시 한 번 이 은혜의 감격感激을 붙잡기 위해 원주의 치악산ㅁㅅ기도원에서 '산기도'를 행하고 있었다. 주님의 음성이 들려온다. 감동의 시간이다.

　"승훈아! (네?), 벗어 보거라."

　(무엇을 벗으란 말인지) '이 무슨 말씀이지?' 의심하고 있을 때, 또 다시 강하게 그것도 여러 번 '벗어 보라'는 메시지가 들린다. 목회

자에게 주어진 나만의 골방에서 속옷차림에 기도를 하고 있었다.

"아니, 어이해서, 옷을 벗으라 하십니까?"

처음엔 거부하였다. 이해할 수 없었기 때문이다. 하지만 '순종해야 한다'고 생각하고 옷을 벗었는데, 그만 내 피부의 '하얀색'에 놀라 넘어질 뻔했다. 난 지금까지 내 하얀 속살을 본 적이 없다. 언제나 긁어 거무튀튀한 피부였기 때문이다. 감격의 눈물이 흐른다.

기적奇蹟이었다. 신유神癒의 체험體驗이다! 하나님의 능력에 의한 거룩한 고쳐주심이다. 너무나도 신기하고 놀라워 나는 내 사타구니의 중심부 주변을 보면서 감사하였다. 이전에 그렇게도 세세하게 열심히 뜯어본 적은 없었다. 그 후 나는 아토피 피부병, 가려움증과 관련해서 약을 먹은 기억이 없다. 지금 10여년이 넘은 이야기다.

지금도 담대하게 말한다. 그게 정말이냐고 확인을 요청한다면 난 언제든지, 상도동의 ㅇㅎ피부과의원의 병력을 확인해줄 수 있다. 나의 치유부위를 보여줄 수도 있다. 사실, 나의 기도제목은 신유와는 다른 내용이었다. 하지만 하나님은 나의 근본 문제인 지병을 아시고, 나의 아픔을 아시고, 불치의 피부병 문제를 해결해 주셨던 것이다.

하나님께서 고쳐주신 완벽한 사건이지만, 최근에 다시 한 번 놀란 것은 그것이 곧 감사의 응답에 의한 기적임을 깨닫게 되었다. 내가 감사이야기를 묵상하다가 깨달은 경구하나 소개한다.

"감사와 독서는 중독이 없다. 다만 치유가 있을 뿐이다."

성경의 감사라는 단어는 언제나 하나님(아버지, 여호와) 또는 주님을 대동한다. 믿음의 감사, 믿는 이들의 감사는 하나님께 대한 감격, 감동, 감복이기에 놀라운 치유 체험으로 이어진다는 사실을 나는 잊지 않고 있다.

_활천 2016년 10월호 게재

# 아내의 갑상선 이상이 치유되다

사람은 어떻게 죽음을 맞이하는가.' 폴 칼라티니(1977~2015)는 일찌감치 '죽음이란 직접 대면해야만 알 수 있는 거'라는 확신으로 의학도가 되었으나 끝내 폐암을 이기지 못하고 38세에 요절했다. 그는 죽음을 이해하기 위해 정진하기를 영문학, 의학, 철학, 역사학을 공부하며 자신의 질문에 답을 찾으려 무진 애썼다. 폐암으로 2년간 투병하며 펜을 붙들고 씨름한 폴 칼라티니, 인도계 2세의 미국인, 마지막 글은 그의 아내가 써내려가야 했다.

"죽음은 서러운 것이다. 명은 천수라 하여 하늘의 뜻이건만, 요즘은 천수보다는 사고와 질병으로 가는 경우가 많아 더욱 안타깝다."

치유는 수리하고 고치는 것이 아니다. 치유는 어떤 힘에 의한 회복이다. 하지만 그 회복도 고통이 수반된다. 그리고 놀라운 하늘의 역사, 하나님의 역사가 있어야 가능하다. 치유는 전문가적인 안목으로 그리고 오래된 경험을 바탕으로 출발한다. 최근 아내의 이 발치 중, 작은 부러진 뿌리를 한 치과의사가 발견하지 못한 것을 다른 베테랑 원장이 발견하여 잇몸수술을 완결했다. 이것 또한 감사하다. 그대로 이를 해 넣었다면 어찌될 것인가. 한 달도 안 되어 다시 뜯어내고 말았을 것이다. 고생뿐 아니라 막대한 돈이 들 뻔했다. 이런 과정들을 살펴보면 하나님의 은혜 아닌 것이 없다. 이 또한 감사한 일이다.

치유治癒)란 사전적으로 "치료하여 병을 낫게 한다."는 뜻이다. 신앙적인 의미로는 "신(하나님)의 힘으로 병이 낫는 것"을 이른다. 그런 의미에서 치유란 첫째, 질병이나 병마에서 기도하여 고침 받는 것을 말함이고, 둘째는 의학적인 치료를 통해서 낫는 것이며, 셋째로는 건강하게 사는 것이다. 아프지 않고 고장 나지 않는 것도 치유(신유)의 한 틀이라고 말할 수 있겠다.


한 치과병원장의 간증干證을 들어보자. 사적인 관계로 만났는데 자신의 과거사를 꺼낸다. 자신은 대장암, 위암, 췌장암 등으로 세 번씩이나 개복하여 대수술을 받았다고 한다. 그는 당시의 상황을 이렇게 말했다.

"대장암 수술을 하고(대장을 모두 잘라내고 5센티만 남았다고 함) 회복할 때는 견딜 만 했습니다. 그 뒤 췌장에 이상증세(일종의 암)가 발견되어 10시간의 대수술을 받고 회복할 때는 너무나 아파서 견딜 수가 없었어요. 왜냐하면 이때 상태가 좋지 않아 위, 간, 허파, 등 여러 장기를 절제했거든요. 무통주사를 연속으로 맞는데도 머리가 터지고 온몸이 찢어지는 것 같은 말할 수 없는 고통으로 죽음의 두려움이 밀려왔어요. 3일이 지난 후, 눈을 희미하게 떴는데 병실 벽에 십자가가 보이고는, 간호사들이 오가면서 이야기하는 말이 들리는데, 오는 주일이 '부활주일'임을 알게 되었지요. 그것을 인지認知하는 순간, '예수님의 십자가'가 떠오르고 그것이 '묵상'되면서, 그렇게도 극심하던 통증에서 놓임 받게 되었지요."

'나는 내 건강과 생명연장을 위한 고통인데도 참기 어려워 힘들다고 한다면 우리 주님은 어떠했을까?'가 묵상되니 참을 힘이 나더라는 것이다. 주님의 고통을 생각해보면, 믿었던 제자들의 배신, 자기 백성들의 무지, 사랑하는 가족과 어머니 앞에서의 무고한 십자가형이란 어떤 의미일까? 형언할 수가 없었다. 총독 빌라도 앞에서 군사들의 잔혹한 가시관 씌우기, 쇳조각이 박힌 채찍질, 무거운 십자가 지기를 거쳐 대못을 사지에 박아 십자가 위에 세우다니 이 얼마나 끔찍한 일인가. 그 장로의 간증은 여기서 끝났다.

치유는 아픔을 이기는 힘을 얻는데서 출발한다. 힘이 없으면 쓰러지는 것이다. 힘을 얻으면 견디는 것이다. 치유의 시작이다. 류장로는 자신의 장기가 성한 곳이 거의 없다고 말한다. 모두가 절반 내지는 일부를 끊어냈고, 대장은 90% 이상을 잘랐으며, 소장의 일부도 끊어 위胃에 이어댔다는 것이다. 수술 후유증과 고통은 생각만 해도 끔찍했다고 한다. 자신의 간증을 이어가는데 너무나도 엄숙하여 그저 나는 말없이 듣기만 했다. 정말 대단했다. 그 해엔

고난절과 부활절을 그렇게 병원에서 이겨가며 건강을 회복했다는 것이다.

　이상의 간증이 수술로 인한 회복과 기적 같은 치유의 간증이라면 지금부터 이어지는 아내의 이야기는 수술하지 않고 '위(하늘)의 어떤 힘에 의해' 고침 받은 치유이야기이다.

　2008년. 무더운 여름철이었다. 중고등학생 수련회 와 전교인수양회를 겸하고 있었다. 충청도 대천 인근, 폐교된 학교를 개조하여 수련장으로 만든 민간시설로 낙후된 모습이었다. 청년학생들이 중심이었지만 열심 있는 성인들은 모두 참여하였다. 때가 되어 권사님 두어 분과 아내가 함께 점심을 준비하고자 나섰다. 한 권사님이 '아니, 사모님 턱에 혹이 뭔 일이요?' 아니나 다를까 자세히 보니 없던 혹이 불쑥 튀어나온 것이다. 수련회 기간 내내 아내의 혹이 걱정되었다. 자체 강사로 나서서 열심을 다했지만 마음은 그 혹에 신경 쓰이지 않을 수 없었다. '큰일은 없어야 하는데'..., '암은 아니어야 하는데'..., '갑상선인가?' 별생각이 다 든다. '잠시 부었다가 가라앉는 것이면 좋겠는데'..., 수련회가 모두 끝나고 집에 돌아왔지만 아내는 겁이 나는지 거울만 쳐다볼 뿐 병원에 갈 생각을 하지 않는다. 아무리 설득해도 안 가겠다고 버틴다. '암'이라면 어떻게 할지 걱정이 되어서인가?

　12월 초순 가까운 병원에 진찰 신청을 하고는 설득하여 내원하였다. 이비인후과장은 잘 모르겠다면서 내과과장에게 또 진료하라 한다. 상세진료를 하고 조직검사에 들어갔다. 헌데 그다음 어찌된 일인지 결과를 보지 않고 해를 넘겨버렸다. 불길한 생각이 든다며 결과를 끝내 보지 않았다.

성도들은 사모의 안면이 이상하다면서 수군거리는 소리가 내게도 들린다. 믿을만한 병원에라도 다시 갔으면 하는데 동네 병원도 안 간다니 답답할 뿐이다. 2009년 봄 아내는 지인들의 소개로 인천에서 개최한 제5기 예수전도단 BeDTS에 입학하였다. 요즘 재정 강사로 한참 뜨고 있는 김미진간사가 학교장으로 섬기던 때였다. 아내는 교장 간사를 비롯하여 수많은 간사들의 기도와 배려가운데 교육을 받으면서 힘들지만 감격적인 시간들을 보내고 있었다.

'아버지 하나님의 마음', '하나님의 음성 듣기', '그리스도인의 재정관리', '중보기도', '관계성의 회복', '묵상', '예배와 찬양', '쓴 뿌리', '다림줄', '영적전쟁', '아버지의 마음', '전도훈련', '기독교 세계관' 등의 과목들을 집중적으로 공부하면서 목회자의 아내로서 웅크리고 쪼그라들었던 마음이 풀어 녹아지고 있었다. 그녀의 마음밭에 영적 기경起耕이 일어난 것이다.

사모는 모든 것을 참고, 조건 없이 모범이 되어야 했다. 언쟁이나 다툼이 일어나도 참고 져주어야 했다. 억울해도 억울하단 소리 한 번 지르지 못하는 실정이었다. 그것은 그녀에게 분명 병이되고 문제가 되고 있었다. 아내는 완벽하길 원했으며 너무나도 고지식하였다. 나이가 50대에 이르니 갱년기에 우울증까지 동반하였다.

나로서는 걱정이 앞섰으며 매일같이 교회는 비우고 예수 제자훈련을 받는다고 나다니는 것이 은근이 신경쓰이고 있었다. 하지만 아내에겐 내적변화들이 일어나고 있었으니 나는 짐작도 하지 못한 일들이었다.

뿐만 아니라 '한계에서 만난 하나님', '열방을 변화시키는 하나님의 책', '머물지 말고 흘러라', '묵상, 예수님처럼', '중보기도' 등 수많은 책들을 읽고 요약하고 독후 감상을 써서 제출하는 과정을 통해 그의 서글프던 마음은 기지개를 켜고, 쪼그라들었던 가슴이 활짝 펴지는 역사, 기적의 역사를 경험해 나가는 중이었다.

당시에 목회사역에도 어려움이 있던 터라, 지금 생각해보면 사모로서 아내의 고충은 나보다도 컸지 않나 싶지만 소망의 빛줄기가 비치기 시작했다. 한주에 두세 번씩 '예수전도단' 강의에 참석하는 날이면 언제나 기쁨이 충만하여 돌아오곤 하였다. 매주, 학교장 간사의 특별한 선물을 받아오면서 그는 남편에게 충족되지 않던 기쁨을 하나님으로부터 받아오고 있었다. 그녀는 점점 기쁨과 성령, 평안의 복이 충만해져갔다. 그러면서 그때마다 눈물을 엄청 흘렸다. 그리고는 그때마다 '감사하고 감사합니다.', '정말로 감사합니다.', '참으로, 감사합니다.'라는 감사의 언어를 거듭 되뇌이고 있었다.

어느 날인지 정확치는 않으나, 나도 모르고, 그녀 자신도 모르게 턱 아래의 이름 모를 혹은 자취를 감추었다. 정말 아무도 모르게 순간에 없어져버렸다. 신기한 치유의 역사였다. 이는 흡사 사도행

전(3장)에서 성전 미문에 오랫동안 머물던 나면서부터 다리불구자였던 걸인의 치유역사와 흡사하다. 아내를 주목해보던 성도들과 우리가족과 친구들은 아무 말도 하지 못한 채 신기해 할 뿐이었다. 그렇게 제5기 BeDTS는 그야말로 은혜와 열광의 도가니가 되고 말았다. 아내는 BeDTS 훈련 중이던 7개월 동안 거의 매일같이 울며 다녔다. 기쁨의 눈물을 흘리면서 말이다. 이를 보는 나도 민망했다. 하지만 기적은 비켜가지 않았다. 그녀가 흘리던 감격의 눈물 속에서 병마는 녹아내렸다. 그녀가 감사하던 감격 속에서 병마는 사그라져버렸다. 그녀가 감격해하던 기쁨의 빛 가운데서 영적인 불에 타 없어진 것이다.

"그(예수) 이름을 믿음으로 그(예수) 이름이 너희가 보고 아는 이 사람을 '성(치유, 신유)하게 하였나니' 예수로 말미암아 난 믿음이 너희 모든 사람 앞에서 이같이 '완전히 낫게'(치유, 신유)하였느니라"(행 3:16)

"만일 병자에게 행한 착한 일에 대하여 이 사람이 '어떻게 구원(치유, 신유)을 받았느냐'고 오늘 우리에게 질문한다면, 너희와 모든 이스라엘 백성들은 알라 너희가 십자가에 못 박고 하나님이 죽은 자 가운데서 살리신 나사렛 예수 그리스도의 이름으로 '이 사람이 건강하게 되어'(치유, 신유) 너희 앞에 섰느니라"(행 4:9-10)

베드로가 성령이 충만하여 관리들과 지도자(장로)들 앞에서 행한 변증설교가운데 나온 말이다. 공적인 배움이 없던 갈릴리 호숫가 시골뜨기의 입에서 나온 말이라곤 상상하기 어렵다.

2009년 늦은 가을, 예수전도단 10여명의 팀원들은 인도 남부 마이소르지역으로 단기선교 사역 차 여행을 떠났다. 부채춤, 워십(예배) 찬양과 율동 등을 통해 낯설고 물 설은, 인도 땅, 남부 부족의 동네동네마다 흙 마당을 돌며 전개한 공연놀이를 통해 하나님의 놀라우신 치유역사, 감격의 역사들을 마음껏 유감없이 보여주었다. 그렇게 예수님의 이름은, 치유의 놀라운 역사들은 인도 땅에까지 뻗어나갔다.

_활천 2016년11월호 게재

# 5

## 첫 딸의 베체트병이 고침받다

감사운동은 생활의 기쁨과 웃음만 선사하는 게 아니다. 감사는 크고 작은 질병들이 낫는다는 사실을 경험하고 있기에 신유 간증에 도전하였다. 일본 규슈대학 명예교수인 이케미 유지로는 '감사의 말'이 암을 치료하는 효과가 있다는 사실을 처음 규명하였다. 스트레스학설의 창시자인 한스 셀리에 박사는 자신이 말년에 말기 암에 걸렸는데 생활 속에서 암을 극복하는 방법으로 가장 큰 힘이 된 것이 바로 '감사'라고 하였다. 이들의 주창이 중요한 것은 공히 '감사가 가져다주는 치유효과를 의학적으로 규명했다'는 사실에 있다.

베체트라는 질병은 잘 낫지 않기로 유명하다. 1937년 터어키 의사 베체트가 발견했다고 하여 붙여진 병명이다. 베체트병은 심한 구내염口內炎, 외음부 궤양, 피부점막 및 눈, 신경계, 소화기에 이르기까지 다양한 형태의 증상을 나타낸다. 그것은 '전신성 혈관염'으로 특히 구강 및 외음부 궤양, 안구 질환이 많다. 발병 원인은 밝혀진 바 없지만 대개 면역체계의 불균형, 유전적 요인, 감염 등의 문제로 보고 있다.

딸의 경우는 22살 봄철에 발병하였으나 베체트 진단을 받아내는 데 1년 반 정도의 시간이 걸렸다. 처음엔 무슨 질병인지를 몰라, 입안에 염증이 나면 이비인후과를 찾았고, 외음부에 궤양이 나면 산부인과를, 팔꿈치나 무릎에 붉은 발진이 나면 피부과를 전전해야 했다. 산부인과에서는 해괴한 소리(?)의 편잔으로 수모를 겪기도 했다. 우리 부부는 대학 3학년인 딸이 잘 걷지를 못하고 통증을 호소해대니 걱정이 이만저만이 아니었다. 그렇게 해서 시간은 흐르고 병명은 못 찾고, 몸은 아프니 휴학을 반복하면서 대학 생활은 지루하게 흘렀다.

그날은 무릎과 팔꿈치 붉은 반점으로 고통을 받고 있었다. 답답하니까 내가 다니던 상도동의 이화피부과를 찾았는데 담당과장이 대학병원에 당장 데려가야 한다며 베체트병 의심 소견서를 써주겠다고 하였다. 서울까지 매번 올라 다니기는 시간 제약이 많으므로 인하대학병원으로 추천서를 써줄 수 있느냐고 부탁했다. 가족들과 의논하고는 지영이의 아픔을 위해 중보기도를 요청하였다. 생활권 내 대학병원에서 진단을 받고 치료받아야만 여러 가지 유리하다는 판단 때문이었다.

하지만 첫날은 진단을 받는데 실패했다. 구강내염, 외음부 궤양, 무릎 주변 발진이 동시에 나타나야만 베체트병 진단을 받을 수 있는데 발진 현상이 두 곳뿐이라는 것이다. 귀가 후 한주일 뒤 다시 입원하였는데, 마침 세 곳에 이상 증세가 나타나 비로써 확진판정을 받게 되었다. 하루에 소요된 돈은 1백50여만 원씩이나 들었다. 베체트 의심 검사뿐 아니라 여러 가지 검진을 병행하는 바람에 확진 비용이 추가된 것이다. 하지만 전문가의 소견으로는 발병 1년 6개월 만에 확진 판정을 받은 것도 늦은 것은 아니라고 귀띔해 준다. 큰 딸이 베체트 환자가 된 것이다. 이제 와서 말이지만 대단히 감사(?)한 일이었다. *

　마침 한 후배 황승영기자의 소개로 세브란스병원에 베체트에 관한한 국내 최고 전문가로 소문난 방동식박사를 만날 수 있었다. 첫날부터 안심이었다. 불안해하는 가족과 지영이를 보면서 방동식선생은 이렇게 위로하였다. "지영이가 어린데 힘든 병에 걸렸구나. 하지만 너무 걱정할 것 없다. 사랑하는 사람이 생겨 결혼하면 일상생활은 물론 부부생활에도 아무 문제가 없지… '그저, 감기 걸렸다'라고 생각하고 잘 관리해야 한다?" 지푸라기라도 잡아야한다는 절박한 심정의 우리 가족에게, 글쎄 점잖은 의사선생님, 그것도 베체트에 관한한 최고 권위자에게서 침착하게 다독이는 말이 나오니 부모로서도 안심이 되었다. 당사자인 지영이는 얼마나 기

* 당시 베체트 진료비는 비싼 편이어서 한번에 18~28만원이 소요되었는데, 확진판정을 받음으로써 80%의 의료비 감면혜택을 받게 되었다(현재는 90% 감면). 정부에서도 이 질병이 면역체계의 불안으로 인한 난치성 질환임을 잘 알고 있다는 말이다.

뻤을까?* 그렇게 방박사와의 만남이 2~3개월에 한 번씩 이어지게 되었다.

지영이가 베체트에 걸린 이유가 무엇일까? 부모로서의 자가진단이다. 지영이는 음악을 하던 아이인데 고등학교 3학년이 되고 5월쯤, 뒤늦게 미술로 전공을 바꾸는 악수를 두었다. 힘들게 공부하면서도 지영이가 기뻐하니 부모가 탓할 수는 없었다. '그림을 잘 그린다'는 교수와 지도교사의 평가가 있으니 피곤하였지만 나름 잘 견디어 나갔다.** 좋은 대학엔 떨어졌고 그나마 서울예술대학에 합격하여 대학생활을 시작하였다. 그런데 그때부터가 더 문제였다. 순수예술(미술)분야가 아닌 응용분야 중에서도 실내건축 디자인학과였다. 건축도면가운데서도 설계도면에 내부 인테리어 도면까지 보아야 함은 물론 캐디를 비롯한 컴퓨터설계까지 해야 하는 상황. 부모이긴 해도 그녀에게 지워진 부담이 어느 정도인지 가늠할 길이 없었다.

헌데 공부해나가면서 집에 안 들어오는 일이 점점 많아졌다. 5, 6명씩 팀으로 연구과제 수업이 진행되었기 때문이었다. 그 중에

---

* 보통의 의사들은 위협적인 말을 쏟아낸다. 수술을 유도하려는 것인지, 내심 과잉진료를 가늠하는지는 모르지만 그런 상투적인 말을 하여 환자들을 어렵게 한다. 방동식박사의 경우는 아니었다. 지금은 인천의 서구 모병원에서 근무 중이다.

** 엊그제 딸과 과거사건을 나누어보니 베체트의 초기 요인은 학생 때부터라고 이야기하고 있었다.

서도 연약한 딸이(40킬로 대) 발표책임을 맡아 진행하는 경우가 많아 부담은 매우 컸다. 인천에서 안산까지는 실제거리는 멀지 않으나 당시의 대중교통으로 전철을 타고 구로, 금정, 안산으로 돌아가다 보니 등하교 시간이 너무나 많이 걸렸다. 아마도 이것저것이 지영이에게 부담이 된 모양이다. 공부부담, 체력부담, 식욕저하까지 복합적으로 말이다.

아픈 가운데서도 졸업과 동시에 KBS에서 1년의 인턴십 일자리를 얻었는데, 1년 후엔 또 MBC에서 1년 인턴십 과정에 합격했다. 약 1달간의 휴식기, 몸도 마음도 피곤한데 몇 주 여행을 다녀오고 싶다고 한다. 기도 가운데 허락해주니 혼자 치밀하게 짜고* 출발하였다. 프랑스 독일 네덜란드 이탈리아 영국과 스페인까지 꼭 3주간, 컨셉트는 박물관, 미술관의 그림작품을 중심으로 스케줄을 잡았다. 미술학도답게 세계사에 담겨진 그림들을 꼼꼼하게 살펴보는 계기를 삼고자 함이었다.

헌데 신기하게도 유럽여행을 하고 귀국한 뒤로는 그의 베체트 증세가 확연하게 좋아지기 시작하였다. 유럽을 여행하면서 엄청난 힐링이 일어난 모양이다. 아프다는 기색은 없고, 통증은 줄고,

---

* 치밀하게 짠다고 했으나 부족한 것은 독일인과 결혼하여 사업을 하고 있는 경원언니와 상의하고 조언을 들었고, 독일과 네덜란드 여행은 언니가 손수 운전해주기로 하였다.

얼굴에 화색이 도는 것이다. 이상했다. 너무나도 좋은 징조이지만 무엇이 그의 질병을 치유하고 있었는가? 세브란스 진료 후에는 점점 확연하게 좋아지고 있다는 반가운 소식뿐이었다. 담당의사도 고개를 갸우뚱할 뿐이었다.

"지영아! 유럽에 가서 무슨 일이 있었니?"

"무슨 일이라뇨?"

"아니, 네 마음이 즐거워지는 어떤 유쾌한 일이 있었느냐고."

"아하! 그것이요? 서너가지 있었는데….."

"무엇들인지 말해봐라."

"응-, 하나는 프랑스의 파리미술관에서 레오나르 도 다빈치의 '모나리자*'를 보았을 때였는데 '교과서에서만 보던 세계적인 작품을 내가 지금 눈으로 직접 보고 있다니...', 순간 감격하여 눈물이 핑 돌면서 '하나님 감사해요.'라는 생각이 마음 저 밑바닥에서부터 밀려왔어요"

"그런 일이 있었구나, 또 하나는?"

"이탈리아 남부 해안**에서 였는데, 특히 아말피 해안은 너무나

---

* 「모나리자」는 레오나르 도 다빈치의 작품(1503~06년 제작)으로 나무판 위에 패널유채화(77×53cm)로 파리 루브르미술관 소장. 피렌체의 부호(富豪) 프란체스코 델 조콘다를 위하여 그 부인 리자 게라르디니(Lisa Gherardini)를 그린 초상화

** 베수비오화산으로 유명한 폼페이 시 아래쪽에 위치한 쏘렌토 포지타노 아말피해안 살레르노는 대단히 아름답기로 유명하다. 로마여행 중 이곳을 빼먹었다면 다시 한 번 들러보기를 권하는 장소다.

아름다웠어요. 백사장이며 구름이며 그날의 운치가 너무너무 고즈 넉하니 내 마음을 사로잡았는데, 평생 잊지 못할 그런 장면으로, 그 간 막히고 답답했던 나의 마음이 뻥~ 뚫리는 기분이었다고 할까 요? ”

“그리고 세 번째 장면은? ”

“잊을 수 없는 또 하나는 바티칸에서였어요. 미켈란젤로의 천지 창조*는 작가가 작업대를 설치하고 그 위에 올라가 천장을 보고 거 꾸로 매달려 작업하기를 꼬박 4년간 그렸다는 해설을 들으며 ‘하 나님 감사해요, 하나님 감사해요, 하나님 감사해요.’를 수없이 외쳤 어요. 마치 ‘감사의 마음’이 거대한 나무 뿌리처럼 내 마음속에 자 리 잡은 듯해요. 성당 북향 노아시대로부터 아래쪽 입구 에덴동산 까지 41.2미터를 뒷걸음질치면서 큰 그림화폭을 머리에 다 담으려 는 듯 천천히 감상을 하는데 사람들 발에 밀리고, 등에 밀리고, 사 진촬영자에게 떠밀리면서도 약 15분정도를 천정에서 눈을 뗄 수가 없었어요. 그 시간은 예전엔 미처 상상할 수 없었던 감동, 놀라움, 벅찬 감격이었지요.”

“ ·············· ”

필자도 수년전 그 맛을 보았기에 지영이의 맘을 고스란히 이해할

---

* 천지창조 [Genesis, 天地創造] 미켈란젤로가 로마의 시스티나성당 천장에 그 린(1508~1512년) 세계 최대의 벽화/ 프레스코 형식이며/ 41.2×13.2m/ 로마 바티칸 궁전소장

수 있었다.

"지영이에게 그런 일이 있었구나!!!"

지영이의 여행 가운데, 감격, 감동과 벅참을 넘어 창조주이신 하나님께 감사하는 사건들이 있었다는 사실에 나는 주목한다. 아내가 갑상선에 큰 문제가 생겨 어려움을 겪었던 것이 영적 훈련을 통해, 감격, 감사로 위로 받는 사건을 통해 나은 것을 주목한다. 나 자신의 피부병이 나은 것은 물론, 축농증, 비염, 잦은 설사복통들이 호전되어 가고 있다는 사실, 그런데 그것이 나와 우리가족의 감사모임과 무관하지 않음을 이 시간 간증한다.

"그가 그의 말씀을 보내어 그들을 고치시고 위험한 지경에서 건지시는도다"(시편 107:20),

"여호와께서 자기 백성의 상처를 싸매시며 그들의 맞은 자리를 고치시는 날에는 달빛은 햇빛 같겠고 햇빛은 일곱 배가 되어 일곱 날의 빛과 같으리라"(이사야 30:26)

_ 활천 2016년12월호 게재

# 생각의 틈새를 만들자

　강원도 정선에 가면 화암동굴(석회암)이 있다. 화암동굴 곁의 폐금광산과 함께 개발돼, 보존이 잘 돼 있을 뿐 아니라 아름답기로 소문나 많은 관광객이 찾는 명소가 되었다. 특히 조명은 물론 위험하지 않도록 계단과 난간까지 잘 조성해놓았다. 그런데 베트남의 북부 통킹만의 어느 섬에 있는 석회암동굴은 자연그대로 일 뿐만 아니라 엄청난 크기에 다시 한 번 놀란다. 미국과의 전쟁 때는 일개 사단이 머물던 은밀한 장소로도 유명하다.

　석회암동굴은 석회암이 빗물에 녹고 침식을 거듭하면서 생겨난 동굴이다. 바위가 녹아 틈새가 생겨난 형국이다. 입구는 작으나 일단 들어가면 엄청난 규모에 놀라고, 그 안에 하천이 있고, 그 속에 크고 작은 저수지가 있으며, 형형색색形形色色 놀라운 종유석과 기기묘묘奇奇妙妙한 천연색깔 형상의 돌조각에 입이 벌어진다. 석회암동굴 모두가 그렇듯이 땅이 입을 열고, 바위가 틈을 벌려서 오랜 세월의 침식과 더불어 커지고 움직이고 자라나 그렇게도 아름다운 동굴이 생성된 자연의 통쾌함이다. 여기 우리 가까운 선배들의 멋진 이야기가 있으니 두 분을 소개한다.

한 분은 태국 방콕에서 사역하는 K선배 이야기다. 그가 특전사 군목을 할 때 그는 언제나 병사들을 독려하고자 앞장섰다. 국군의 날을 앞두고 경기 안산 상공에서 야간 낙하훈련에 임했다. 이날도 K선배는 맨 앞자리에서 낙하준비를 하고 있었다. 교관이 어깨를 툭 치면서 "다들 준비됐나?"라고 말하는 순간 K선배는 헬기의 소음 아래로 뛰어내리고 있었다. 낙하 신호인줄 착각한 것이다. 하강과 동시에 아래를 보니 잘못 뛴 것을 감지했으나 이미 때는 늦었다. 엎친 데 덮친 격, '아뿔싸' '고압선 철탑들이 아래쪽에 내려다보인다.' 바람은 고요하고 이대로 내려가면 고압선에 감전돼 한줌의 재로 변할지도 모른다. 방황은 잠시, 긴급 번개 기도를 올렸다.

'하나님, 죽음의 위기에서 건져주시면 하나님께서 부르시는 현장에서만 뛰겠습니다.' '어디든 가겠습니다.' 짧은 기도를 마쳤는데 때마침 산들바람이 불어주어 고압 송전탑을 피해 과천 어느 야산에 떨어졌다. 특전여단에서는 밤사이 비상이 걸리고 난리가 났지만 그 선배는 새벽녘 무사히 부대로 돌아왔다. 꼭 죽은 줄로만 알았던 군종장교 대위(목사)가 여기저기 찢기고 부상을 입었으나 살아 돌아오니 부대는 축제분위기였다. 제대 후 그는 편안하고 안정된 곳으로부터의 초청을 거절하고 지금까지 험난한 이방 땅에서 선교의 길을 걷고 있다.

순간의 위기에서도 생각의 틈새를 만든 것이다. '살려주신다면...살려만 주신다면…' 위기를 기회로 만든 사례이다. 위기에서 건져준 '바람'은 하나님의 은혜를 체험하는 도구였다. 대개 사람들

은 위기를 만나면 급 당황한다. 내가 뭔가를 해결해보려고 발버둥
치다가 일을 그르친다. 순간 하나님의 개입하실 공간은 없어지고
만다. 그리고 위기를 넘기면 그 사건은 곧 잊어버린다. 잊지 않고
실천하는 사람은 하나님께 영광을 돌리며 크게 쓰임 받을 뿐만 아
니라 감사의 인생을 산다.

감사는 인생에 틈새를 만드는 것이다. 생각의 틈새를 벌리는 운
동이다. 위급할 때 하나님의 도움을 구하고 찾는 것이다. 위기의
때 하나님께 머리를 숙이는 것이다. 그는 일평생 그 사건을 잊지
않는다. 어디를 가든 그것을 간증한다. 목숨이 촌각에 달린 위험
천만했던 순간을 생각하며 감사한다. 그리고 감사에 전념하며 사
역에 임한다. 태국 방콕한인연합교회를 이끌고, 중국을 거쳐 수만
리를 달려온 탈북자들을 돕고, 산부족 원주민 리더들을 초청하여
제자훈련으로 돕고 가르치는 일에 앞장서고 있다. 그의 부인선교
사는 태국교회 리더들에게 음악을 가르치며 감사한다. 감사는 생
각의 대로大路를 만드는 운동이다.


또 한 분을 소개하고 싶다.

역시 태국에서 사역하는 P선배 이야기다. 인천고등학교와 서울
신학대학교의 선배로 인연을 맺어오며 존경하고 사랑하는 관계
이다. 오랫동안 만나지 못했지만 곁에 있는 분처럼 친숙한 형님이
다. 그는 태국 라후 산부족 선교의 문을 열었다. 신학교를 졸업하
고 잠시 부산 수정동에서 목회 수련을 하다가 선교사로 헌신하였

다. 80년대 중반 아직 우리교단에 선교정책이 확립되기 전이라 어려움은 컸다. 그는 선교의 첫발부터 태국의 치앙마이 북부 라후부족 사역에만 매진했다. 방콕 도시중심의 선교, 신학교중심의 선교가 부침을 거듭하는 동안 라후부족선교는 장족의 발전을 거듭했다. 커다란 부지에 신학교와 선교센타가 산 중턱에 문을 열었다.

라후 산부족들은 대부분 미얀마와 태국 라오스의 국경이 마주하는 트라이앵글 지대, 메콩강 상류의 산림 지대(국권이 미치지 않는 사각 지대)에 분포한다. 대개의 경우 '태국 시민권'이 없다. 저들을 불러내어 초', 중, 고등학교를 다니게 한다. 고등학교를 졸업하고 태국어를 유창하게 구사할 수 있어야 시민권이 주어진다. 불러내지 않으면 불교 문화에 찌들고 마약 거래에 손대기 십상이다. 명석한 학생들에게는 대학 진학의 길을 타준다. 사명 있는 아이들은 라후신학교에서 공부시킨다. 더 큰 뜻을 품은 이는 한국을 비롯 해외유학을 시켜 교수자원으로 길러내고 있다. 전원 기숙사 제도를 도입하여 불교문화에서 분리시켰다.

2천 년대 말, 바나바훈련원 단기선교의 일환으로 라후신학교와 선교센터를 방문하였다. 거기서 한국어통역을 썩 잘하는 교수 요원들을 보았다. 라후부족 산마을에서 홈스테이를 할 기회도 가졌다. 산꼭대기에 사는 이들 중에 전통가옥이 아닌 양옥들이 군데군데 보인다. 선교사께 물었더니 십중팔구는 마약에 손을 대어 돈을 번 경우란 대답이었다.

그 선배는 거기서 보지 못하였다. 2천 년대 부산 수정동교회에

청빙돼 담임목사로 사역하던 시기였기 때문이다. 그는 다시금 못 다 이룬 라후부족 선교사역을 위해 2010년경 태국으로 돌아갔다. 그는 교단과 동료목회자들의 염려를 불식시키고 감사하며 선교에 임하고 있다. 혹자는 대선배가 옆에 있으면 보이지 않는 간섭이 되지 않느냐고 염려한다. 하지만 그런 염려따위는 그에게는 해당되지 않는 말이다. 많은 후배 선교사들의 앞길을 방해할까봐 별도의 체류공간과 사역지를 마련하였다. 라후신학교와 라후부족 선교를 곁에서 도우며, 일체의 행정에 간섭하지 않는다. 후배 선교사들은 그가 놓은 기초 위에 건실하게 사역의 성곽樓閣을 올려가고 있다. 선교부 대표나 교장, 교수들이 재량권을 가지고 일하도록 모든 것을 배려하고 있었다. 다만 곁에서 옹호해주고 지지하며 기도해주는 것이다. 감사한 일이다.

감사는 배려하는데서 꽃을 피운다. 감사는 내려놓음이다. 쿨하게 후배들에게 모든 것들을 위임하고 본인의 사역과 사명에 충실하는 것이다. 이것이 하나님의 뜻이다. 욕심은 금물이다. 감사하는 자는 욕심을 버리는 것이다. 때가 되면 다시 떠나는 것이다. 하나님께서 부르시는 곳에 다시 서는 것이다.

감사는 생각의 틈새를 벌리는 작업이다. 조금만 우리의 생각의 틈새를 벌리면, 식탁을 마주하고도 농부의 수고가 생각나 감사하게 된다. 미곡을 싣고 수 백 킬로를 달린 트럭기사를 생각하며 감사하게 된다. 작은 미곡상과 수퍼마켓에서 내리고 쌓고 먼지 털고

판매한 점포의 사장님, 직원에게도 감사하게 된다. 쌀밥을 짓고 식탁에 올리기까지 부엌에서 조리한 사랑하는 아내에게도 감사한다.

# 2

## 매우 특별한 성탄선물을 받다

2017년 성탄절을 앞둔 몇 주 동안 놀라운 성탄선물들을 받았다. 한무보가족돌봄센터 위대한맘 회원 모든 가정에 김장김치를 나눈 것이 그 첫째 선물이다. 미국 고어헤드선교회(회장 이상조 목사)를 통해 '일일서울투어'에 초대받은 것이 둘째 선물이라면, 셋째는 내가 건강에 이상 신호가 발견돼 한 달여간 씨름했는데, 검사 결과 장腸에 아무런 용종이나 혹 하나 없이 깨끗하다는 판정을 받은 것이다. 이 또한 성탄 선물이 아닐 수 없다.

한부모가족돌봄센터「위대한맘」사역은 2015년 1월부터 시작했다. 멤버들하고 선물을 나누기도 하고, 간식과 식사를 제공하며, 매번 우리나라 최고의 강사를 초빙하여 질 좋은 강좌들을 열고자 했다. 김장김치를 나누던 과거와 달리 전 회원(가정)들에게 직접 배달했다. 그렇게 기뻐할 수가 없다. 어떤 선물보다도 김장김치를 최고로 치는 것을 이때 알았다. 김장은 무엇보다도 일손이 많이 가는 것이기에 싱글맘 가정들의 애환이 읽혀진다. 김장을 정성스레 담그어 제공해준 천광교회와 도원교회, 그리고 한화생명 사회공헌팀과 사)글로벌비전에도 감사의 말을 전한다. '위대한맘'들의 감사하던 마음을 토스하고 싶다. 진심으로... 감사는 사람의 마음을 움직인다. 사람이 아닌 단체라 하더라도 그 따뜻함은 오래오래 남아 있을 것이다.

　한국이 낳은 고아들의 아버지를 나는 '이상조목사'라고 생각한다. 작년 봄 갑작스런 방문으로 알게 된 분인데 요즘처럼 냉랭하고 차가운 시대에 좀처럼 드문 사역자다. 미국에서 20여 년을 넘게 목회하면서도 지구 반대편 한국의 고아들을 찾아다니며 '무한사랑'의 맘으로 저들을 돌본다. 첫인상은 예수를 닮은 '아담한 페스탈로찌' 상이다. 나이 불문, 학력 불문, 교파 불문, 이력 불문이다. 친분은 그저 식사 한번 한 것이 고작이다. 친동생과 같이 넉넉한 사랑으로 품어준다. 얼마나 감사한 일인지...

　처음엔 '저분이 저러다 그만 두겠지?' '얼마나 갈까?' 그렇게 생각했다. 헌데 미국으로 돌아간 그가 우리 단체 어린이들에 대해 특별히 신경을 쓰며 가정환경 데이터를 보내 달라 한다. 장학금을 마련할 모양이다. 어느 날 아침, 전화를 걸어와서는 성탄절 전 토요일에 무슨 일이 있느냐는 것이다. 성탄행사 준비로 '노래연습'을 하기로 했다고 하니 '그럼 됐다'는 것이다. 그의 한부모가족돌봄센터 '위대한맘'을 향한 사랑은 바다와 같다. 일 년에 한 번씩 나타나서는 한 가지씩 선물을 주고 간다. 그냥 몇 개의 선물꾸러미가 아니라 금전으로 환산할 수 없는 '태산太山'(?) 같은 사랑을 쏟아낸다.

몇 해 전엔 성탄절을 앞두고 '2016 인천사랑 콘서트'를 통해 한부모가족돌봄센터 '위대한맘' 회원들만을 위한 위로행사를 열어주었다(인천, 송현교회). 복음가수, 트로트가수, 팝가수, 마술사, 성악가 등을 초청해 공연을 열어준 것이다. 많은 선물도 함께 전해주었다. 얼마나 감사한지... 그런데 '2017 인천사랑 콘서트'를 또다시 성대히 열어주었다(인천제일교회, 만수동). 여기다가 한 가지를 더해 '일일서울투어' 행사를 마련하고는 싱글맘 아이들의 '일일 아버지'가 돼 주기로 한 것이다.

아버지 없는 아이들의 허전한 가슴, 빈자리를 그가 본 것이다. 긍휼함이 없으면 보이지 않는 맘이다. 그는 친절하게도, 추운 날씨에 서울 가는 번거로움을 헤아리고는 관광전세버스를 보내주었다. 그의 인품이나 학력 기타 인적사항을 모른다. 하지만 그의 베푸는 사랑을 보건데 존경, 존중의 마음을 무한으로 보내도 부족할 것 같다. 다음 만남 땐 허리를 굽혀 한 번 더 감사의 마음을 표하려 한다.

감사는 또 다른 감사를 낳는다. 감사는 생명력이 있다. 시너지 효과다. 감사는 복음은 아니다. 하지만 감사는 복음이 복음 되게 하기 위한 필요 불가결한 도구임에 틀림 없다. 복음의 역동은 표출되고 성령의 불길은 활화산처럼 타올라야 한다. 그래야 스러진 한국교회를 다시 살릴 수 있다. 이대로는 안 된다. 그러자면 복음이 복음 되도록 세워야 한다. 성도들을 이간시키는 악한 세력, 이단을 걷어내야 한다. 본회퍼가 주창한 적확한 '성도의 교제'가 이루어져야 한다. '성도의 교제'에 없어서는 안 될 핵심 중 핵심은 감사感謝이다. 나의 모교회인 송현교회(조광성목사)의 사랑에도 감사를 드리며, 따뜻한 감동을 선사한 김형규목사(인천제일교회)의 사랑에도 고마움을 표한다.

성탄절 선물하니까 생각나는 것이 하나 더 있다. 우리 가정의 필수품이요, 아내가 아주 사랑하는 「마티즈Ⅱ」가 생각난다. 올해로 16살이나 되었으니 퇴역을 해야 할 물건이다. 하지만 아직은 아니다. 5년 정도는 더 타야하고 탈 수 있는 애마이다. 2016년12월, BeDTS 아내의 동기생 정옥 자매로부터 연락이 왔다. 자기가 14년간 타던 것인데 이것이라도 드리고 싶다는 것이다. 찬밥 더운밥 가릴 때가 아니었다. 지하철을 비롯한 대중교통을 이용하면서 지하철 계단을 오르내리며 3년간 건강을 챙겼다. 하지만 불편하기가 이만저만이 아니었다. 정옥 자매는 마티즈 키를 넘겨주면서도 매우 미안해했다. '목사님, 너무나 작고, 너무나 오래돼 낡은 것이라서....'하며. 그런데 차를 받아 명의 이전을 마치고 주행기록을 보니 41,000킬로미터 밖에 되지 않는다. 엔진은 아직 쓸 만했다.

어느 날, 한 후배로부터 마티즈Ⅱ는 'CVT 트랜스미션 리콜대상'이라는 놀라운 정보를 들었다. 부평본사 쉐보레 서비스센터에 접수하고 보니 정말이었다. '운전석 점등' 문제제기에 상태를 보더니 '그러네'라며 받아준다. '혹 정비 중에 다소 경비가 들지 모른다'며

운전자를 돌려보내더니 변속기(트랜스미션)를 통째로 갈아놓았다. 100만원이 넘는 비싼 부품이다. 소위 리콜을 공표하지 않은 채 시행하는 꼴이다. 하지만 그것마저 너무나 감사하다. 감사와 찬양을 하나님께 올려드린다. 15살짜리 마티즈가 주행거리 4만 킬로, 엔진은 쓸 만하고, 변속기가 무상교체라니, 하 ~, 놀라운 일이었다. 차가 새것이 되었다. 바퀴와 휠을 갈았더니 더욱 든든하다.

4년간을 꼬박 감사를 배우면서, 감사를 사모하며, 여기까지 달려왔더니 나의 생활에 감사활력이 넘친다. 이분 저분 알음알음 소개로 한부모가족돌봄센터〈위대한맘〉은 점점 더 멤버들이 늘어간다. 느는 것은 곧 나의 해야 할 몫이 많아짐을 의미한다. 하지만 그것도 괜찮다. 건강을 잃을 정도만 아니라면 바쁜 것도 괜찮다. 하나님은 언제나 옳다. 거룩하시다. 하나님은 언제나 선하시다. 악이 없으시다. 하나님은 언제나 그 존재의 섭리가 미치지 않는 곳이 없다. 무소부재無所不在 하심을 체험하는 감사의 시간들이다.

마티즈는 추울 때나 더울 때나 땀을 흘려가며 가족들을 태워주었다. 혹한기 추위에는 가족들을 따뜻하게 해주었고, 무더운 여름철에는 시원하게 해주었다. 주일예배에 가는 길, 고속도로를 달려야 하지만 이젠 아무 문제가 없다. 소음은 다소 나지만 전철 소리보단 작다. 다섯명이 전철을 타고 가는 것보다 기름 값은 절반도 안 된다. 감사한 일이다. 위대한맘(싱글맘) 자조모임이 있는 첫 주 토요일 오후에는 마티즈가 애를 쓴다. 간식꺼리에 노트북, 카메라, 삼각대, 기타 준비물 등 마티즈가 기울만큼 짐을 싣지만 그 녀석은 한번도 불평 한마디 하지 않는다. 기특한 마티즈, 감사의 선물이다.

"항상 기뻐하라, 쉬지 말고 기도하라, 범사에 감사하라 이것이 그리스도 예수 안에서 너희를 향하신 하나님의 뜻이니라"(살전 5:16-18)

# 3

## 아내의 헌신적 봉사

아내에 대한 고마움을 몇 자 남기고자 한다. 그녀는 거창 장章 씨로 경남 거창에 뿌리를 둔 유교적 색채가 아주 짙은 집안에서 태어났다. 집근처 교회에서 피아노반주로 교회생활을 하다가 서울신학대학에서 교회음악(피아노)을 전공하고 사모가 되었다. 결혼을 할 무렵에도 가족 중 예수를 믿는 이는 그녀뿐이었다.

아내는 십여 년 전부터 영성훈련에 깊이 몰입하여 일정한 수준에 올랐다. 영성관련 서적의 독서도 상당하여 그녀에게 '이런 지혜와 지식이 있었는가?' 놀랄 때가 종종 있다. 특히 기도를 할 때마다 영적 깊이와 영성의 윤기가 묻어나온다. 한 달에 서너 권씩을 읽고 요약하여 해외에 거주하던 처제와 나누기를 반복하면서 영적독서 체력을 8년 이상 이어갔다. 처제의 부탁으로 시작한 영적독서와 책읽기 프로그램은 어림하여도 약 삼백여권에 이른다. 어떤 때는 취침시간을 줄여가며 책읽기에 몰두하는 모습을 보면서 안타까워하던 때도 있다. 처음엔 깨닫지 못했지만 영적독서는 '거룩한 독서'(Lectio Divina)로 이어지고 이는 다시 '관상기도' (contemplative prayer)로 나아간다는 사실을 어느 날 알게 되었다.

2017년 초 기관의 이름을 바꾸었다. 한부모가족돌봄센터「위대한맘」이라고. 인천한부모지원센터란 이름은 여러 개의 단체가 있어 불가피한 결정이었다. 우리 한부모사역(싱글맘)에 처음부터 개근하며 나온 이는 미경자매이다. 그녀에겐 고민거리가 하나 있다. 발달장애가 심한 '주빈'(아들, 가명)이 때문이다. 모임에 오면 즐겁고 기쁜데 어울릴 수가 없다. 아이들과 함께 놀고 즐길 것들이 많은데 소통이 안 되니 어쩌랴. 처음 한두 달은 주빈을 도우미에게 맡기고 오곤 했다. 하지만 도우미들도 감당키 어려웠는가. 어느 날 내게 찾아와서는, "주빈이를 정기 자조모임에 데리고 와도 될까요?" 미경 자매의 질문이다. (즉답을 하지 못하다가) "데리고 오세요." '어려운 일이지만 아픔이 있는 가정의 아이들을 품어야 모임이 더 진실해질 것'이라는 확신에 허락했다. 그리고는 논의에 논의를 거듭하여 결국 그 아이를 센터의 실장이 맡기로 했다. 아내가 돌보미를 자청하였기 때문이다.

"당신이 자조모임 회원들을 보살피고 센터장의 역할을 보조해야 할 텐데..."

"지금은 주빈이를 돌보는 게 급선무에요."

"당신이 늘 주빈이만을 돌보는 게 괜찮은 일인지 모르겠다~~~."

"어쨌든 현재는 이것이 최선이잖아요."

"혹 다른 방법이 정말 없는 것일까? "

"저는 한 달에 두 시간 남짓인걸요, 그 엄마 심정은 어떻겠어요."

"으음 …." (난 할 말을 잃는다.)

　모임 때마다 두 시간씩 주빈이 돌보기를 3년을 넘겼다. 처음에는 어렸으므로 핸들링이 잘 되었지만 요즘은 여간 힘든 게 아니다. 간석역을 지나 북부 주안역 방향으로 걷다가 기찻길 육교를 넘어 남부주안역 쪽으로 향하고, 다시 간석역 CTS경인방송 쪽으로 걷는다. 붙잡고 걷다가 뿌리치는 바람에 넘어질 뻔도 여러 번이란다. 사막을, 광야를 걷는 훈련이다. 훈련이라고 생각하니 감당할 만한 모양이다. 매번 그에게 간식을 사주려고 5천 원씩을 확인하고 나가지만 자꾸 더 먹고자 한다. 다 큰 아이가 갑자기 뽀뽀하려고 달려들거나 가슴을 만지기도 한다. 심한 경우엔 하의를 벗고 뛰기도 한다. 이를 어찌하랴. 모임이 끝나면 온몸이 땀범벅인 것을.

　연말 한부모자조모임 네트워크회의에서 경인지역 4개 한부모자조모임 대표들이 모여 회의를 하다가 주빈이 이야기가 나왔다. 한부모들의 가족가운데 장애가 있는 경우, 이는 온 가족에게 엄청 큰 부담이다. 특히 가족부양을 책임지는 엄마는 말하여 무엇 하랴! 지나간 일이지만 시간제 도우미가 주빈이를 돌보기도 했으나 모두 다 포기한 모양이다.
　처음 만났을 때 9살이던 주빈이가 이제 12살이 되었다. 키도 커졌고 몸무게도 크게 늘어 힘이 성인에 버금간다. 손을 붙잡아도 뿌리치고 달리기 일쑤. 갑자기 도로를 가로지를 때는 아연 실색이다. 그는 햄버거를 좋아하여 햄버거 가게 앞을 그냥 지나치는 법이 없다. 문을 밀치고 들어가자마자 손님의 햄버거를 낚아채고는 괴성을 지른다. 좋다는 뜻이다. 아내는 손님들에게 머리 숙여 사과하고는 다시 점주(주인)에게 양해를 구한다. 이미 매장이 어지럽혀졌기 때문이다. 발달장애아임을 누차 설명하면서 말이다. 그것도 한 두입 베어 먹다가는 땅바닥에 내버린다. 아내는 모임이 끝났는지를 자주 물어온다. 헐떡거리는 숨소리가 전화 저편 너머로 들려온다.

"지금은 모임이 어찌 되었나요?"
"응? 아직 20분정도 더 지체될 것 같아."
"그래요? 그러면 인천시청방향 '녹지공원'에라도 다녀와야겠어요."

회의 중에 사단법인 글로벌비전의 사무총장이 말한다. 민간기관에서 '자조모임'을 만들어 이런 사역을 하는 것을 작년 이맘 때 서울시청 관련 공무원이 알게 되었다고 한다. '서울시나 정부에서 하는 일보다도 더 멋진 일들을 하고 있다'는 놀람과 동시에 '오히려 정부가 하는 일보다 못하지 않군요. 귀하십니다.'라며 엄지손가락을 펼쳐보였다고 한다. 민관이 서로 협력하고 논의하여 정책에 반영할 것은 없는지 협의하자고 한 바 있단다. '주빈이 처럼 발

달장애아가 있는 가정엔 특별한 지원책이 있다면 좋을 텐데...'

최근엔 아내의 건강이 나빠져, 더욱 신경이 쓰인다. 망막 실핏줄 파열을 두 번이나 겪었다. 지난 해 5월 망막수술을 하고난 뒤로는 다이어트와 시력회복에 신경을 쓰고 있다. 다행히 체중감량에 성공하고, 혈압 조절이 잘 되니 너무나도 감사하다. 눈의 시력도 점차 회복되니 감사하다. 허리에 '배둘레햄'을 달고 산 때가 엊그제인데 이제는 허리춤의 선이 선명하다. 탁구를 통해 주 3회씩 체력을 늘려가고 있으니 말이다.

"내년부터는 주빈이 돌보는 문제를 어찌해야 좋을지.... 걱정이네"
"걱정하지 마세요. 내가 돌보아야 해요."
"힘은 조금 부치지만 이제는 서로 교감이 되고 있어요."
"주빈이가 다가와 팔짱도 끼는걸요."
"이제 건강을 되찾았으니 다시 힘닿는 데까지 섬겨야지요."

헌데, 12월 정기모임에 주빈이가 안 보인다. 미경자매도 주빈이의 어리고 예쁜 두 여동생들도 안 보인다. 다음엔 꼭 나와야 할 텐데, 뭔가 심리적으로 힘든 일이 있는 모양이다. 모죽(대나무뿌리)은 뿌리를 심어도 수년간 싹을 틔우지 않다가 5년이 되면 드디어 대나무를 밀어 올린다고 한다. 하루에 50센티미터 이상까지 밀어 올린단다. 모죽이 5년간 뿌리내리는 길이는 수 킬로미터에 이른다고 한다. 그녀의 가슴에도 모죽의 시간이 지나 크게 성장, 성숙하기를 기대한다. 주빈이와 서영이 채영이가 모두 잘 자라나 주기를 기대한다.

이참에 감사 인사를 해야겠다. 연일 새벽마다 기도해주는 '기도대장님'들 여섯분, 모임 때마다 수고해온 '행복도우미'들 열둘, 그리고 50여회에 이르는 모임마다 함께 달려온 강사님들께 참으로 감사를 드린다.

창원에서 사역하는 GS리더십연구소장 하성재선생님, 인천까지..., 토요일에 서너 차례나 올라와 열강을 해 주셨다. 사명 없이는 달려올 수 없는 거다. 강원도 홍천의 모곡 무궁화동산을 운영하시는 현재호선생님, 대체의학을 통해 회원들의 체질을 모두 분석해주시고 노년을 힘차게 달려가는 조원일원장님, 우리모임을 끔찍이 사랑하시는 시인이며 동화작가 김수영선생님, 스에나가색채심리연구소 백낙천소장님, 미술치료에 열성을 보여주신 윤병숙선생님, 색채심리 집단상담프로그램을 유치해주신 존경하는 이금자선생님, 부모교육에 일가견을 보여준 이가희선생님, 한상효선생님, 색소폰과 오카리나로 위대한맘들을 눈물 나게 한, 지금은 췌장암으로 고인이 된 신비원선생님, 상담적 기법으로 자녀와의 대화법을 가르쳐준 송영진박사님, 마술로, 비즈공예로, 때로는 노래로, 혹은 클레이 점토 놀이로 수고하신 많은 선생님들께 감사를 드린다.

# 4

## '넥 워머'가 있어 더욱 감사하다

하버드에서 심리학과 철학교수로 크게 활약했던 윌리엄 제임스 (1842-1910)는 유명한 말을 남겼다. '생각이 바뀌면 행동이 바뀌고, 행동이 바뀌면 습관이 바뀌고, 습관이 바뀌면 인격이 바뀌고, 인격이 바뀌면 운명이 바뀐다.'라고. 그런데 나의 생각은 조금 다르다. 생각이 바뀌었다고 행동이 자동으로 바뀌는 것은 아니다. 오히려 거꾸로 행동을 바꾸는 실천이 먼저 이루어져야 생각이 정리된다. 생각은 인지사항이고 행동은 실천이다. 이론의 순서는 제임스의 말이 맞는다고 여겨진다. 하지만 실제로는 거꾸로 일 가능성이 크다.

나는 선천적으로 손발이 찬 수족냉증手足冷症 증세가 있어 겨울철이면 힘들다. 요즘이야 외투와 장갑이 좋고 대중교통에도 난방장치가 좋지만 80년대까지만 해도 그렇지 못했다. 청소년 시절 겨울철 운동장 조회는 최악이었다. 한 시간 남짓이지만 손발을 비벼가며 싸워야 했다. 해병대 신병훈련소(혹한기, 진해)에서 역시 큰 고통이었다. 때문에 손발이 따뜻해지는 것이라면 매우 좋아한다.

따뜻한 녹차 음용飮用을 좋아한다. 손 장갑 구매를 좋아하고, 장갑을 선물하는 것을 좋아한다. 내게 기분 좋은 물건이니까. 또한 닭고기 요리나 오리 고기를 좋아한다. 몸보신에 좋다니까. 단고기도 좋아한다. 어린 시절엔 따뜻한 아랫목을 특히 좋아했다.

그런데 최근 몸보신에 좋다는 열 내는 음식들이 도리어 내게 좋지 않다는 것을 알았다. 자주 내원하는 한의원의 한 선생님이 내 체질을 언급하면서 '아버님의 몸(안)은 열을 품고 있어서 신열身熱을 내는 음식들은 좋지 않다'고 한다. '열에 열을 더하면 더 큰 불이 된다.'며 주의를 당부했다. 밀가루, 닭, 오리, 인삼, 홍삼, 단고기, 추어탕까지. 내가 좋아하던 음식들을 되도록 안 먹는 게 좋다는 것이다.

아뿔싸! 이를 어찌하랴. 손님 대접이나 회식하는 땐 어쩔 수 없지만 일부러 사 먹지는 말라는 뜻이다. 그런데 생각만으로는 바뀔 수 없다. 실천이 중요하다. 되도록 이 원칙을 지키며 실천하니 체질이 개선되는 효과는 물론 체중 감량까지 되어 일석삼조一石三鳥의 효과를 본다. 이 또한 감사로 누리게 된 혜택 중 하나다. 감사는 쿨 ~하게 주어진 현실을 받아들이고 실천하는 것이다. 생각을 변화시키고, 바꾸어 생각하기도 중요하지만 그것보다 더 중요한 것은 실천이다. 정리한 생각은 미루지 말고 정직하게 행동하는 것이다.

큰 딸의 경우, 면역체계 질환으로 고생한 터라 양약보다는 한방 생약을 찾고, 음식에도 인공조미료MSG는 일체 넣지 않으며 자연

건강식을 해오고 있다. 생각이 건전하면 생활이 건강해지고, 실천이 건강하면 육체에도 건강이 찾아온다. 특히 감사 생활을 시작한 이후 나는 물론 아내와 가족들의 건강이 몰라보게 좋아지고 있어 더욱 감사하다. 아내는 혈압으로 눈의 망막 수술을 해야 했다. 일종의 출혈현상이다. 뇌에서 터졌으면 큰일이 났을 일인데 '불행 중 다행'이라는 이야기를 전문의에게서 들었다. 지난 7개월간 아내는 7kg을 빼는데 성공했다. 체질을 알고서 음식을 조절하니 자연스레 체중이 빠지며 고혈압, 당은 물론 성인병을 유발하는 4대 대사성증후군이 조절되고 있어 얼마나 감사한지…, 이것들도 감사생활을 하며 터득하게 된 유익들이다.

근자에 만난 대체의학을 연구하는 한 분을 통해서 나의 체질이 정확히 소양체질에 (양)이라는 것을 알았다. 앞서 말한 것에 더하여 '해초류, 마늘, 고추, 도라지, 더덕'까지도 금할 음식이란 것이다. 이것저것 다 빼면 무엇을 먹지? 라고 생각되지만 바꾸어보면 이것들 외에도 지천이 먹을 것이기 때문에 부담을 가질 필요는 없다. 문제는 실천이다. 어떻게 실천할 수 있느냐가 관건이다. 한의사는 한 달에 한두 번은 괜찮다고 했으나, 대체의학 선생은 절대로 먹어선 안 된다고 한다. 부패한 음식을 조금만 먹어도 탈이 나는 이치처럼 체질에 안 맞는 음식은 조금만 먹어도 건강에 이상신호를 주게 된다는 게 그분의 철학이었다. 한의사는 실용적 선택을, 대체의학 선생은 원칙적 선택을 한 것으로 모두 일리가 있다.

날씨가 추워지는 동짓달이면 나는 이것저것 보온에 적합한 도구들을 챙긴다. 손 장갑은 필수이고, 마스크와 넥 워머, 그리고 방한화에 모자도 포함된다. 자동차를 탈 때는 예외지만 자전거를 탈 땐 필수 겨울 채비가 〈넥 워머〉이다. 이번 겨울에 〈넥 워머〉를 두 개나 샀다. 〈넥 워머〉는 내게 효자와 같다. 착용하기만 하면 얼마나 좋은지…,

나의 영적 스승이신 이강천 선생님의 따끈한 시가《활천》지에 사진작품과 함께 새해를 여는 권두시*로 게재되었다. 선생님의 생애를 알기에 시가 주는 이미지가 더욱 강렬하게 다가오며 그것이 자연스레 나의 생애 60여 년에도 반추되어 더욱 따뜻하다.

따스한 품에 안길 때 / 이강천

세상에/ 평온함이 있는 줄 알았습니다//
눈물이 슬픔만이 아니고/ 감격임도//
가난이 저주만이 아니고/ 축복임도//
질병이 고통만이 아니고/ 선물임도//
그때 알았습니다. / 따스한 품에 안길 때//

* 2018년 신년호

# 5

## 험한 세상에 다리가 되어

　2018년 새해가 밝았다. 남북관계가 활짝 열릴 조짐이 있어 소망이다. 지난해 우리나라 무역규모는 1조 달러를 넘어 세계 6위를 자랑한다. 하지만 대한민국의 민낯은 부끄러운 곳이 너무나 많다. 가정의 경우만 해도 폭력으로 얼룩져 있다. 수많은 여성, 수많은 어린이, 노인 그리고 장애인들이 사회의 한켠에서 고통 받고 있다. 가정과 가족해체의 문제인데, 이혼 통계가 그 사실을 잘 말해 준다. 우리나라는 현재 200만여 가정이 이혼의 아픔으로 몸살을 앓고 있다. 나는 인천지역에서 한부모(싱글맘) 돌봄 사역을 하고 있는데 안타까운 일들이 많지만, 또 위로와 보람도 크다.

　우리는 사회의 어두운 곳을 밝혀야 한다. 어떻게 가능할까? '빛을 가린 것들'을 거두어내든지, 아니면 '빛을 들고' 어두운 곳을 찾아다니면 된다. 어두움을 거두어내는 것은 매우 방어적이어서 시간과 재정이 많이 소요된다. 하지만 빛을 들고 찾아다니는 것은 손쉽게 가능한 일이다. 적으면 적은 대로, 많으면 많은 대로, 있는 것을 가지고 정성을 모아 움직이면 사회는 조금씩 바뀌어 나갈 것이다. 이것이 소시민들이 해야 할 일이다.

전자는 크고 계획적이어야 하기에 정부의 몫이다. 예를 들면 사창가를 없앤다든지 정비하는 것은 나라의 몫이며, 정책적으로 접근해야 하고, 또한 시간과 재정이 많이 소요된다. 하지만 서울역 앞의 노숙자문제는 민간의 노력으로도 잘 수습되어 가고 있다. 그밖에도 사랑의 밥차, 천사병원, 인천짜장 밥차, 고어헤드선교회, 월드비전, 굿네이버스, 글로벌비전, 본월드미션, 베데스다 등 다양한 NGO 들의 활동을 정부와 시민들이 주목하고 있음을 안다.

나와 아내는 한부모(싱글맘) 사역활동을 하면서 간식 하나도 정성스레 준비한다. 수 시간동안 계란을 굽고, 감자, 고구마를 삶는다. 대략 2만원이면 40여명이 먹을 수 있다. 명절이면 선물을 나누고, 연말이면 'X-MAS사랑콘서트'를 통해 위로한다. 사랑으로 자라고 사랑으로 보듬어지는 단체가 되고 싶다. 매년 4가정의 엄마들에게 '종합건강검진'을 해주고 있다. 나라가 해주는 것 말고 별도로 건강으로 불안한 엄마들에게 질 좋은 검진을 통해 안심하도록 배려하는 것이다. 뿐만 아니라, 사례발굴을 통해 맞춤지원을 해나간다. 한 장애 엄마의 경우 아이들이 6명인데(아들 4명, 딸 2명), 먹는 것, 입는 것, 공부하는 것, 준비물과 방과 후 수업 등, 소요되는 비용들이 만만치가 않다. 네이버의 '해피빈 모금'이 잘되어 그 가정을 살리고 있다.

최근엔 11살짜리 딸을 키우는 위대한맘 가족 엄마의 사례 발굴차 가정을 방문했다. 이 엄마는 대학에서 사회복지학을 전공한 분으로 이혼 전까지만 해도 행복하게 살았다. 남편의 불미스러운 일로 인해 이혼소송을 하게 되었고, 그 분쟁은 지루하게 1년 이상을 끌어야만 했다. 정신이 피폐해지고 우울증에 정신불안 증세까지 이어지니 건강이 몰라보게 나빠졌다. 정상적인 직장생활을 할 수 없는 지경이다. 8평짜리 작은 빌라에 안착했지만 노후 주택인지라 습기가 심하다. 기관지해소증에 천식까지 앓고 있다. 생활은 알바로 버는 50만원에 정부가 주는 약간의 돈이 전부다. 지난달에는 딸이 그렇게도 좋아하던 피아노교습도 끊었다. 사실 딸은 지난 해 연말 어느 피아노 콩쿨에 나가 최우수상을 받았다. 딸아이는 매일매일 피아노교습소를 하염없이 바라보며 스쳐갈 뿐이다. 어린 것의 마음이 어떨지... 이러저러한 내용을 담아 또 네이버 해피빈에 올려보았다. 이번엔 얼마나 모금이 될지..., 엄마는 심인성 저혈압에 노출돼 가끔 의식을 잃는다. 딸은 지난 연말 교통사고로 충격이 크다. 살얼음판 같은 가정형편이다. 이 모녀의 가정이 행복하고 밝게 살아가는 모습을 진정으로 보고 싶다.

그녀는 자신이 상담사이며 복지사로서 많은 사람들을 돌보며 살았다. 그것을 업으로 삼고 사명으로 살아왔다. 그런데 정작 자신이 어려운 상황에 처하니 마음이 너무나 무거운 현실이 되었다. 딸이 아직 어린데, 양육권을 가진 친부의 경제능력이 있다고 나라의 어떠한 혜택도 받을 수 없다니.... 이것이 우리에게 존재하는 법의 무거움이다. 안타깝다. 엄마가 키우고 있고 아빠는 전혀 연락도 없고 아는 척도 하지 않는데 사회복지법에도 사각지대死角

地帶가 존재한다.

성서에 한 율법교사가 예수를 시험하여 묻는 장면이 나온다(누가복음 10:25~37).

'선생님 내가 무엇을 하여야 영생을 얻을 수 있을까요.' 예수께서 그에게 다시 물었다. '율법에는 어떻게 기록되었느냐?' 율법교사가 다시 답한다. "네 마음을 다하며 목숨을 다하며 힘을 다하며 뜻을 다하여 주 너의 하나님을 사랑하고 또한 네 이웃을 네 자신 같이 사랑하라"(신 6:5)하였나이다. 이에 예수께서 또 대답하신다. "네 대답이 옳도다. 이를 행하라. 그러면 살리라."

여기서 중요한 개념은 이웃이다. 이웃이 누구냐는 것이다. 강도 만난 자를 보고도 그냥 지나친 제사장과 레위인이 있었다. 하지만 어떤 사마리아 사람은 강도 만난 자를 극진히 돌보아주었다. 강도 만난 자의 이웃은 당연히 '자비를 베푼 자'가 아닌가. 예수께서는 조용히 그 율법교사에게 말씀하시기를 '가서 너도 이와 같이 하라'고 가르치셨다.

율법교사는 자신이 이웃이 되려하기 보다는 '이웃이 누구인지'만을 묻고자 하였다. 예수와 말씨름이나 하려고 달려든 꼴이다. 우리가 돌보아야 할 '이웃이 누구냐'는 것이다. 율법교사의 질문은 우리들의 모습과 꼭 같다. 말꼬리 잡고 질문만 하려 하면 모두를 피곤하게 한다. 내가 먼저 이웃 되는 것이 중요하다.

몇 해 전 인도차이나를 여행 하는 중에, 한 NGO단체의 대표에게 물었다. 'NGO란 무엇이지요?' 그의 대답인즉 'NGO는 네트워킹이지요'라는 간단한 정의가 돌아왔다. '다리가 되어주고, 연결고리가 되어주기'라는 말이다. 있는 자와 없는 자간의 연결, 일반인과 장애인간의 연결, 배운 자와 못 배운 자 간의 연결이다. 부자와 기업의 재정을 소외된 곳으로 흐르게 하는 것이다. 도네이션 Donation이다. 기부자의 재정, 헌신, 열정을 모아서 사회의 소외된 곳으로, 어렵게 살아가는 가정으로 흘리는 것이다. 아랫목에 온기가 없는 가정에 따뜻함을 선사하는 것이다. 이 같은 작은 일에 일원이 된 것을 감사한다. 험한 세상의 다리가 되고, 아픈 이들의 친구가 됨을 감사한다. 지금 사회선교단의 일원이 되고, 한부모돌봄센터 위대한맘의 사역자가 됨을 감사한다. 그것이 영원한 생명의 한 길임을 깨닫게 되니 감사한다. 작은 힘이나마 험한 세상에 다리가 되어 살아가게 됨을 감사한다.

# 1

## 무엇이 이렇게 사람을 다르게 만드는가

필자는 감사에 주목하면서부터 사물이나, 뉴스나 신문보도, 스포츠, 언어와 행동 등 어느 것 하나도 그냥 지나치지 않는다. 몇 해 전 공영방송의 텔레비전 저녁뉴스 시간이었다 2014년 3월 5일, KBS 저녁 뉴스라고 기억된다.

젊은 청년 두 명의 서로 다른 가치관을 민낯 그대로 보도하는데 너무나도 상반된 이야기였다. 별도의 사건이었지만 내게는 그 두 가지가 하나의 그림처럼 다가왔다.

하나는 진주시에서 일어난 이야기로 수차례에 걸친 휴대폰 가게 도난사건이다. 경찰이 탐문수사에 나섰는데 범인은 성씨 성을 가진 30대 초반의 청년이었다. 뉴스의 내용인즉 여관을 빌려 애인과 함께 장기투숙을 하다 돈이 떨어지니까 도둑행각을 했다는데, 수사하던 경찰은 아연 실색, 그가 3년 전에 로또복권의 1등 당첨(당시 15억원 정도)의 수혜자였다는 사실이다. 3년 만에 그 많은 돈을 모두 탕진하고는 유흥비가 모자라 도둑질을 한 것이다. 어디 15억 원이 작은 돈인가? 필자가 우리시대의 청년들을 이 경우로 매도하고자 하는 게 아니다. 왜 이 청년은 결혼도 하지 않은 이가 그 짧은 기간에 거금을 탕진할 수 있는가. 아무런 대책도 없이, 통장 하나 만들지 않고, 작은 주택 하나 장만하지 못한 채 말이다.

곧 이어 나오는 뉴스는 가수 이동우씨의 스토리였다. 이동우는 90년대 틴틴파이브의 멤버로서 잘나가던 가수였다. 헌데 2천년 교통사고를 당하였다. 시력에 문제가 생기기 시작했다. 그는 2004년 즈음엔 망막색소변성증으로 더 이상 앞을 보지 못하게 되었다. 시력을 잃은 이동우씨가 가수에서 뮤지컬가수로 직업을 바꾸었다는 것이 뉴스였다. 이동우는 안구를 기증해주겠다는 이도 있었지만 거절하고는 뮤지컬가수로 성실하고도 당당하게 새 직업을 개척해 나아가고 있었다. 기자가 인터뷰를 요청하자 썬그라스를 쓰고는 매우 밝은 미소를 띤 채 '어렵긴 하지만 그래도 해봐야죠, 인생에 쉬운 일이 어디있던가요. 열심히 해야죠.'라면서 자신이 열심히 사는 이유와 동기, 어렵지만 목숨이라도 건졌으니 감사하며 살아야겠다는 이야기를 하는 게 아닌가.

필자는 그 두 가지 사건을 통해 큰 충격을 받았다. 무엇이 그 무엇이, 이 두 사람을 이렇게 다르도록 만들었다는 말인가. 이동우의 말을 통해 희망을 발견했다. 감사이야기다. 한 사람은 절망의 늪에 빠질 뻔한 위기에서도 '감사와 긍정과 고마워하는 마음'을 가지고 제2의 인생을 개척하고 있었다. 하지만 한 청년은 젊은 날 큰 기회가 다가왔음에도 그것을 살리지 못하고 절망의 나락으로 떨어지고 말았다. 그는 교도소에서 지난날을 후회하며 지내겠지만 더 이상 절망하지 않기를 바란다. 준비 안 된 자에게 큰 돈벼락은 재앙일 뿐이다. 돈벼락도 벼락은 벼락인지라 맞아 죽는 일만 있다. 어떤 이는 맞아죽어도 좋으니 돈벼락 맞았으면 좋겠다는 이가 더러 있음을 보는데 그런 이는 후자에 속할 뿐이다.

　사람은 좋은 기운을 받아야 한다. 돈이 있다고 다 좋은 사람은 아니다. 재력 있고 훌륭하고 위대한 인생을 사는 사람이 우리들의 목표가 되어야겠다. 인간에게 기회는 한두 번씩 오기 마련인데 이것을 어떻게 사용하느냐가 관건이다. 선하게 활용하고 긍정의 마인드를 가지고 감사로 사는 사람이 많아지길 소망한다.

　과거 조선시대 두레니 향약이니 하여 동리와 마을을 중심으로 한 단위에서 서로서로 돕고 사는 따뜻함이 있었다. 일제식민지, 한국전쟁, 근대산업사회를 지나면서 경쟁만 있지 따뜻함이라는 마인드가 사라져버렸다. '노누다'라는 나눔의 철학도 변질되고 희미해졌다. 해서 젊은이들이 희망을 잃고 헤매고 있다. 그러면 어떻게 해야 따뜻한 사회를 만들 수 있을까. 여러 가지 방법이 있겠으나 필자는 감사마인드를 주목하고 이것이 현대인들에게 꼭 필요한 철학이라고 믿는다. 감사마인드를 소유할 수 있느냐가 긍정의 철학으로, 이는 다시 고마워하는 마음으로, 또다시 포기하지 않는 진취성으로 나아갈 수 있다. 이것이 결국엔 따뜻한 인생과 따뜻한 사회를 만들 수 있다고 말하고 싶다. 감사하며 나아가면 기쁨을 맛본다. 감사하며 살고자 하면 평안을 누린다. 그렇게 꾸준히 감사하는 사람은 결국엔 행복의 세계로 나아가게 된다.

오직 그 말씀이 네게 매우 가까워서 네 입에 있으며 네 마음에 있은
즉 네가 이를 행할 수 있느니라(신명기 30:14)

몇 해 전인가, 이동우는 이경규의 프로그램에서 다시 텔레비전
에 나왔는데 놀라웠다. 그에게 예능 본능이 있음을 다시 발견했
다. 앞을 보지 못하는 그가 '철인 3종 경기'에 도전하고 있었다. 바
다수영 1.5㎞를 성공하고, 사이클로 40㎞를 달리는데 성공하더니,
마라톤으로 10㎞를 달렸다. 정상인도 하기 힘든 철인경기를 그는
역주해 내고 있었다. 물론 그를 도와주는 헬퍼의 도움을 받기는
했으나 이게 어디 쉬운 일인가. 와우 놀라웠다. 대성공이었다. 온
시청자의 박수를 받았다. 이동우는 2010년10월 최종적으로 실명
판정을 받았다. 하지만 그는 재즈가수에서 뮤지컬배우로, 다시 철
인3종경기 선수 예능인으로 또다시 거듭나고 있었다.

성서에 보면(누가복음 17:11-19), 10명의 나병환자 이야기가 나온
다. 예수께서 예루살렘으로 올라가실 때 사마리아와 갈릴리 사이
한 마을에 들어가셨을 때다. 그가 지나간다는 소문을 듣고는 나병
환자 10명이 합창을 하듯이 큰 소리로 외쳤다. 또 외쳤다. 이를 불
쌍히 여긴 예수님은 저들에게 '가서 제사장들에게 너희 몸을 보이
라'고 말씀하신다. 그들이 제사장에게로 가던 중 길에서 갑자기 깨

끗함을 받았다. 자신에게 한센씨병이 고쳐졌음을 깨닫는 시간이 충분히 있었다. 너무나도 신기하고 놀라운 일이 벌어졌다. 9명은 그 사건에 도취되어 그만 자기 집으로 돌아갔다. '무엇이 누가 나를 이렇게 놀라운 기적의 세계로 신비의 세계로 인도했단 말인가' 생각해볼 겨를도 없다 그저 신이 날 뿐이었다. 다만 저들은 과거 일상의 삶, 자기의 삶 가운데로, 인생 나락 한가운데로 뛰어들었다.

그런데 그 중에 한명은 예수께 돌아와 절하며 감사인사를 표한다. 사마리아 사람이었다. 그 사건 기사에 보면 예수는 놀라운 이야기를 말씀한다. 감사하는 사마리아 사람을 보고는 "이 이방인 외에는 하나님께 영광을 돌리러 돌아온 자가 없느냐" 하시었다. 감사하는 일은 하나님께 영광을 돌리는 일이라는 놀라운 관점이다. 필자는 이 놀라운 관점을 가지고 감사운동에 임한다.

보라 내가 새 일을 행하리니 이제 나타낼 것이라 너희가 그것을 알지 못하겠느냐 반드시 내가 광야에 길을 사막에 강을 내리니…. 이 백성은 내가 나를 위하여 지었나니 나를 찬송하게 하려 함이니라(이사야 43:19-21)

감사운동은 광야에서 길을 만들고 사막에 강을 내는 어려운 일이다. 하지만 불가능이 아니라 가능한 일이다. 감사는 하나님을 찬송하는 일이다. 감사와 찬송은 기적 같은 일들을 만들어가는 일이다.

내게 능력 주시는 자 안에서 내가 모든 것을 할 수 있느니라(빌립보
서 4:13)

감사운동은 계란으로 바위치기 같은 일이다. 어려운 일이고 될
성 싶지 않은 일이다. 하지만 바위를 뚫고 닳게 하는 것은 물이다.
현대산업에서는 물로 철강을 절단한다. 그것도 아주 예리하고 정
밀한 절단작업을 고압의 물(高壓水)로 가능케 하기에 이르렀다. 계
란으로 바위를 계속해서 친다면 어떻게 될까? 세월의 변화와 함께
엄청나게 다른 바위가 될 것이다. 감사운동도 그런 것이다. 사람
의 마음 속에 생겨난 트라우마 싱크홀은 그 어떤 것으로도 메우기
어렵다. 감사가 무엇을 바꿀까 싶지만 감사만큼 그 싱크홀을 메우
는데 좋은 재료는 없다.

# 2

## 절망과 싸워이기다

　나는 감사에 성공한 한 사람을 소개하려 한다. 조심스러운 것은 이미 익히 알려진 인물이기 때문이다. 하지만 그가 내게 준 감동과 인싸이트는 그를 다시 보게 한다. 그와 관련한 동영상, 강좌들은 그가 가는 곳마다 많은 사람들에게 희망과 용기를 주기에 충분하다. 그는 팔도 다리도 없지만 절망도 없고 비관도 없다. 행복과 감사뿐이다. 그는 닮고 싶지 않은 외양을 지녔지만 내면은 닮고 싶은 것들이 너무나 많다. 그에게는 용기가 있고, 희망과 기쁨과 평안과 행복을 주는 메시지가 있다.

　닉브이치치, 그의 본명은 니콜라스 제임스 브이치치(Nicholas James Vujicici)이다. 그는 1982년12월4일생이다. 오스트레일리아(호주)에서 세르비아출신의 루터교목사인 아버지 보리스와 어머니 두쉬카 사이에 태어났다. 양팔 양다리가 없는 상태(해표지중)로 태어난 것이다. 의학계에서는 아무런 이유도 원인도 밝히지 못하는 유전질환 희귀병이다. 어린 시절에는 아버지와 어머니의 따뜻한 보살핌으로 자라났다. 하지만 청소년기를 거치며 자신의 삶을 비관하여 두 번씩이나 자살을 시도했다. 그 때마다 그의 엄마는 극심한 장애인의 삶을 다룬 신문기사를 보여주며 너와 같이 장애로 어려움을 겪는 사람이 너만의 문제만이 아님을 알려주었다. 하지만 쉽게 왜! 나만 이렇게 태어났는지 그의 궁금증은 쉽게 가라앉지 않았다.

신실한 아버지와 자애로운 어머니는 그를 극진한 사랑으로 보살폈다. 최대한 그가 하고 싶은 취미와 운동을 시키며 위기를 극복하기 위해 노력했다. 부모의 교육철학으로 그는 일반 중고등학교를 다니며 학생회장까지 지냈다.

그러나 부모님들의 보살핌과는 딴판으로 집 밖에서 만나는 사람들의 시선은 따가웠다.

"너는 극심한 사지 장애인이야. 너는 성공할 수 없어. 너는 아무런 운동도 할 수 없고 대학은커녕, 결혼도 하지 못 할 거야. 너 같은 장애인을 어느 여자가 사랑한다고 다가오겠니? 결국결혼도 하지 못 하고 실패한 인생을 살게 될 거야!"

이런 식의 비난과 비판, 그를 평가 절하하는 이야기가 주변을 맴돌 뿐이었다. 하지만 닉은 수많은 유혹과 시험들을 이겨낸다. 어머니 아버지의 진심어린 돌봄과 사랑 덕분이었다. 어린 시절 그는 롱 보드를 타고 동네를 휘젓고 다녔다. 보드를 타기 위해 그가 얼마나 많은 상처와 다치기를 반복했는지 모른다. 포기하지 않았다. 다이빙대에서 막대기 떨어지듯 하기를 다이빙 계단을 수없이 오르면서 곡예를 해내더니 결국엔 수영도 자유자재로 할 수 있게 되었다. 골프채도 잡았다. 손발이 없으니 이만저만 고생이 아니었다. 자신의 키보다도 더 큰 골프채를 목에 걸고는 스윙을 연습한다. 이제는 골프도 칠 수 있다. 파도타기 서핑도 한다.

어디 그뿐인가.

그는 심력을 키웠다. 독서하였다. 어머니와 아버지가 심어주는 믿음대로 긍정의 마인드, 감사의 마인드, 따뜻한 마인드를 소유하게 되었다. 호주의 명문 로건 그리피스대학교에서 회계학과 경영학을 공부하였다. 30살이 되어갈 때 마음씨 착한 일본계 미국인 카나에 미야하라를 만나 결혼하였다. 두 명이나 자녀를 둔 가장이 되었다.

닉은 말한다.

"우리가 살다가 넘어지면 어찌해야 할까요? 또 넘어지면 어찌해야 할까요? 일어서야죠. 한번 일어서려다가 실패해도 다시 도전해야 합니다. 만약 일어나려고 시도하다가 100번을 실패했다고 치죠. 내가 실패자일까요? 아닙니다. 절대로 포기하지 마십시오. 절대로 포기하지 마십시오. 절대로 포기하지 마십시오. 또 다시, 또 다시, 또 다시 도전해야죠."

그는 말한다. "Never give up!" "Never give up!" "Never give up!"......

그는 또 말한다. "And Again!" "And Again!" "And Again!"

자신이 수없이 넘어졌을 텐데 ... '포기하지 않았고, 또 다시 일어섰고, 도전하여 끝내 일어섰다.' 때문에 오늘의 자신이 있다는 것이다. 넘어졌을 때마다 사탄은 옆에 다가와 속삭였다. 뭐라고 말했는지 아나요?

"너 다리 없잖아, 너 손도 없잖아, 아무것도 할 수 있는 게 없잖아! 네 주제에! ... 심지어 넌 병신이잖아! 할 수 없어! 넌 안 돼! 넌 다른 사람보다 반 토막이잖아! 수영?  골프?  롱보드?  서핑?  가능치 않아~"


이렇게 사탄은 그를 수도 없이 유혹했다. 악한 영의 소리가 늘 그를 괴롭혔다. 하지만 그는 사탄의 속삭임을 거절했다. 그는 여러 번 나쁜 소리, 악한 소리, 비관의 소리를 완강하게 거절하였다. 그는 아버지와 어머니가 가르쳐 준 성령의 소리, 긍정의 소리, 믿음의 소리, 감사의 소리만을 들으려고 집요하게 그분을 의지하였다.


이스라엘을 그들 중(애굽)에서 인도하여 내신 이에게 감사하라 그 인자하심이 영원함이로다(시 136:11) (너희는) 위의 것을 생각하고 땅의 것을 생각하지 말라(고린도후서 1:4)

그는 '인생에서 넘어졌을 때 다시 일어서는 장면'을 직접 보여준다. 감동이다. 헌데 그가 머리를 대고 일어서는 지지대가 꼭 책과 성경이다. 필자는 그 책과 성경에 주목한다. 닉브이치치가 독서광이란 사실을 잊지 말자. 그가 저술한 책《닉브이치치의 허그》,《닉아저씨처럼 기도해봐》,《한계를 껴안는 결혼》이 벌써 베스트셀러를 넘어 스테디셀러가 되고 있다는 것을 기억하자. 뉴욕타임지도 그를 베스트셀러의 저자이며 세계를 누비는 희망전도자 라고 소개한다.

독서를 통해 자신의 인생을 지지하고 있다는 의미가 담긴다. 뿐만 아니라 성경을 머리에 대고 일어서는 시도를 한다. 책을 여러 권 놓으면 보다 쉽다. 헌데 성경 한권만을 머리에 대고 일어설 때는 휘청거리며 넘어질 뻔 한다. 아슬아슬하다. 그가 주는 메시지가 보인다. 성경만을 의지해도 가능하다는 뜻이다. 성서를 의지하고 성서의 하나님을 믿는 것이 아무런 힘이 되지 못하는 것처럼 보여도 그렇지 않다는 것을 텔레비전 시청자들(또는 관객)에게 보여준다.

(여호와 하나님의) 강한 손과 펴신 팔로 인도하여 내신 이에게 감사하라 그 인자하심이 영원함이로다(시편 136:12)

닉브이치치는 한국에도 초청되어 4차례나 다녀갔다. 2008년 첫번째 방문, MBC의 'W(더블류)'라는 프로그램에 출연하며 유명세를 탔다. 서울의 대형교회에서도 강연하였다. 그는 미국을 무대로 '사지 없는 인생'(LIFE WITHOUT LIMBS)이라는 재단을 설립하고 전 세계의 청소년들에게 희망을 전한다. 희망을 잃고 절망하는 사람들 앞에 수없이 섰다. 희망과 긍정, 기쁨과 감사를 전하는 전도자가 되었다. 강좌를 듣는 이마다 감동하며 눈물을 훔친다.

그리고 닉은 수백 명의 청중들에게 허그를 해준다. 아니 허들의 허그를 받아준다. 그는 팔이 없으므로 안아줄 수가 없지만 그의 프리 허그는 유명세를 탔다. 많은 청소년들을 눈물 나게 만든다. 나도 닉을 만난다면 얼굴을 맞대고 허그를 하고 싶다. 특히 그의 감사마인드로 충전하고 싶다. 그처럼 전 세계를 달리며 감사를 전하고 싶다.


그는 꿈쟁이다. 하고 싶은 일, 이루고 싶은 일이 참 많다. 꿈꾸고 이룬 일 중에는 그의 결혼이 있다. 부부의 한계를 껴안은 결혼, 카나에 미야하라 와의 결혼이야기는 살을 에이도록 아름답다. 그에게 붙여진 별명이라든지 그가 이루고 싶은 일은 계속된다. '플라잉, 점프, 허그, 희망의 전도사, 희망의 씨앗, 불가능은 없다.'고

닉브이치치가 이룬 지금까지의 사연과 사역, 그리고 앞으로의 모든 일들은 '감사'라고 하는 베이직을 전제로 전개된다. 또한 감사마인드를 가지고 계속해서 진행될 것이다. 그는 말한다. "나는 행복하다고. 대한민국도 한국의 국민들도 행복할 수 있다"고.

닉이 절망과의 싸움에서 이긴 것은 감사의 힘이었다.

그들에게서 [감사하는 소리가 나오고] 즐거워하는 자들의 소리가 나
오리라 내가 그들을 번성하게 하리니 그들의 수가 줄어들지 아니하
겠고 내가 그들을 존귀하게 하리니 그들은 비천하여지지 아니하리
라(렘 30:19)

# 3

## 소록도 사람들의 감사이야기

　소록도(小鹿島), 소록도는 한센인들의 아픔이 서린 작고(4.42㎢) 아름다운 섬이다. 섬의 모양이 어린 사슴과 비슷하다 하여 소록도라고도 불리기도 하였다는 설과, 일설에는 원래 녹동항 인근에 녹도(鹿島)가 있었는데 그 옆에 작은 섬이 있어 소록도라 불리었다는 말로도 전해진다. 녹도는 간척사업으로 육지가 되었다.

　필자는 우리집 아이들이 동·하계마다 떠나는 소록도 봉사엘 몇 번인가 연속해서 따라다녔다. 〈나눔과 실천〉이라는 단체였는데, 남무현선생님이 학생들에게 봉사의 힘(유익성)과 인성교육을 가르쳐주기 위해 만든 단체이다. 소록도봉사는 교회를 중심으로 움직인다. 매일 새벽기도회 가는 것은 기본이다. 오전, 오후 서너 시간을 한센인들의 집을 방문하는 것이 봉사의 처음이고 끝이다. 혼자 사는 집은 독신사(獨身舍)라 하고, 가정을 이루고 사는 집은 가정사(家庭舍)라 부른다. 조장 중심으로 3-4명씩 짝을 지어 가가호호(家家戶戶) 순서에 따라 방문하는데, 주변 환경은 맑고 깨끗하지만 가정집은 대체로 낡아 누추한 냄새가 조금씩 난다. 겉모습은 전혀 티가 안 나는 분으로부터 손발은 물론 다리까지 떨어지고 뭉그러

진 분들도 있다. 요즘엔 더러 알코올 중독자이나 우울증 환우들이
들어와 살기도 한다.


(1) 사역기간 내내 하루 8시간씩 가정을 방문하여 그들의 애환
을 들어주는 것이 제일 중요한 봉사다. 나는 설교하는 심방은 해
보았어도 들어주는 심방은 거기서가 처음이다. 매우 낯설었지만
나를 돌아보는 시간이다. 청년들이랑 함께 조 편성이 되므로 목사
도 일개 봉사자일 뿐이다. 조장의 명에 따라 움직일 뿐이다.


① 병색이 깊어 실명한 노부부를 만났다. 할아버지는 지병으로
오래전 실명했고 할머니도 눈이 어두워졌는데 우리 아이들이 들
어가면 반가워한다. 할머니는 손으로 잡고도 무슨 물건인지 모르
기에 혀에 대 보고서야 무엇인지 안다. 집안의 살림을 옮기는 시
간이다. '선반에 올려라', '장롱에 넣어라'고 부탁한다. 때로는 쓸고
닦는 일도, 빗자루 질을 요청하기도 한다. 언젠가는 할아버지가
한 달 가까이 목욕하지 못했다며 목욕을 시켜 달라 한다. 순간 당
황했는데 우리 조장, 가정방문을 마치는 점심시간에 자기가 혼자
서 하겠다며 자원한다. 어떤 가정에서는 휠체어를 몰고 산책을 나
가 달라는 이도 있다. 모두 손쉬워 보이지만 어느 것 하나 간단한
것이 없다. 소록도의 주민들도 고령자가 많다. 자녀들은 육지에
나가 산다. 명절이 되면 고향에 내려와 그리던 부모님을 만난다.
여느 섬 모습과 다르지 않다. 국립소록도병원은 1917년에 완공되

어 40년대에는 6천여 명에 달했으나 지금은 500명이 채 안 된다. 어느덧 100년의 역사를 지닌다.

이청준선생의 '당신들의 천국'이라는 소설이 있는데 소록도가 무대이다. 대개는 병원장이 소록도를 다스리는 통치자(?)였다. 대개 일본인이었고 군인인 경우가 많았다. 소록도 사람들은 한센인들이지만 강제노동에 불려나가기 일쑤였다. 간척사업에 투입되기도 했다. 공사가 끝나면 가정마다 땅을 불하해 준다고 속여 노역을 시켰다. 그런데 모두가 허사였다. 병원장이 그리는 천국을 만들기 우해 동원될 뿐이었다. 그래서 책 제목이 '당신들의 천국'이다. 당시 수용되었던 수천 사람들의 고단한 삶과 역사의 질곡들이 고스란히 담겨있다.

강제노역의 잔재가 지금은 시간으로 남아있다. 새벽기도를 3:50분에 시작하고, 4:20분이면 끝나는데 썰물처럼 빠져나간다. 왜 기도하지 않고 교회당을 빠져나갈까 물은 적이 있는데 새벽 4:30에 아침식사 배식이 나온다는 것이다. 해서 소록도 교우들은 새벽 2시30분정도면 교회당에 불을 켜고 기도하기 시작한다. 한 켠에서는 성가연습을 하고 새벽예배마다 찬양을 한다. 점심식사는 10:30분에, 저녁식사는 4:30분에 이뤄진다. 필자는 생각한다. 소록도의 시계는 육지보다 두 시간이 빠르다고... 이것이 강제노역의 잔재다. 평생의 습관이 되었기에 바꿀 생각도 없이 지금까지 유지되고 있다. 그래서인지 주민들은 매우 부지런하다. 따뜻하며 주민들

끼리 단합이 잘 된다. 소록도의 리더는 아직까지 교회의 장로들이
맡아 하고 있다.

소록도에 들어가는 것을 가리켜 한센인들은 세 번 죽는다고 말
한다. 섬에 수용되어 갇히면 그것이 한번 죽는 것이요, 사망하면
질병을 연구한다는 명목으로 일본인들이 시신을 해부했기에 두
번 죽는다 했으며, 해부하고 나면 화장을 시키므로 세 번 죽는다
고 말해왔다. 수용된 사람들끼리 남녀가 사랑하고 결혼하고자 하
면 아이들에게 병이 유전된다 하여 단종대에 올려 강제로 거세를
시켰다. 자녀들을 낳지 못하도록 말이다. 필자가 봉사 갔던 그 기
간에도 단종수술의 희생을 당한 이들이 나라를 상대로 소송을 하
고 있었기에 법원에 나가 증인으로 나선다면서 마을에 방송을 하
고 있었다. 단종 수술대도, 시신 해부대도, 감옥도, 모두 소록도 기
념관에 고스란히 보존되어 있다. 암울했던 소록도의 흔적들이다.


② 한 가톨릭신자 부부의 가정을 방문하였다. "선생님 '쇠좆매'
라는 것을 아십니까? 저는 여기서 사는 게 싫어 친구와 함께 야밤
에 바다를 건너 탈출하다가 붙잡혔는데 '쇠좆매'로 수십 대를 맞았
습니다." 친구는 다음날 아침 해변가에 시신으로 떠밀렸고, 붙잡
혀 온 자신은 쇠좆매 신세가 되었다고 한다. 쇠좆매란 황소의 거
시기(生殖器)를 말려 일본인들이 고문 도구로 사용하던 것으로, 평
소 뻣뻣하던 그것을 물에 담그면 부들부들하게 되는데 그것으로
매질하고 고문을 시켰다는 것이다. 고통스럽기가 이루 말할 수 없

어 이대로 그냥 죽었으면 싶었다고 당시를 회고한다. 겉으로는 매질한 표시가 나지 않지만 속은 고스란히 골병이 든다는 것이다. 수개월간의 고통을 이기고 견디었다.

때마침 들어온 지금의 아내를 성당에서 만나 신부님의 주선으로 결혼하게 되었다. 당시 소록도에선 아이를 낳은 수 없었기에 신부님께서 힘써주어 육지에 나가 아이들 낳고 40여년 살다가 7, 8년 전에 이곳에 다시 들어왔다는 것이다. 부부가 모두 건강해보이고(?) 예뻤고, 사랑하며 사는 행복한 가정이었다. 사연이 많으니 할 말씀도 많다. 한 시간이 아니라 하루 종일 이야기해도 끝나지 않을 사연이었다. 필자가 막내아들을 데리고 갔는데 용돈까지 주신다.

"지금은 살만합니다. 감사한 일이지요. 부족함이 없습니다. 많은 혜택을 누리니 말이지요." 수도 전기 등은 기본이고 생활의 거의 전부를 국가가 지원해준다. 지체가 부자유한 어르신들은 신청을 하면 전동휠체어까지 반값에 살 수 있다. 시설생활인은 물론 다수의 주민들도 감사를 노래한다. 과거를 돌이켜보면 지금은 정말로 천국이라고...

(2) 봉사자들은 거리에서나 마을에서 어르신들을 마주하면 큰 소리로 인사한다. 누구를 대하든지... 큰 소리로 인사함이...《나눔과 실천》의 기본예절이다. 좋은 발상이다. 나도 크게 인사하는 법을 거기서 다시금 배웠다.

"안녕하세요. 나눔과 실천에서 왔습니다."(톤을 높인 채 큰 소리로 90도 허리를 굽혀서...)

"엉, 그래~!" "청년, 학생들이 수고가 많구먼, 헌데 이분은 누구신가, 나이가 좀 들어 보여?" 필자가 학생들 틈에 끼여 있으니 하는 소리다.

③ '키 큰 할머니'(우리들은 그리 부른다)를 만났다. 복도를 거닐면서 한 가정씩 방문하던 때였다. 나이가 80은 넘어 보인다. 지나가는 우리들을 붙잡고는 수고들이 많다고 칭찬을 하시더니 지난해에 하던 말씀을 그대로 쏟아낸다. 할 수 없어 할머니 집으로 모시고 들어갔다. "헌데 말야 내가 할 말이 있거든....?" 할머니는 옛날을 회상하면서..., 13살에 몹쓸 병에 걸려서 3년간 움막에 가두어졌다가 16살에 이곳에 끌려왔다고 한다.

"우리 아버지가 무지해서 그랬어. 서울에 가서 알약 사다가 먹였으면 6개월이면 나을 것을, 아버지가 무식해서 내가 여기까지 온 거야. 소학교 시절 일본인 담임선생님(여성으로 기억)이 자신의 손등을 검사하던 중 증세가 이상하다면서 내일부터 학교에 오지 말라는 거야. 집에서 몇 달 있자니까 점점 더 몸에 번져나갔지."

80이 넘은 이 할머니, 할머니는 어린 시절을 회상하며 아직도 부모님을 원항하고 있었다. 수십 년 전에 돌아가신 부모님을 말이다. 부모가 무식해서 자신에게 이런 일이 일어났다는 것이다. 아직도 그때만 생각하면 분이 일었고, 원망과 울화가 치밀어 오른단다. 그 할머니는 얼굴이 벌겋게 달아올라 아직까지도 그것만 생각하면 분노가 치밀어 감사하지 못하고 있었다. 한편으론 감사한 맘도 있지만 부모에 대한 억울함을 가지는 양가감정의 소유자였다. 이 할머니는 감사에 실패하고 있었다.

④ 할머니를 뒤로 하고 다른 방에 들어갔다. 원숙이모 방이다. 아이들이 모두 그렇게 부른다. 매번 들어갈 때마다 원숙이모는 예쁜 모습으로 다소곳하게 앉아있다. 늘 그랬다. 그날은 등이 뻐근하다면서 아이들에게 두드려달라고 한다. 차례대로 한 번씩 두드리다가, 이를 눈여겨보던 내가 나섰다. 안마는 내가 잘한다면서. 그녀가 무릎에 덮었던 담요를 거두었는데 무릎아래 종아리가 없다. 눈시울이 아리다.

"에고, 별것을 다보여주네. 지금은 감사하지요. 너무나 감사해요. 예전 처음 들어올 때를 생각하면 지금은 그야말로 천국이랍니다. 시시때때로 식사 배달해주지요. 시간마다 하루 한 번식 약도 배달해 주지요. 어느 것 하나도 부족한 것이 없지요. 감사뿐입니다"

그녀의 입에는 감사가 달려있었다. 감사에 성공한 사람의 모습이다. 방금 전에 만났던 할머니는 감사에 실패한 모습이다. 감사와 불평 언어의 차이는 작은 듯이 여겨진다. 하지만 결과의 차이는 무척이나 크다. 이 둘 사이에 차이가 있을까 싶지만 현실은 너무나도 차이가 크다. 천국과 지옥의 거리만큼의 차이랄까? 그래서

일까 불평과 원망의 사람은 늘 불행하다. 하지만 감사하는 사람의 인생은 행복하다. 필자는 감히 말씀드린다. 어떤 말을 구사하느냐에 따라 불행한 삶이되기도 하고, 행복한 삶을 누리며 살기도 한다는 것을 기억하자.

이렇듯이 수많은 이야기들이 가정마다 전해져 내려온다. 소록도 사람들은 할 말이 수없이 많다. 그래서 봉사자들은 이미 들은 얘기를 방문 때마다 꼭 같이 반복해 듣는 경우가 비일비재하다. 그렇게 해서 저들의 한이 풀어진다면 들어야 하는 것이 봉사자들의 몫인 것을 어찌하랴. 소록도엔 따뜻한 사람들의 사는 모습이 오롯이 남아있다. 오밀조밀, 거기에도 사람 사는 따스함이 문틈을 비집고 묻어나온다.

시(詩) 한 수를 소개하자. 따스함이 전해져오는 용혜원님의 시(詩)이다.


따뜻한 사람들  _용혜원


세상에는/마음이 따뜻한/사람들이 많아요//

눈길 하나에도//손길 하나에도//발길 하나에도//

사랑이/가득하게 담겨있어요//이 따뜻함이/어떻게 생길까요//

마음/속에서 이루어져요//행복한 마음/욕심 없는 마음//

함께 나누고/싶은 마음이에요//

그 마음을 닮고//마음을/나누며 살고 싶어요.//

# 헬렌켈러의 감사이야기

헬렌 켈러(Helen Keller, 1880~1968), 그녀는 미국의 작가요, 교육자이자 사회주의 운동가로 잘 알려져 있다. 특히 그녀는 천국과 지옥의 작가 스베덴보리의 사상을 추종하는 것으로도 알려진다. 그녀는 미국의 남북전쟁(1861-65)이 끝나고 15년 뒤 태어났다. 혼란과 상처는 조금씩 아물어갔지만 남부와 북부인의 가슴 속에 큰 상처를 남기고 간 전쟁의 후유증을 앓던 시절이다. 1880년 6월27일 미국의 동부 앨라배마주의 터스컴비아(Tuscumbia) 터스컴비아[Tuscumbia]. 미국 앨라배마주 북서부에 있는 도시로써 콜버트 카운티의 청사 소재지(1867)이다, 미시시피주와 테네시주의 경계와 가까운 테네시강(江) 연안, 머슬숄스 지역에 있다.

에서 말이다. 생후 19개월 때 뇌수막염과 함께 심한 열병에 걸려 목숨을 잃을 뻔했다. 간신히 살아났으나 그 여파로 청각과 시각을 잃었다.

그녀의 부모는 보스턴의 한 맹아학교에서 앤 설리번을 헬렌의 가정교사로 모셔왔다. 설리번과 헬렌이 함께한 초기의 이야기, 다시 말해 헬렌이 정신적, 지적으로 눈부신 성장을 이룬 시기의 이야기가『내가 살아온 이야기(The Story of My Life)』이 이야기는 1902년《레이디즈 홈 저널》에 맨 처음 발표되었다.

속에 오롯이 담겨 있다. 헬렌 켈러는 1904년 가정교사 앤 설리번의 도움으로 비장애인도 힘들다는 하버드대학교의 래드클리프를 졸업했다. 그것도 인문계 학사를 받은 최초의 시각, 청각 중복 장애인으로 알려진다.

헬렌은 미국 시각장애인을 위한 기금 모금운동을 벌이고 시각장애인을 위한 제도 마련을 위해 정치인들을 설득하는 등 자신의 일생을 장애인들을 위해 바쳤다. 이외에도 헬렌 켈러는 여성인권운동가이기도 하다. 명사로 활약하면서 대통령 자유 메달과 수많은 명예 학위를 받았다. 그녀는 1968년에 세상을 떠났을 때 워싱턴DC의 미국 국립 대성당에 안치되었다.

일화 한 가지만 소개하자.

그녀는 설리번을 만나고 수많은 변화를 경험한다. 짜증을 잘 내고 신경질적이며 성질 급하던 헬렌이다. 가정교사 설리번의 눈물겹도록 정성어린 돌봄과 감성적 가르침과 교제가 헬렌, 그녀를 변화시켰다. 청소년기를 지나면서 헬렌은 점차 자신감, 성취감, 비전과 꿈, 인생설계 등을 구체적으로 그린다. 하지만 여전히 그녀의 이목구비는 비뚜러져 있다. 심성은 자라고 있었으나 외모는 아직 자신이 없었다.

얼굴에 대한 자신감이 없기에 사진촬영은 극구 사양했다. 언어는 반벙어리형태로 정확한 발음이 되지 않았다. 그래서 19살까지의 사진은 거개가 얼굴 옆면사진이 대부분이다. 어쩌다가 뒤쪽을 촬영한 것도 나온다. 하지만 좀처럼 정면사진은 찾기 어렵다. 사춘기를 지나면서도 정면 사진을 꺼렸음을 알 수 있다.

헌데 그가 1900년 20살이 될 때 하버드대학교에 입학하였다. 기적 같은 일이다. 세계적인 수재들이 즐비하다는 일류대학교에 당당히 합격한 것이다. 헬렌에게 서서히 자신감이 생긴다. 하버드에 입학하고 난 뒤에는 당당하게도 정면 사진을 찍기 시작했다. 그녀는 당당한 감사에 도전하였다. 넘치는 감사생활 말이다.


김정진의 〈독서불패(讀書不敗)〉에 보면 이런 말이 나온다. : "듣지도, 보지도, 말하지도 못하는 3중고를 갖고서도 훌륭한 삶을 살아낸 헬렌 켈러의 고백을 볼 때마다 제 자신을 반성하게 됩니다. '나는 과연 이런 간절함을 갖고 살아가고 있는지'를 다시 한 번 생각해보는 것이죠! 헬렌 켈러가 얼마나 독서를 사랑했고, 독서 덕분에 과거의 부정적인 사고가 긍정적인 사고로 바뀌었음을 알게 되었습니다. 무엇보다 자기 자신을 사랑할 줄 알고, 남을 사랑할 줄 아는 사람이 된 것이죠. 사랑과 감사가 흘러넘치는 사람은 누구든지 제2의 헬렌 켈러가 될 수 있다고 저는 생각합니다. 단, 헬렌 켈러처럼 하루하루를 간절하게 감사함으로 살았을 때 말이지요!"

'사랑과 감사가 흘러넘치는 사람은 누구든 제2의 헬렌 켈러가 될 수 있다.' 헬렌 켈러는 참으로 하루하루를 간절하게 감사함으로 살았다. 넘치는 감사의 생활을 말이다.

리더스 다이제스트가 꼽은 20세기 최고의 수필은 다름 아닌 헬렌 켈러의 자서전 《사흘만 볼 수 있다면(Three Days to See)》이다. 이 글 중에 가장 중요한 핵심부분에서도 역시 그녀는 '감사의 기도를 드리고 싶다'고 글을 맺는다.

"내가 만약 3일 동안만 볼 수 있다면, 첫날에는 나를 가르쳐준 설리번 선생님을 찾아가 그분의 얼굴을 바라보겠습니다. 그리고 산으로 가서 아름다운 꽃과 풀과 빛나는 노을을 보고 싶습니다. 둘째 날엔 새벽에 일찍 일어나 먼동이 터 오는 모습을 보고 싶습니다. 저녁에는 영롱하게 빛나는 하늘의 별을 보겠습니다. 셋째 날엔 아침 일찍 큰길로 나가 부지런히 출근하는 사람들의 활기찬 표정을 보고 싶습니다. 점심때는 아름다운 영화를 보고, 저녁때는 화려한 네온사인과 쇼 윈도우의 상품들을 구경하고 집에 돌아와, 3일 동안 눈을 뜨게 해 주신 하나님께 감사의 기도를 드리고 싶습니다."

그녀는 행동하는 지성인으로서 앞을 보지 못하는 시각장애인들을 위한 정책을 제시한다. 그것이 미국의 여권과 장애인들의 권리를 드높이는 역할을 했다. 그의 사상적 기저는 스웨덴의 신비주의 철학자 스베덴보리를 추종하였다. 천국만을 노래하는 신비주의자가 아니라 미국의 현실을 개혁하는 실천적 여성으로 앞장섰다. 20세기 미국의 정부가 그녀를 가장 두려워하였다는 일화도 있다. 이 모든 지식과 지혜, 그리고 행동철학은 모두가 감사의 마음 밭에서 나왔음을 부인할 수 없다. 그녀의 몇 가지 명언들을 소개하면 다음과 같다.

"눈이 먼 것 보다 더 안 좋은 게 있을까? 있다. 볼 수는 있지만 비전이 없는 사람이다." "절대로 고개를 떨구지 마라. 고개를 치켜들고 세상을 똑바로 보라." "희망은 볼 수 없는 것을 보고, 만져질 수 없는 것을 느끼고, 불가능한 것을 이룬다." "낙관주의는 성공으로 인도하는 믿음이다. 희망과 자신감이 없으면 아무것도 이루어질 수 없다." "세상은 고난으로 가득하지만, 고난의 극복으로도 가득하다." "독재는 신념의 힘을 꺾지 못한다." "얼굴을 계속 햇빛을 응시하도록 하라. 그러면 당신의 그림자를 볼 수 없다." "지식은 사랑이요, 빛이요, 통찰력이다" "믿음은 산산조각 난 세상을 빛으로 나오게 하는 힘이다." "행복의 한쪽 문이 닫힐 때, 다른 한쪽 문이 열린다. 하지만 우리는 그 닫힌 문만 오래 바라보느라 우리에게 열린 다른 문을 못보곤 한다."

# 5

## 공감하던 아버지의 자리

필자는 아버지에 대한 생각이 별로 없다. 철이 들기 전에 고향 (경기만의 영흥도)을 떠나 육지(인천)에 나와서 해외(?) 유학을 시작했다. 그 모두가 아버지(어머니)의 결정이었다. 무학자인 부모님이 그런 결정을 한 것은 가히 혁신(革新, innovation)이었다. 물론 시집간 큰누님이 인천에 이사하면서 생겨난 일이며 나에게 주어진 변화였다. 초등학교를 졸업하고 중학교 2학년까지 공부한 3년 6개월 동안은 엄청난 시련과 훈련기였다. 도회지 환경에 대한 적응, 특히 매일같이 치러야하는 시험은 견디기 어려운 과정이었다. 새로운 친구들과 사귀는 문제들, 과제와 준비물 등등 모든 것이 쉽지 않았다. 딸을 다섯이나 둔 큰누님이 동생까지 돌봐 줄 거란 기대는 처음부터 잘못된 일이었다. 하지만 이것 또한 감사한다. 나를 놀라운 세계로 인도한 사건이기 때문이다.

중학교 2학년이 끝나갈 무렵, 아버님의 병환으로 나는 본의 아니게 휴학을 하게 되었다. 잠시 부모님과 함께한다는 기쁨이 있었지만 잠시뿐이었다. 또래 친구들은 학교에 다니는데 나는 그렇지 못했으니 말없는 고통이 있었다. 고향에서 농사일을 거들면서 아버지(어머니)와 함께했다. 아버지의 농사일은 무척이나 힘들었다. 논갈이 쟁기질을 시작으로 모내기철이면 농군도 힘들어하는 써래질까지 해야 했다. 이 시기, 나는 우리나라 재래식 농사법을 조금이나마 알게 되고 아버지의 마음을 공감하게 되었음을 감사한다.

이때에 이런저런 인생 이야기를 아버지와 나누게 되었다. 아버지는 천성이 농사꾼이다. 오직 그것만을 생각하고 그것으로 족하였다. 가끔씩 바닷가에 나가 고기를 잡는 것은 반찬을 마련하는 부업 일뿐이다. 그는 내게 초등학교의 '선생님'이 되기를 바랐다. 그것도 소몰이하며 귀가하던 길에서 한번 피력했을 뿐이다. 워낙 그는 자신의 생각을 말씀하지 않았다. 다만 일을 할 뿐이었다. 겨울철엔 사랑방에 앉아 늘 새끼를 꼬았다. 겨우살이 나뭇단을 묶을 새끼가 필요했기 때문이다. 아버지는 내가 고등학교 3학년이던 10월 예비고사를 1개월 남긴 어느 날 세상을 뜨셨다. 바닷가에 나갔다가 비를 맞고 온 뒤 식사한 것이 급체하여 한 주일 만에 돌아가셨다. 아무런 대비도 없이, 아무런 유언도 남기지 못한 채 그렇게 스러져갔다. 그리고 나는 41년이 지나는 시점에 아버지를 생각해본다.

교사가 되기를 말씀하신 것은 내게 큰 유언과 같은 말씀이신데 난 그것을 이루지 못했다. 당시 초등학교 선생님 두 분이 우리 집에서 하숙을 오랫동안 하셨다. 아버님은 그들을 보고 난 뒤의 일일 터. 하지만 나는 고등학교 3학년 때 신학을 공부하기로 결심하면서 그 문제를 해결해야만 했다. 아버님은 교사를 원하셨는데 신학을 하고 목사가 된다? 그렇지, 교사(敎師)가 일반 '공교육의 선생님'이라면 목사(牧師)는 기독교 신자의 영적인 성장을 위해 지도하고 예배를 집전하며 사람됨을 가르치는 '진정한 선생님'이라고 생각하면서 위안을 삼았다.

아버님은 말없이 농사일을 하였다. 하지만 그날그날의 해야 할 일은 내게 넌지시 말씀하신다. 내일은 윗배미 논 두 마지기를 갈고 논둑을 정돈한다고 예고하셨다. 그리고는 논에 이미 날라다 놓은 두엄을 펴는 작업이 내 일임을 알려주신다. 아버님과 그렇게 함께 한 일 년이 아버지를 이해하는 중요한 기간이 되어주었다. 아버지의 성품과 인격, 그리고 그의 풍류(風流)를 이해하게 되었다. 새벽에 일어나 이슬 머금은 논밭을 돌고 들어와서는 소와 돼지가 먹을 여물을 쑤는(불을 때어 삶음) 시간이면 꼭 약주 한잔을 드신다. 망둥이나 숭어 말린 것을 지피던 아궁이 불에 살짝 구어 안주를 삼는다. 흥이 나면 늘 노래를 구성지게 부른다. 장례식에서 상여꾼의 큰북재비는 늘 아버지 몫이다. 40대 초반에 당뇨(소갈증)에 걸린 뒤 아버님은 매해 야위어갔다. 돌아가시기 몇 해 전 예수를 믿기 시작했지만 신실한 믿음생활은 하지 못하였다. 캄캄한 밤 자다가 일어나 기도하시는 아버님의 뒷모습을 본 기억이 유일하게 한번 있을 뿐이다. 그렇다. 아버님과 함께했던 그 일 년이 내겐 매우 귀중한 자산이다. 그것을 생각하면 너무나도 감사할 뿐이다.

아버님은 많은 것을 자녀들로부터 듣고 싶어 했고 대화하고 싶어 했다. 저녁 식사하는 시간이면 일상적인 문안과 그날의 이야기, 그리고 어제의 이야기를 듣고 싶어 했다. 이웃에게 들은 것마저도 지혜라 생각되는 이야기들은 듣고 싶어 하였다. 그렇게 자상한 아버지였다. 그러나 그 소원은 끝내 이뤄지지 못했다. 형님은 아버지의 기대에 부응하지 못했다. 70년대 초 경운기는 농촌기계화의 첨병이었고 돈벌이의 수단이기도 했다. 형님이 농협자금을 빌려 경운기를 구입하였다. 다니던 철도청에 사표를 내고는 기계화영농을 꿈꾸며 고향으로 내려왔다. 하지만 논이며 밭이며 경운기를 움직이기에는 너무나도 위험했다. 경지정리가 되기 이전이기 때문이다.

매일같이 품앗이를 다니고, 배 터에 나가 손님들을 태워오며 돈벌이를 하는 것이 형의 일의 전부였다. 아버지는 그날그날 형님으로부터 집밖에서 있었던 이야기들을 듣기 원하였다. 하지만 형님은 좀처럼 입을 열지 않았다. 하는 일이 늘 고단하기도 하였으나 형님은 말이 없었다. 아버지는 답답하다고 내게 토로하곤 하였다. 나는 15살, 어린나이였으나 재잘거리며 아버지의 장단에 맞추어 말동무가 되어주었다. 중학생 나이에 아버지와 함께한 일 년은 지금 생각하면 하나님께서 허락하신 축복의 시간이요 감사한 시간이었다.

아버님께서 내가 목사가 되어 감사운동을 하는 것을 아신다면 자랑스러워 할 것만 같다.

필자의 아내, 그녀에겐 무뚝뚝한 아버지가 계시다. 그녀의 아버지는 거창이 고향이며 서울의 명문 공과대학 출신이다. 경상도 분인 탓에 자상함은 기대하기 어려웠다. 그녀의 삶에서 아버지란 존재는 늘 멀게 만 느껴졌다. 하지만 어느 순간부터인가 그녀는 아버지가 늘 곁에 있음을 알게 되었다. 구원투수 같은 느낌이랄까? 아버지의 따뜻함과 사랑을 몸소 느끼게 된 것이다. 어린 초등학교시절 가을운동회 때면 어느 새 운동장 저편 미루나무 곁에서 아버지가 서 계신다. 소풍갈 때는 떠나는 교문 한 쪽에서 손을 흔들어주신다. 부모 참관 수업에서도 맨 뒤편 한쪽 구석에 아버지는 언제나 계셨다. 그리고는 수업이 끝나면 지폐 한 장을 그녀의 손에 살짝 쥐어주었다. 아버지는 말없는 든든한 힘이요 배경이었다.

헌데, 요즘 그 아버님이 많이 아프시다. 점점 나약해져 가는 아버지를 대한다. 어린 시절을 떠올리며 그녀는 아버지를 사랑하려고 무진 애를 쓰고 있다. 어느 땐 기억력이 무디어지고, 어느 땐 말씀이 순조롭지 못하며, 때때로 대소변을 실례하기도 한다. 안타깝다. 어느 땐 하신 말씀을 자꾸 반복하신다.

오늘을 생각하면 감사하기 어렵다. 현실이 감사를 가로막기 때문이다. 하지만 조금만 깊이 생각하면 오늘의 아버지와 어제의 아버지가 한분인 것을. 그러니 감사할 수밖에 없다. 그녀는 말한다. '나는 언제부터 어른이 되었지? 벌써 손녀딸을 둘이나 두었지만 얼마 후엔 나도 아버지 같이 되지 말란 법이 없다. 아니다. 곧 닥

칠 나의 미래의 모습이다. 그러니 아버지의 말없는 공감과 지지는 나의 어린 시절뿐만 아니라 지금까지 내가 있어온 힘이다. 잊을 수가 없다.'고 말이다.

만약 아버지의 빈자리가 생긴다면 그녀는 많이도 울 것만 같다. '그때가 오기 전에 감사하며 섬겨야지? 같이 살지도 못하며 섬긴다는 것은 같이 사는 가족의 수고에 십분의 일이나 될는지. 그렇지만 감사해야지? 아버지로 인하여 늘 감사할 거야. 아버지가 살아있음에 감사할 거야.' 곁에 살아 계시다는 사실만으로도 그녀의 힘인 것을. 공감이 되고 소통이 되면 감사에 성공한 것이다. 감사는 이렇게 우리 부부에게 힘을 부어주는 원천이다.

# 6

# 오프라 윈프리의 감사이야기

오프라 윈프리(Oprah Gail Winfrey)는 성폭행과 마약 등 어린 시절의 아픔을 딛고 일어선 인물이다. 미국인들이 가장 좋아하는 TV방송인으로 꼽혔고, 늘 밝은 모습으로 사람들에게 희망을 주고 있다. 그녀는 1954년 1월 29일, 미국 미시시피주 외곽의 한 마을에서 출생하였다. 감자포대로 옷을 만들어 입어야 할 만큼 가난한 할머니 밑에서 유년기를 보냈다. 여섯 살 때, 할머니의 건강악화로 엄마가 사는 위스콘신의 밀워키로 보내진다. 어린 딸을 책임지기 위해 청소부로 일하는 엄마가 집을 비운사이, 아홉 살 소녀 오프라는 사촌 오빠, 친척, 엄마의 지인에게까지 성적 학대를 당하게 된다. 이 끔찍한 일을 엄마에게 털어놓지 못하고, 상처받은 마음을 견디지 못해 삐뚤어지기 시작했다. 학교를 결석하고, 여러 남자애들을 만난다든지, 돈을 훔치고, 마약까지 손을 대었다.

세 자녀를 감당하기 어려웠던 엄마는 그녀를 친부에게로 보내는데 이때 그녀의 나이 14살, 안타깝게도 아빠가 누구인지조차 모르는 아이를 임신한 상태였다. 7개월까지 숨기다 조산한 오프라는 한 달 만에 아이를 저세상에 보내야만 하였다. 절망했다. 희망을 잃은 오프라는 10대 중반을 내동댕이쳤다. 자포자기했으니 몸이 온전할 리 없다. 몸무게가 100킬로를 훨씬 넘었다.

웬 일일까. 다시 만난 오프라의 친아버지는 상처받은 어린 딸의 마음을 잘 이해해주었다. 새로운 삶을 위해 교육에 매진, 학교수업을 계속하게 했고 인생의 목표를 설계할 수 있도록 정신적, 물질적인 지원을 아끼지 않았다. 소위 그녀가 돌봄을 받기 시작한 것이다. 이때 가장 중요한 변화는 우선 독서생활을 꼽을 수 있겠다. 특히 마야 안젤루의 자서전〈새장에 갇힌 새가 왜 노래하는지 나는 아네!〉를 읽고는 큰 위로를 받았다. 인종차별, 가난, 성적학대를 극복한 작가의 이야기는 곧 그녀에게 좋은 래포(Rapport)를 형성시켜주었다.

그러니까 그녀의 인생을 든든하게 한 자양분은 바로 독서에서 나왔다고 해도 과언이 아니다. 독서를 지속적으로 하게 되니 인성 지성이 자라났다. 과거의 아픔들을 뒤로하고 앞을 향해 달려갈 수 있게 되었다. 내일에 일어날 소망들이 보이니 오늘을 게을리 할 수 없었다. 어렸을 때 잃어 버렸던 시간들을 다시금 찾았다고나 할까. 독서는 종종 시멘트의 배합에 비유된다. 물과 자갈 시멘트가 만나 전혀 다른 성질의 콘크리트가 된다. 콘크리트는 물도 자갈도 시멘트도 아니지만 그들 셋이 만나 전혀 다른 제3의 물질을 만들어 버린다. 그녀에게 일어난 독서력은 콘크리트처럼 힘이 되고 인생이 되고 희망이 되었다. 그녀를 변화시켜버린 것이다.

또 한 가지 그녀에게 일어난 중요한 변화는 감사의 생활이라 하겠다. 그녀는 매일같이 5가지로 감사했다. 작고 사소한 것을 가지고도 감사했다. 시간이 날 때마다 아니 시간을 매우 아끼고 저축하며 감사일기(Tanks Journal)를 써 내려갔다. 친아버지가 그녀에게 물려준 것은 대단한 게 아니다. 하지만 성장의 모티브를 준 것임에는 틀림없다. 오프라 윈프리는 친부의 작은 의견을 체화시켰고 자기화에 성공한 것이다. 오늘의 윈프리를 만든 것은 누가 뭐래도 독서와 감사생활임에 틀림없다.

예컨대 이런 식이다. 버스 정거장에서 버스 기다리는 시간, 카페에서 누군가를 만나기로 했을 때 남는 시간, 열차표를 끊고는 승차를 기다리는 자투리 시간 등등 작은 시간들을 채우는 연습이었다. 반복된 연습이 그녀를 실하게 만들어내었다. 수첩을 꺼내어 감사일기를 썼다. ○기지개를 켜고 일어날 때마다 눈이 떠지니 감사합니다. ○바쁜 일상에서도 웃고 행복하니 감사합니다. ○미팅 약속할 때마다 시간에 늦지 않으니 감사합니다. ○어디를 가도 누구를 만나도 칭찬 들으니 감사합니다.

학업에 매진하며 지역라디오방송에서 아르바이트를 하기 시작했다. 연설대회에서 상을 받으며 대학장학금을 받았다. 그러나 여유로운 캠퍼스생활은 뒤로하고 오프라는 TV방송국 앵커를 두드려 공동앵커 자리에 합격. 그녀는 최선을 다했지만 어느 날, 당신은 'TV에 맞지 않는 인물'이란 낙인과 함께 좌천을 당했다. 그녀는 하지만 그것으로 좌절하지 않았다. 다시금 토크쇼 프로그램을 맡아 시청률 1위로 성공시키며 방송계에서 두각을 나타냈다. 드디어 1986년 본인의 이름을 딴 〈오프라 윈프리 쇼〉를 진행, 25년간 장수 진행을 했다.

그녀의 손에 들린 책은 일약 베스트셀러를 넘어 스테디셀러가 되었다. 그녀와 대담에 나온 인사들은 스타가 되었다. 그의 영향력은 미국을 넘어 세계를 누빈다. 현재 그녀의 트윗 팔로어가 1천만 명을 넘는다. 여기저기서 갓 출판된 책들을 서로 좋은 책이라며 연줄을 대어 소개받으려 한다. 전 세계의 사람들은 그녀의 프로그램에 나가 대담하길 원하고 있다. 감사의 힘이요, 감사의 기적이다.

이영훈의 책,「감사, 행복의 샘」(아름다운 동행; 84)에 보면 아주 재미있는 말이 나온다. 그것은 다름 아닌 시소법칙과 피포법칙이다. 'SISO법칙'(Success In Success Out)이란 성공을 입력하면 성공이 출력된다는 말이다. 마찬가지로 'FIFO법칙'(Failure In Failure Out)이란 실패를 입력하면 실패가 출력된다는 말이다. 혹자는 세상은 불공정하다고 여길지 모르지만 그렇지 않다. 콩 심은데 콩 나고 팥 심은데 팥 나는 이치는 언제나 옳다. 수박이나 참외를 먹으면 그것의 배설물이 나오고 불고기나 치킨을 먹으면 그 배설물이 나온다. 수달의 생태계를 연구하는 이는 수달의 배설물을 가지고 추적해 나간다. 배설물을 보면 수달이 무엇을 먹는지, 무엇을 좋아하는지 알 수 있기 때문이다.

인간에게도 마찬가지 이치가 적용될 수 있다. 감사와 불평, 기쁨과 슬픔, 행복과 불행도 모두 마찬가지다. 감사를 입력했는데 불평이 출력되는 경우는 없다. 반대로 불평을 입력했는데 감사가 출력되는 경우도 없다. 감사를 하면 감사가 나오고 불평을 하면 불평의 결과만이 나올 뿐이다. 오프라 윈프리는 독서를 통해서 자기 인생의 좋은 씨 뿌리기를 시작(입력)했다. 그리고 감사일기를 통해서는 가라지를 걸러내는 블루오션들을 택(입력)했다. 그 결과 오늘의 오프라가 되었다.

수상 : • 2018년 제75회 골든 글로브 시상식 세실 B. 데밀 상 수상
       • 2013년 포브스지(紙) 세계에서 가장 영향력 있는 유명인사
         100인 선정
       • 2012년 제84회 아카데미 시상식 평생공로상 수상
       • 2010년 케네디센터 평생공로상 수상


몇 가지 명언들

1. 남들의 호감을 얻으려고 애쓰지 마라

2. 앞으로 나아가기 위해 외적인 것에 의존하지 말라

3. 일과 삶이 최대한 조화를 이루도록 노력하라

4. 주변에 험담하는 사람을 멀리하라

5. 다른 이에게 친절하라

6. 음식이라든지 알코올, 안 좋은 습관들 같은 중독된 것들을 끊어라

2부

당신이 행복해지기를
간절히 소망한다

Miracles with Thankfulness

# 1

# 행복 여행에 당신을 초대하며

　자전거를 타다가 신호대기 중, 작전 홈플러스 외벽 광고 면에 걸린 허영자님의 「행복」이란 시詩를 만났다. 잠시 갸우뚱하고 머뭇하던 마음이 이내 고요해진다. 행복을 찾아가는 시인의 마음이 소담하게 묻어났기 때문이다.

　눈이랑 손이랑/ 깨끗이 씻고/ 자알 찾아보면 있을 거야.//
　깜짝 놀랄 만큼/ 신바람 나는 일이/ 어딘가 어딘가에 꼭 있을 거야.//
　아이들이/ 보물찾기 놀이 할 때/ 보물을 감춰 두는//
　바위 틈새 같은 데에/ 나무 구멍 같은 데에//
　행복은 아기자기/ 숨겨져 있을 거야.

　글쎄 행복이란 녀석이 눈 씻고 손 씻고 잘 찾아보면 있을까? 깜짝 놀랄 만큼 신바람나는 일이 어딘가에 있긴 있을까? 시인의 문장구조 속에 나오는 반어법의 시의詩意는 행복이 틀림없이 어딘가에 있다는 말이 아닌가.

건강을 찾으면 행복해진다고 건강을 위해 목숨을 거는 분들이 있다.

하루 일 만보—萬步가 좋단다. 마라톤을 하면 좋단다. 자전거를 타면 좋단다. 요가를 하면 좋고, 탁구를 치면 좋고, 발을 맞부딪히면 좋고, 스쿼시가 좋고, 테니스가 좋고, 수영이 디스크에 좋다는 등, 처방전도 수만 가지다.

건강을 외치는 사람들에게 묻고 싶다. "정말로 건강해졌다고 행복하던가요?"

고속도로 휴게소에 가면 자그마한 만능렌치가 있으나 그것은 그 사이즈 범위에서만 훌륭하게 작동하는 것이다. 그 이상의 크기나 그 이상의 부하負荷에서는 사용할 수 없다. 그 만능렌치(?)의 한계다. 렌치를 가지고 있어 급할 땐 효자노릇을 한다. 하지만 언제 어디서나 사용할 수 있는 것은 아니다. 무엇을 먹으면? 또는 무엇을 소유하면? 또는 무엇을 성취하면? 약간의 행복이 주어진다. 그렇지만 그것이 진정한 행복은 아니다. 물건을 소유한 만큼의 행복이다. 진정한 행복은 근원적인 행복인데 말이다.

도대체 행복이란 무엇을 통해서 찾아질까? 정작 행복의 비결은 무엇이란 말인가?

믿음의 사람들은 행복에 대해 오해하고 있다. 믿음을 열심히 경주해나가다 보면 숨겨둔 보화처럼 어느 날 하나님에 의해서 행복이란 녀석을 받게 된다고 생각한다. 열심히 사역하다보면 구원의 문제가 완성되고(?) 만족감이 충만해지며, 나도 모르게 행복감이 밀려온다고 생각한다. 그러니까 거기까지다. 착시 현상이다. 열심은 일의 추진력이요 진척 과정에 불과하다. 문제는 방향성이요 과정이다. 나는 하나님의 섭리 안에 서 있는가? 하나님의 구원 궤도 내에서 달리고 있는가?

최근 몇 해 동안 영성훈련을 통하여 나 자신을 용광로 속에 집어넣는 작업, 그러니까 나를 통하여 일하실 하나님의 뜻을 찾아 나섰다. 도대체 하나님께서는 나를 앞으로 어떻게 사용하실 건지. 은퇴까지는 10년도 채 남지 않았고, 은퇴 이후에도 해야 할 일은 많을 텐데… 어느 범인凡人의 소원처럼 시골 한적한 곳에 집 짓고, 텃밭 가구고, 음악 듣고, 색소폰 불고, 낚시질 하면서 세월만을 낚을 것인가? 그것도 나쁘진 않다. 하지만 그것만으로 만족한다면 세상 사람의 노후 준비와 무엇이 다르단 말인가?

그래서 나는 행복을 찾아 떠나는 감사영성훈련의 조각배를 띄웠다. 2013년 11월 초순으로 기억한다. '다일 영성수련원'에 부부가 입소하여 훈련하기를 분노를 다스리는 작업을 시도하였다. 2014년 1월 둘째 주엔 4박5일간 '소록도 한센인 사역'에 다녀왔다.* 자녀들과 함께 말이다. 팔다리뿐 아니라 모든 것을 잃은 그

---

* 그 후로부터 여름 겨울을 번갈아가며 소록도 봉사에 참여하기 시작했다. 인천 지역의 청년들과 함께 말이다. 경비도 들고 시간도 정열도 써야한다. 다녀올 때마다 느끼는 한결같은 마음이 있다. '내가 정말로 여기에 온 것을 잘했어, 하나님께서 놀랍게 기뻐하실 거야'라는 흡족함과 만족, 감사다.

들을 보니 나는 지금 너무 많은 것을 가지고 있음을 깨닫는다. 같은 해, 2014년 2월 첫 주간 조이어스 글로리(ILP가 주관)를 통하여 '목회자 사관학교 훈련TD'을 한 바 있다. 같은 해, '예수전도단 YWAM, BeDTS'에 입학하여 7개월간의 영성 인격 공사工事를 시도하였다. 고된 훈련과정이었다.

군이 이유를 찾자면 인생의 후반전을 위함이다. 이 모습 그대로 마감할 것인가? 아니면 짜릿한 역전승을 맛볼 것인가? 무엇이 나를 살려낼 것인가를 찾아 나선 것이다. 하나님께서 내게 무엇을 요구하시는가? 이 시대에 하나님이 원하시는 일은 무엇이며, 하나님을 기쁘시게 할 일이란 무엇인가? 조용히 그분의 음성을 들길 원함이다. 그것이 이유서이다.

교회에 대한 도전들이 세상으로부터 몰려온다. 그것은 정도가 심하고 격랑이 큰 쓰나미여서 교회들을 삼킬 태세다. 여기저기서 목회하기 어렵다는 말들이 들려온다. 어떻게 목회적인 격랑을 잠재울 것인가? 정말로 뾰족한 방법이 없다는 말인가? 그러던 중 '감사라는 명제'가 세상에서 먼저 무브먼트 형태로 번지고 있음을 발견하였다. 흡사 만병통치약 같은 모순을 가진 양날의 검처럼 말이다. 몇 해 전 접한 감사모임과 한권의 감사책*에서 소망과 행복의 눈(발아점)을 보았다.

* 임효주, 「감사, 그 놀라운 이야기들」(서울; KMC, 2013)

## 2

# 행복은 패러다임의 변화를 요구한다

허영자님의 '행복'이란 시詩가 준 충격은 컸다. 행복이란 놈이 내게도 있을 것 아닌가? 난 그때에 정말 행복에 목말라 있었다. 그 뒤로 닻을 올린, 행복을 찾아 떠나는 여행(일명, 삶의 패러다임을 완전히 바꾸는 시도들)은 하나의 피와 땀이었다. 고되고 힘들었다. 삶의 보람과 도전해 볼 만한 여정이었다.

첫째는 영적 충전과 방향의 대전환이었다. 둘째는 삶의 패러다임을 바꾸어야만 하는 고통이었다. 셋째는 재정에 대한 새로운 진단과 깨달음이었다. 목회牧會에서 영적 절벽현상까지 생겨 기존의 목회를 접을 수밖에 없는 상황에 처한 때였다. 위 세 가지 여정은 각각 독립된 사안이지만 동시에 하나로 다가왔다.

그동안 나는 '진정 영적가치란 무엇인가?'라는 질문 없이 살아온 것 같다. 지금부터는 삶을 완전히 바꾸는 과정, 영적인 패러다임의 틀을 깨는 작업을 시도하리라. 동시에 잊을 수 없는 점 하나는 재정관財政觀을 다시 정립하고 실천해 나간 사실이다. 그리스도인의 재정에 대한 가치와 무게감을 모두 바꾸어야만 하는 어려운 시도였다. 힘들었기에 철저한 인내가 필요했다. 혼자만의 주창으로 가능한 일이 아니라 아내뿐 만아니라 온가족이 함께 이해하고 동참해주어야만 성공할 수 있는 일이었다.

그래서 아내와 함께 치열하면서도 새로운 영적 도전을 시도하였다. 처절한 일이었다. 죽기보다 하기 싫은 일이었다. 동시에 짜증나는 일이기도 하였다. 하지만 그것은 인생을 건 도전이었다. 지금이 아니면 안 된다는 절박감이 묻어 있었기에 의도적으로 밀어붙였다.

마침 친절한 한 집사님의 소개로 '다일 영성수련원'의 150회 차 기념 집단상담 기본훈련과정(아름다운 세상을 찾아 떠난 여정, 3박4일 가평군 소재)에 입소하였다. 첫째 날, 기본 소양교육과 마음가짐을 철저히 가르친다. 특히 그곳에서는 식사예절에 대해 '밀도 있는 감사感謝'가 행해진다. 농부의 수고를 생각하며 깊은 감사를 묵상하게 한다. 식사예절은 볍씨 한 톨이 만들어져 밥상에 올라오기 까지를 묵상한다. 매우 새로웠다. 감자, 고구마, 양파, 마늘, 깍두기, 김치 등이 지금 나의 식탁에 오르기까지 수많은 사람들의 일손들이 거쳐 간 것이다. 그것을 묵상하는 것이었다. 잃어버린 감사의 회복이다. 그것은 정형화된 생각의 틀을 깨는 단초가 되었다.

"그것이 화가 날 일입니까?"

팀 조교는 계속해서 같은 질문을 쏟아낸다. 처음엔 이것이 무엇인지 몰라 의아했으나 이틀이 지나고 삼일 오전이 되니 알만했다. '내 생애 최고로 화나게 하는 것'을 적어내게 하더니 그 내용을 가지고, '그것이 화가 날 일이냐?'고 옥죄어 온다. 참으로 견디기 어려운 일이었다. 그것은 집단상담의 한 방법으로써 생각의 틈새를 만들어주고자 함이었다. 화가 날 일을 누그러뜨리게 하거나 지나가게 하고자 함이다. 그것에 묶이지 말 것과 나를 붙드는 사탄과도 같은 그 무엇을 벗어나게 하려는 시도였다. 셋째 날에는 한 사람 한 사람의 문제들을 끄집어내어 그것이 나를 불행하게 할 이유가 없음을 일깨워준다. 어느 사안에 묶이지 않도록 '해소 모형틀'(나를 화나게 한 장본인)을 만들어 속이 후련해질 때까지 두들겨 패도록 마음의 해소를 돕는다. 기독교인, 비기독교인을 가리지 않고 입소시켜 삶의 어려움을 치유하고 새롭고 희망찬 세계, 이 세상은 아직도 살만하고 기쁘고 행복하게 살며, 감사하며 살 권리가 있음을 각인시키는 놀라운 소망의 시간이었다.

어떤 예수 잘 믿는 잘나가는 훈련생(교수)는 불신자 남편이 던진 말, '네가 진정한 예수쟁이냐?'는 말에 마음이 붙잡혀 늘 속상하다고 했다. 어떤 이는 결혼식 날, 일어난 교통사고로 친정 부모님이 돌아가셨는데, 그 사건이 자기 때문에 일어난 일이라며 20년이 지난 지금까지도 거기에 붙잡혀 살고 있었다. 어떤 자매 청년은 결혼을 약속해 놓고 성폭행을 일삼던 사역자로 인해 몰고 온 불행이 지금도 지워지지 않아 고통을 받고 있었다. 수많은 스토리가 이야기되고 있었다.

그곳에서 뱉어내는 온갖 이야기들은 이것이 대한민국의 민낯이구나, 이것이 우리 대한민국의 기독교이구나, 이것이 우리 사회의 가정들이구나? 라는 충격을 듣고 경험하는 현장이었다. 나와 아내는 50대 후반이나 되니 다행이다 싶다. 20대, 30대의 청년들은 충격이 컸겠다. 하지만 어쩌면 저들은 우리보다는 행복한 인생을 살지 않을까 라는 기대를 걸어 본다.

어쨌든 우리 부부는 워낙 습관의 골이 깊어 단숨에 고치기가 쉽지 않았다. 하지만 단단히 마음을 고쳐먹었다. 삶의 패턴이라든지, 재물의 씀씀이를 파격적으로 줄여나갔다. 카드 없애기, TV 없애기, 빚 청산하기 등을 새로운 삶의 패턴으로 실천하였다. 4개의 카드를 없애는 데 6개월이 걸렸다. TV를 없애고 나니 저녁에 할 일이 없었다. 하지만 차츰 독서와 공부 모드로 바뀌어 나감을 체험한다.

빚은 사활을 걸고 원금 갚기를 실천했다. 재정의 회개가 곧 진정한 회개라는 믿음에 변함이 없다. 조금 먹고, 절약하고, 매월 50만 원 이상씩 빚을 청산해 가는 중인데 어느새 가계부채 통장은 절반가까이 꺼나가고 있다. 자가용을 없앤 채로 3년을 버티며 대중교통을 이용하였다. 늙어서 치러야 할 건강 챙기기를 50대 후반에 이미 시작했다고 생각하니 그것 또한 잘 했다는 생각이다.

그리고 꼭 잊어서는 안 되는 또 한 가지 실천사항이 있다. 이름하여 '감사운동感謝運動'이다. 주일 저녁에 온가족들이 모두 모인다. 딸 사위까지 불렀다. 7~8명이 모여 앉아, 치킨이나 피자 등을 시켜 놓고는 감사한 일들을 적어 온가족들 앞에서 발표를 하게 했다. 그리고는 1532형식*으로 밴드에 올려 돌아보게 하였다. 5년째 계속되는 일이며, 지금은 매일 감사 5가지에 도전하며 감사노트를 기록하고 있다. 나와 우리가족은 현재 감사사역에 가속을 붙어가며 변화를 추구하고 있다. 행복한 일이다.

---

* 요한복음 21:11에서 베드로가 잡은 감격의 큰물고기 153마리를 기념하여, 일명 1532형식으로 1 첫째 말씀감사, 5 다섯 가지 감사, 3 세 사람에게 인사하기, 2 한 달에 두 권 이상 책읽기 방식을 제창하였다.

# 행복은 어디에 있을까

인간이 살아가면서 최종적인 목표는 어디에 있을까? 말할 것 없이 그것은 행복이다. 행복은 종교적 유무를 떠나, 부유함의 정도를 떠나, 배움의 유무와 상관없이 인간이 갈망하는 최고의 개념이다. 어쩌면 인간의 가치를 어디에 둘 것인가? 인간은 왜 사는가? 인간이란 무엇인가? 등 철학적인 질문을 할 때마다 늘 염두에 두어야 하는 개념이 바로 행복이다. 그러한 행복의 중요성에도 불구하고 사람들은 그것을 잊을 때가 많다.

어떤 이는 돈(재정)이 최고라며 상당 부분 인생의 가치를 여기에 둔다. 행복 여부도 물질의 유무에 달렸다고 항변한다. 돈 없는 이를 무시하고 돈 이외의 모든 것을 가치 절하한다. 수 억짜리 외제 자동차, 2천만 원을 웃도는 산악자전거, 4천만 원짜리 명품 손목시계, 1천만원을 훌쩍 뛰어넘는 명품카메라 이야기, 1천5백만 원짜리 프랑스제 색소폰 등 한국 사람들은 왜 그리 고가 명품에 홀려 있는지... 그것이 없으면 흡사 행복하지 않은 모습이다. 그것을 즐기고 충분히 사용할만한 실력과 자질이 더욱 더 중요하지 않은

가. 한 분야의 전문가(또는 마니아)로서 그것을 소유해야 할 이유가 충분하다면 두말할 필요가 없다. 하지만 모든 이들이 이것을 소유할 이유는 없다. 값이 싸면 싼 대로, 칼라는 자기 취향대로 형편과 수준에 맞게 구입하면 되는 것이다.

그런데 유독 한국인들은 한 가지 명품에 대한 쏠림현상이 심하다. 흡사 그것을 소유하지 못하면 인생 자체가 불행하다고 여긴다. 죽을지도 모른 채 뜨거운 등불에 빨려 들어가는 불나방과 같다. 꼭대기에 올라가면 신천신지新天新地가 있는 것인 양 친구들을 짓밟으며 기어오르는 애벌레*와 같다.

어떤 이는 학벌 우선순위에 심취해 사는 이가 있다. 학벌하면 '적어도 SKY대학은 되어야지'라며 그 외의 사람들을 업신여긴다. 배움은 요긴하고 필수적인 인생사이지만 잘못 배우면 그 아는 것이 오히려 세상을 망치는 경우가 있다.

부천 살 때의 이야기다. 건물주가 서울대 출신이었는데 그는 입만 벙긋하면 '서울대 출신'이라는 말을 달고 산다. 부동산중개인 사무실을 차려놓고 늘 거기서 동네 친구들(건달?)을 모아 그림공부(화투 또는 마작놀이)에 열을 올린다. 그의 아내가 동네에다 불고기 음식점을 내었는데도 남편은 마찬가지였다. 저녁 시간만 되면 근질거려서 계산대에서 일어나 서성거린다. 몇 해 뒤, 아내는 남편의 꼴이 너무나 싫다며 온 가족을 이끌고 캐나다로 이민 갔다.

* 트리나 폴러스, 「꽃들에게 희망을」 (서울; 시공주니어, 2017)

그런데 반년 만에 그 주인공이 동네에 다시 나타나 돌아다니는 게 아닌가. "사장님, 언제 돌아오셨어요?"라고 물었더니, 돌아오는 대답인즉 "캐나다? 심심해서 못 살겠어~." 그림공부(화투놀이)하고 싶어 돌아왔다는 얘기였다.

어떤 이는 건강이 최고라며 건강을 위한 일이라면 무엇이든 가리지 않는다. 영양탕, 단고기, 풍천장어, 염소탕에 각종 보양식들을 먹기 위해 전국의 〈맛집〉을 찾아다닌다. 볼록 나온 배에 어기적거리는 모습이 얼마나 흉한지…. 과연 먹는 것들이 다 몸에 좋다는 말인가? 아니다. 체질에 따라 어떤 이은 '열 내고 양기를 돋우는 음식'이 좋은가 하면 어떤 이는 차가운 음식을 먹어야 하는 '속에 열을 품고 있는 분'도 있다. 열(화)이 속에 있는 분이 열 내는 보양식을 섭취한다면 이는 오히려 몸에 독이 될 수 있다.

나는 초등학생 시절부터 자취를 하였다. 누님과 함께 이집 저집을 전전하다 보니 식사를 제 때에 먹지 못하며 자랐다. 우유를 매일 사먹는 친구가 부러웠고, 영·수 단과학원에 한번 등록하는 것이 소원이었다. 자취생활이 해병대에 입대할 때까지 이어지다보니 군 생활이 천국과 같았다. 해병대 내무생활이 힘들고 입영훈련이 어려웠지만 행복했다. 그것은 시간만 되면 어김없이 나오는 따뜻한 밥 때문이다. 입대 전엔 경험해보지 못한 행복이었다.

어떤 이는 자녀의 성공이 곧 나의 성공이라며 자녀교육에 투자를 아끼지 않는다. 수입에 비해 과도한 교육비를 쏟아 붓는다. 자녀교육이라는 명분 때문에 기러기부부(?)를 자처한다. 부부간의 행복을 포기한 채 오랜 기간 떨어져 산다. 누구를 위한 인생인지 가늠하기 어렵다.

어떤 이는 예쁜 여성과 결혼하는 것이 행복이라며 생김새를 가지고 사람을 평가한다. 이는 사람의 매력을 모르는 소치이다. 뚱뚱한 사람을 예전엔 '배사장님'이라며 부러워하던 시절이 있었다. 요즘은 게으른 사람이라고 취급한다. 자기 자신도 관리하지 못하는 사람이란 의미에서다. 하지만 함부로 외모를 말하는 것은 경솔하다. 서 있기도 어려운 사람에게 운동이 부족하다며 근육을 키우라면 상대를 너무도 모른 채 함부로 말하는 사례가 될 수 있기 때문이다.

어떤 이는 사업에 성공하는 것이 행복이라며 이윤추구를 위해서라면 무슨 짓도 마다하지 않는다. 법을 어기는 것쯤은 아랑곳하지 않는다. '안 걸리면 다행이고 걸리면 재수 없다.'고 여긴다. 기업윤리는 이미 저버렸으니 '내로남불*'인 셈이다.


이런 사회에는 한 사람의 성공을 위해서 수많은 실패자와 들러리들만 있을 뿐이다. 줄 세우는 사회는 1등을 위해 수많은 들러리

* 이성 관계에서 '내가 하면 로맨스이고 남이 하면 불륜'이라고 하는 불합리한 이 세태를 꼬집는 신조어이다.

가 있을 뿐이다. 몇몇 사람만을 위한 사회는 건강하지 않은 사회요, 행복하지 않은 나라다. 사실 대한민국을 가리켜 '1등만 존재하는 더러운 나라'라는 코미디 쇼가 희화화하는 바가 무엇인가? 공동의 이익과 공동의 행복을 추구하기 보다는 특정인 기득권자들만이 우선하는 공정하지 못한 나라라는 이야기다.

하지만, 행복은 결코 거창한 구호 속에 존재하지 않는다. 생활 속의 작은 것 속에도 넉넉히 들어 있다. 1등한 사람은 나의 뒤에 있는 2등과 3등을 기억해야 한다. 합격한 사람들은 나의 합격을 있게 해준 수많은 경쟁자를 기억해야 한다. 그것이 따뜻한 사회요, 행복한 사회로 가는 길이다. 배려가 있고 섬김이 있는 사회, 감사가 있는 사회가 진정 행복한 사회다.

# 4

# 감사하면 정말 행복해질 수 있는가

'감사'하면 행복해진다고 한다. 너무나 단순하고 너무나도 간단하다. '감사'하면 행복해진다는데 '그게 참말인가?' 대답은 '그렇다.'이다. 한국의 정치, 종교, 사회, 문화, 국방, 과학, 외교 통상 모든 분야의 리더들에게 감히 말씀드린다. 감사를 생각하고 감사를 실천하며 감사에 희망을 가지고 살아가자고. 다시 말해 감사운동을 해보자는 말이다.

한국교회의 리더들에게도 '감사'를 권한다. 왜냐하면 대한민국은 지금 극심한 한국병에 걸려 있기 때문이다. 빨리빨리 문화가 한국사회를 휩쓸고 지나간다. 모두가 조급하다. 조급증이라는 문화병에 걸려 떠내려가고 있다. 다같이 떠내려가고 있기 때문에 우리의 현실에서 어떻게, 어디에 문제가 되는지 헤아릴 수 없다.

심각한 자살률, 급속한 고령화, 급증하는 황혼 이혼, 초혼 연령의 증가, 낙태와 미혼모의 증가, 세계에서 최저인 출산율 등 문제가 아닌 것이 없다. 청소년들과 청년들은 이미 교회를 떠났다. 아니 예수를 버렸다는 말이 더 옳다. 세미나 초청을 받아 가는 교회들마다 회중석을 보면 머리가 허연 분들만 앉아있다. 이게 기독교만의 이야기일까. 교회의 예배와 찬양, 말씀과 예식, 행사와 프로그램에 있어 감사와 행복 모드를 추구할 이유가 분명 거기에 있다.

'감사'라는 말은 기쁨과 은혜와 아주 밀접하다. 감사gratitude와 기쁨gratification과 은혜grace의 어원이 같다는 사실을 아는 이는 많지 않다. 라틴어의 그라투스gratus이다. 은혜grace는 하나님으로부터 흐르고 넘쳐서 인간에게 달려 내려오는 것이다. 물이 흐르는 이치와 같다. 물은 막힌 곳에서는 몇 시간이고 몇 십 년이고 멈추어 서지만 조급해하는 법이 없다. 무한정 기다린다. 하지만 빈틈이나 낮은 곳이 나타나면 이내 그곳을 통하여 내려가기를 멈추지 않는다. 틈이 열리지 않으면 물은 세월을 낚기도 하고 썩어 문드러지기도 한다. 하지만 절대로 화를 내거나 소리지르지 않는다. 물은 조급함이 없다.

반면 감사gratitude는 하나님께 올려드리는 것이다. 인간의 행위이다. 인간이 살아가면서 삶의 이유와 목적을 가리켜 하나님께 영광 돌리는 것이라고 할 때의 바로 그 영광과 같다. 예수께서도 열 명의 나병환자의 비유에서 두 가지를 동일시했는데 자신을 하나님과 같다고 했고, 또 감사를 영광과 같은 의미라고 여기는 표현을 썼다(누가복음 17:16-18). 감사가 있어야 인간과 하나님 사이에 오고가는 놀라운 쌍방향 소통이 완성된다는 의미이기도 하다.

여기서 놓치면 안 되는 한 가지는 기쁨gratification이라는 말이다. 기쁨은 감사와 은혜 사이를 더욱 풍성하게 하며 원활하게 해주는 윤활유와 같다. 감사와 영광의 돌림이 풍성하면 인간에게도 하나님께도 기쁨이 된다. 은혜가 놀랍게 임하는 역사가 있으면 이 역시 하나님의 기쁨이며 인간에게도 기쁨이 된다. 동시에 이 기쁨이 넘치는 역사는 사람과 사람 사이를 흡사 전기가 통하여 감전되듯이 전도체가 되어 소통을 촉진하는 역할을 하며 달려간다. 기쁨 없이 감사 없고 기쁨 없이 은혜도 없다. 마찬가지로 감사 없는 기쁨 없고 은혜 없는 기쁨도 없다.

대한민국 교회안의 문제들을 직시해본다. 믿음에는 엑설런트 탁월한, 훌륭한하면서도 실천 행위는 늘 부족하고, 예배와 봉사는 열정적이면서도 감사에는 문제가 있는 병든 신앙인들의 모습을 본다. 신앙인들은 놀라운 은혜는 사모하면서도 감사는 하지 않으려 한다. 은혜는 거저 받으려하면서도 감사의 수고는 행하려하지 않는다. 내가 할 일과 책임은 감당하지 않으면서 어떻게 하나님의 은혜를 받고자 한단 말인가? 은혜? 필요하다면 하나님이 허락하신다. 그러나 은혜의 자리로 나아가는 수고는 내가 해야 하는 것이 아닌가?

하나님의 은혜는 사모하는 자에게 값(대가) 없이 주시는 것이다. 하지만 결코 싸구려 은혜가 아니다. 물질만능주의가 유입되다보니 이상한 풍조들이 생겨났다. 값진 은혜를 싸구려로 취급하는 경향성 말이다. 고귀한 은혜를 재래시장의 자판 아래 썩은 생선처럼 취급한다. 교회안의 근원적 문제의 해결책은 여러 가지가 있겠지만 방법은 의외로 단순하다. 그 길은 감사를 찾는 것이다. 너무나 쉬운 주제요 흔해 빠진 말이다. 자칫 소홀히 하기 쉬운 말이다. 현대인들에게 진정한 감사가 있는가? 감사라는 말은 입에 달고 살아도 인사치레에 불과하다. 헌데 진정한 감사는 잊은 지 오래다. 진정 행복을 원하시는가? 그렇다면 이제부터라도 감사를 시작해보자. 감사하면 행복해지는 사건fact을 만나게 될 것이다.

나는 매우 절박한 시점에 감사라고 하는 주제를 붙들 게 되었다. 감사가 주는 힘은 컸다. 감사는 나를 화마火魔에서 건져낸 소방관(?)이요, 조난당한 험산준령으로 다가온 구조대(?)와 같다고나 할까? 난 지금 행복하다. 행복한 세대가 되었다. 여생餘生은 더욱 행복할 것을 기대한다. 왜냐하면 매일 매일을 감사(일기, 저널)로 살아가고 있기 때문이다.

대한민국이 왜 자살공화국이 되고 있는가? OECD국가 가운데 우리나라의 자살률이 최고로 높다. 특히 노인 자살률은 상상을 초월한다.* 경제성장 뒤에 찾아온 어두운 모습이다. 이는 여러 가지

---

* 동아일보 2014년 3월 3일자 A28면, 오피니언코너: WHO통계(2010년)에 따르면 한국의 자살률은 인구 10만 명당 33.5명으로 세계1위, 노인 자살률은 그 두 배를 훨씬 상회하는 수치로 인구 10만 명당 79.9명으로 역시 세계1위다. 해를 거듭할수록 수치는 낮게 집계되고 있지만 여전히 27.0명(2014년)으로 1위, 자살공화국이라 불리는 일본의 1.4배 수준이다.

이유가 있겠으나, 나의 시각으로는 '감사'에 문제가 생겼기 때문이다. 그래서 대한민국은 지금 행복하지 않다.

나 또한 불의한 유혹에 시달린 바 있다. 사악한 음성에 넘어질 뻔한 적이 몇 번인지 모른다. 과연 자기 삶에 감사가 있다면 그런 생각을 할 수 있었을까? 감사를 찾는 이들에겐 아파트의 창문을 박차는 일도, 옥상난간으로 뛰어오르는 일도, 제 농약(수면제. 제초제. 병충농약...등)을 먹는 일도 일어나지 않았을 터이다. 이번 기회에 교회마다 개인마다 감사를 되살리는 운동이 일어나기를 소망한다. 놀라운 것을 경험하게 될 것이다.

# 5

## 가진 것은 없어도 행복하다

　어느 날, 우연하게 산속생활을 다루는 TV 프로그램 중, 〈온달·평강부부 이야기〉를 보게 되었다. 이들은 승려였는데 이제는 결혼하여 일반인의 삶을 이어가고 있었다. 남편 온달님은 2천 년대 중반 뇌출혈로 쓰러지고 난 후 수술을 받아 지금까지 기적적으로 살고 있다. 그것은 지금의 아내인 평강님의 극진한 보살핌 덕이라고 한다. 아내는 남편의 건강을 극진히 돌본다. 남편은 아내가 좋아하는 일들만을 골라 한다. 수년간 가꾸어 '깊은 산골 옹달샘'이 있을 법한 곳에 터를 닦았다. 이제는 아름아름 제법 알려진 호젓한 민박집이 되었다. 평강님은 온갖 약초와 건강식을 만들어 남편을 돌본다. 온달님은 아내가 '어떤 것을 좋아한다.'는 말이 떨어지면, 기어코 만들어내고 마는 사람이 되었다.

　나무로 만든 평상 탁자, 의자들, 아름다운 울긋불긋 피어나는 네온 불꽃의 장식들, 아담한 집 아래를 개간하여 부쳐 놓은 다랑이 논밭 등이 그것이다. 아이도 없고, 집도, 절도 없던 심심산골에서 움막 하나 지어놓고 사랑하며 사는 한 대처승 부부의 이야기가 무척이나 행복해 보였다. 이들은 어찌 행복을 노래하며 하루하루 새록새록 살아갈까?

이들이라고 말다툼이나 부부싸움을 하지 않을까 궁금하여 기자가 물어보니, "왜 우리라고 부부싸움을 하지 않느냐"고 하면서 금방 티격태격하는 모습이 카메라에 고스란히 담긴다. 하지만 이들의 사는 방식은 분명 일반인과 다른 모습이었다.

아내의 삐친 마음을 풀기위해 남편 온달님은 방안에 들어가 공책을 꺼내 시詩 한수 짓고는 미안한 마음을 읽어나간다. 초등학생 같은 순진한 데가 있으나, 오히려 정리되고 정갈하여 해맑은 모습이다. 이 온달님은 정말로 바보일까? 자작시라고 해봐야 등단한 시인詩人의 그것에 어찌 비견될까? 순수하고 때 묻지 않은 온달님의 사랑하는 마음에 그만 아내 평강님의 마음은 어느새 봄눈처럼 녹아버린다.

보기에 따라 다를 수도 있지만, 도회지의 빌딩 가진 자가 부럽지 않았다. 재력가 회장님의 수십억짜리 주택이 부러울 것 없었다. 평강은 그날 오후나절 자동차를 몰고 산골을 빠져 나간다. PD가 동승하며 '어디 가느냐?' 했더니 '맛있는 고기'에 산골에서는 나지 않는 '반찬'을 사다가 남편 온달님을 대접하려고 한다는 것이다.

이 부부의 광경이 얼마나 정겨운지... 행복은 그대로 저들의 삶 한 가운데에 머물러 있었다.

방송을 보면서 느낀 생각이다.

'나는 생각한다. 행복은 우리 주변에 널려 있다고. 다만 우리가 발견하지 못했을 뿐이다.'이라고. 사람들은 들에만 나가면 네 잎 크로바를 찾으려고 야단이다. 헌데 그 모습이란 가관이다. '행복'이라는 세 잎 크로바를 짓밟고 서서 '행운'이라는 뜻의 네 잎 크로바를 찾아다니는 모습들이 아닌가. 우주 삼라만상 모두가 하나님께서 지으신 세계인 것을 깨닫는 마음에서부터 감사이야기는 시작된다. 그런 의미에서 나의 감사 이야기는 '광야같은 메마른 세상에서 행복 찾아 떠나는 감사 여행'이라고 할 수 있다.

이참에 독자들과 함께 읽어보고픈 최유진의 시詩 한 수가 떠오른다. 그는 행복을 삶의 주변 가까운 곳에서 찾으려 한다. 이미 행복이 어디에 있는지를 발견한 삶의 고수였다. 치열한 생각과 치열한 독서를 통하여 그는 이미 삶의 의미와 행복의 이유를 발견하였던 것이다. 행복에다 감사라는 단어를 대입해서 읽어도 이 시는 그대로 적용될 성 싶다.


◾ 행복이 따로 있나요

행복이 따로 있나요/ 사랑하는 사람과 함께 밥을 먹고/
따뜻한 차 한 잔을 마시고//

좋아하는 음악을 들으며/ 내가 쓴 한 줄의 시에/ 공감하는 사람이 있
고/

읽어주는 사람이 있다는 것만으로도/ 행복인 것을요//

행복이 따로 있나요/ 별일 아닌 일에 함께 웃고 즐기고/

작은 것에서 오는 행복도 놓치지 않고/ 자신 스스로 크게 만들어 가
는게/ 바로 행복이지요//


■ 감사가 따로 있나요


감사가 따로 있나요/ 사랑하는 사람과 함께 밥을 먹고/

따뜻한 차 한 잔을 마시고//

좋아하는 음악을 들으며/ 내가 쓴 한 줄의 시에/ 공감하는 사람이 있
고/

읽어주는 사람이 있다는 것만으로도/ 감사인 것을요//

....

작은 것에서 오는 감사도 놓치지 않고/ 자신 스스로 크게 만들어 가
는게/ 바로 감사이지요.


이렇게 행복은 감사와 밀접한 상관관계를 가진다. 행복은 감사
를 통해서 나오고 감사를 통해서 일렁인다. 행복마인드가 피어오
르는 것은 감사운동을 통해서 더욱 절실히 깨닫게 된다.

# 감사운동은 사람을 살리는 운동인데...

감사운동은 사람을 신뢰하고, 사람을 살리고, 사람을 사랑하는 운동임을 밝힌다. 이른바 한국어의 영어식 첫 발음을 따라 3S운동 신뢰, 살림, 사랑이라고 말하고 싶다. 이미 수 십 년 전부터 항간에서는 현대사회의 특징을 3S speed, sports, sex라고 말해왔다. 이는 사람들의 사는 모습을 외형만으로 평가한 단견이다. 그것도 일리가 없지는 않다. 사람들은 속도에 열광한다. 스포츠에도 열광한다. 섹스산업은 폭발하고 있다. 스피드의 편리성도, 스포츠의 대리만족도, 섹스의 쾌감도 거기뿐이다. 인간의 내면인 영혼에까지 만족을 주는 것은 아니다. 하지만 감사운동은 인간을 신뢰하고, 인간을 살리고, 인간을 사랑하는 따뜻한 운동이란 측면에서 특별하다.

어린 시절에 Kang, Ysoony이라는 친구가 있었다. 그녀는 줄곧 부반장(여학생 반장)을 했다. 초등학교 6년 내내. 명석했고 활달했고 달리기를 잘했고 더구나 예쁘기까지 했다. 언제나 그녀는 여학생의 리더였다. 당시엔 말붙이기도 어려운 고매한 친구였다. 세월

은 모두를 낡게 만들어버린다. 그녀는 젊은 시절, 사랑에 빠져 20
대 초 결혼하고 남매를 두었는데 그만 헤어졌다는 소식을 듣고는
수십 년이 흘렀다. 그녀를 다시 만난 것은 50대 중반, 초등학교 5
학년 담임선생님을 모시고 77회 생신모임을 가질 때였다. 실은 그
모임도 Ysoony의 작품이다.

　50대 중반에 만난 Ysoony는 여전히 예뻤다. 다만 고생한 모습
이 역력하여 마른 모습이었고 주름이 좀 깊어 보일뿐이었다. 몇
번의 만남 가운데 조금씩 그녀에 대해 살아온 날의 사연을 듣는
기회가 주어졌다. 기구하고 고단한 삶이었다. 20대 초에 버림받
고, 어린 남매를 키우랴, 살림 꾸려야지 그렇게 청춘은 날아가 버
렸다. 30대 중반, 이런저런 자영업을 해보지만 실패했다. 그리고
는 돈 좀 벌어보겠다고 결심하고 일본에 건너갔다. 한식당韓食堂
보조 일을 시작으로 주방장이 되기까지 20년간 고생~고생, 몸이
망가질 정도였다. 쓰지 않고 저축해 돈을 제법 모았다. 수천만 엔
의 목돈을 믿는 언니의 소개로 노년의 사업가에게 빌려주었다. 결
혼하여 오순도순 사는 꿈도 꾸었다. 그런데 그 사람이 그만 결혼
을 한 달여 앞두고 갑자기 죽어버렸다. 20년간 착실하게 모은 모
든 재정이 하루아침에 날아가 버렸다. 망연자실, 허탈했다. 늦었
지만 ……, 청운의 꿈을 안고 귀국한지 1년만의 일이다.

　초등학교 선생님 희수囍壽연에서 만난 이후 그녀는 내가 목사
라는 이유로 잘 따랐다. 믿음생활을 권했더니 미용실 언니랑 가까
운 교회에 나간다는 전갈을 보내왔다. 전화나 카톡으로 연락을 했

고, 어렵다고 할 때마다 기도해주었다. 간혹 우리 집에서 진행하는 '감사모임'에도 다녀갔다. 신앙생활을 통해 그녀는 조금씩 회복되어갔다.

전화를 넣으면 교회생활의 기쁨을 재잘거리며 어린아이 모양 떠들어댄다. 남동인더스파크역 앞 어느 작은 커피숍에서였다. 자녀이야기를 물었더니 아들은 직장인으로, 딸은 카레이싱모델로 잘 컸음을 알게 됐다. 하지만 그녀의 내면은 심히 아픈 모습이다. 곪아 가고 있었다. 더 이상의 사회생활이 불가능할 정도였다. 우울증에 불면증까지 찾아와 친정 오빠의 집에 내려가 잠시 기거하다 오겠다고 말했다.

헌데 문제가 생겼다. 아무리 좋은 오빠이고 올케라 해도 불면증과 우울증으로 고생하는 그녀를 곱게 보아줄 리 없다. 농사일로 바쁜 시골 살림에 갑자기 군손님이 되어 버린 그녀였다. 어느 날 Ysoony는 내게 전화를 했다. 바다에 몸을 던지기 며칠 전이었다.


"임목사님아! 내가 힘들어~."

"왜 그러냐? Ysoony야."

그간의 사정들을 줄줄이 이야기 한다. 고향에 내려와 있는데 불면증 우울증이 깊어져 자꾸 죽고 싶은 심정이란다.

"그러면 안 된다. 죽고 싶은 마음만은 이겨내야 한다."

"그래, 요즘엔 어떻게 소일하니? "

"……? "

"갱변*에 나가 공중화장실 청소하고는 면사무소에서 일당 받고 있어~. 조금이라도 벌어야 잔아"
"넘, 힘들어 잠을 잘 수가 있어야지, 불면증에 시달려서... 약을 먹다가 끊었는데~"
"요즘엔 자꾸 자살 충동에 시달려~"

'아니다, 그러면 안 된다.'면서 기도해주었건만, 그녀는 끝내 죽음의 유혹을 이기지 못하고 이틀 후 어린 시절 친구들과 뛰놀던 바닷가 갯바위에 가지런히 신발과 핸드폰을 놓은 채 바다에 뛰어들었다. 그렇게 Ysoony는 우리 곁을 떠나갔다.

전화상으로 기도해준 이후, Ysoony를 살려야 한다고, Ysoony이가 이러다간 자살할지 모른다고, 수없이 뇌이고 수없이 혼자말로 기도했지만, 자동차 몰고 한 번도 찾아가지 못한 게 후회가 된다. 전화만으로는 안 되고, 고향에 내려가 그녀의 이야기를 들어주고, 억울하고 분통터지는 이야기까지 들어주었어야 하는 건데…, 곁에 사람이 없어서 그녀는 외로운 길을 떠났다. 위로해주고 공감하고 동행해주고 이해해주는 이 없어, 그녀는 거친 파도에 몸을 실었다. 일주일 후 인천공항 인근 바닷가에서 시신이 발견되었다.

* '해안가', '바닷가'라는 뜻의 경기도 영흥 사투리

사람 인人이란 한자어의 의미를 생각해본다. 둘이 서로 기대어 선 모양이다. 사람은 혼자서는 살 수 없다는 의미가 아닌가. 서로 돕고 협력하고 의지하고 지혜를 모아 살아가야 할 존재란 의미이다. 그런데 주저앉아 있거나, 쓰러져 있거나, 그것도 일어설 기미가 보이지 않고, 일어설 의지마저 없는 사람을 도와주는 것은 매우 비효율적이다. 시간, 노력, 수고, 재정의 효율성이 떨어진다는 것이다.

　뉴욕 타임지의 젊고 패기 넘치는 한 젊은 기자가 인도의 성녀 '마더 테레사' 수녀를 찾았다. 자기의 젊은 시각으로 보건데, 실용주의적인 사고에 물들어있는 미국인의 관점에서 보건데 테레사 수녀의 사역은 너무나 허무하고 진부한 것이었다. 이해하기 힘들었다. 테레사의 품에서 인도인들은 수없이 죽어가고 있었다. 치료하고 돌보아 간혹 제 발로 걸어 나가는 사람이 있긴 하다. 하지만 그녀의 기관에 들어온 사람 대부분은 연명치료만 하다가 이내 죽어가는 것이 아닌가?

　"수녀님, 여기에 들어가는 재정은 낭비라는 생각을 해본 적은 없나요?"
　"이 많은 재정을 젊고 유능한 수재들에게 투자하면 엄청난 부가가치를 생산해 낼 텐데요."
　"......(침묵)......?"
　"젊은 기자양반!" 조용조용한 테레사의 입에서 큰(?) 소리가 났다.

"여기에 들어온 사람들은 편하게 죽을 권리도 없다는 건가요? "

"한평생, 한 번도 편안하게 살아 본 적이 없는 사람들인데..., 죽을 때마저도..., 이들은 행복하게 나의 품에서 죽을 권리마저 없다는 말인가요? "

"........(침묵)......."


젊은 미국인 기자는 할 말을 잃었다.


우리 주변에는 옆에서 살짝 거들어주면 일어설 수 있는 사람들이 참으로 많다. 살짝 격려하면 바벨을 들어올리고, 공감해 주면 살아날 사람들 말이다. 한 번 더 시도하자고 칭찬하면 결국엔 목표를 이룬다. 성공과 실패의 거리는 멀지 않다. 성서적으로 볼 때 거룩함과 죄악(타락)의 길도 멀지 않다. 우리들에겐 실력 있는 선생이 필요한 것이 아니라 선한 선생님, 마음 따뜻한 공감의 선생님, 참으로 제자를 사랑해주는 배려 깊은 선생님이 필요한 시대라 생각한다. 실력 있는 선생님만을 찾는 실용주의적 사고와 물량주의적 견지에서 좋은 선생님의 의미는 사실 없다. 어쩌면 우리는 참 인격자 선생님을 아직 만나지 못한 것이 아닐까?


그래서인가, 감사운동은 격려하는 것이다. 감사운동은 동행하는 것이다. 감사운동은 박수를 쳐주는 것이다. 감사운동은 칭찬을 해주는 것이다. 감사운동은 같이 아파해주고, 아픈 사람 곁에 있어주는 것이다. 감사운동은 지켜보는 것이다. 누군가 나를 격려하는 사람이 있을 때 좌절하는 순간에도 다시 일어서게 된다. 누군가 나와 동행할 사람이 있을 때 무서움은 사라지고 담대해진다. 누군가 내게 박수쳐 주는 사람이 있을 때 힘든 순간에도 미소를 지을 수 있다. 누군가 늘 곁에서 지켜주는 사람이 있을 때 우리는 외롭지 않다. 감사는 하나님 아버지의 마음이다. 그 마음을 알고 실천하는 게 감사생활이다.

Ysoony의 카톡을 나는 아직 지울 수가 없다. 그녀는 스러졌으되 살아생전 그녀의 카톡은 지울 수가 없다.

"친구 목사님아~, 난 너 같은 친구가 있어 한없이 좋다."
"Ysoony야, 그냥 이름을 부르렴, 괜찮다."
"아니야, 친구 목사님아, 이렇게 부르는 게 더 편해"
"언제든, 시간에 관계없이 전화하렴, 카톡도 괜찮구"
"그래 알았어, 잘 자, 늦었다."

그리고 그녀와의 카톡은 멈추어버렸다. 지켜주지 못한 속죄하는 마음, 그녀의 말처럼 한없이 좋은 친구가 아닌 내가 여기 서 있다. 난 그녀에게 어떤 사람이었을까?

# 2

## 감사운동은 '하이애나' 운동이다

다큐멘터리를 좋아하지 않는 이는 별로 없다. 그 중에서도 자연계의 신비나, 동물들의 세계를 그린 다큐프로그램을 선호한다. 동물의 왕국을 다룬 다큐에서는 프로그램마다 하이에나가 자주 등장한다. 저 흉측한 동물이 왜 자꾸 등장하는 거지? 짜증이 나기 일쑤였다. 울음소리도 싫었다. 그런데 하이에나의 특징을 몇 가지 알게 되면서 그런 마음은 말끔히 사라졌다.

첫째, 하이에나는 동료애同僚愛가 매우 강한 동물이란 사실이다. 생김새나 목소리가 천박스럽게 느껴지지만 실은 그렇지 않다. 먹이사냥을 할 때도, 동료가 위기에 처했을 때도, 그들은 특이한 목소리를 발하며 동료애로 똘똘 뭉쳐 해결한다. 둘째, 자연의 청소부역할을 한다. 독수리나 까마귀가 대자연의 청소부로 잘 알려져 있지만 하이에나의 역할에는 못 미친다. 이 또한 자신의 생존뿐만 아니라 새끼들을 각별히 돌보고자 하는 자녀사랑(새끼愛)의 발로이다. 셋째, 하이에나는 몸집이 작지만 지혜롭고 매우 용맹하다. 열대기후의 사파리Safari에서 볼라치면 사자를 무서워하지 않는 동물은 하이에나뿐이다. 넷째, 하이에나가 짝짓기를 하는 것을 보면 놀랍다. 어떤 동물보다도 정열적으로 오래도록 사랑을 즐긴다. 다섯째, 하이에나는 모계의 리더를 중심으로 위계질서가 충실하게 지켜진다. 심지어 모계리더(암컷)의 갑작스런 죽음으로 어린 하이에나(암컷)가 리더가 되어도 위계질서엔 변함이 없다. 질서에 배반이 일어나면 철저한 응징이 이루어진다.

감사운동을 하는 데서도 하이에나의 특징을 본받고 싶다. 하이에나는 연대의 귀재이다. 하이에나에게는 모계중심 위계질서를 지켜나가는 집념이 돋보인다. 지혜와 용감성, 삶을 즐기는 자세 등을 배울 필요가 있다.

우선, 감사운동 이야기에 앞서 감사感謝의 의미를 알아보자. 먼저 한자풀이로 볼 때 느낄 감感에 사례할 사謝자를 쓴다. 감感은 느낌이나 생각을 말할 때 사용하는 글자이다. 사謝는 인사한다는 의미다. 그래서 사전적으로는 '상대방에게 고마움을 담아 인사한다.'고 할 때 사용하는 단어다. 그런데 사례할 사謝를 찬찬히 뜯어보면 무엇인가가 더욱 분명하게 다가온다. 감사란 감사하다는 말言뿐만 아니라 몸身과 마디마디寸를 굽히고 접어서 인사한다는 의미다.

이것을 임효주는 그의 책『감사, 그 놀라운 이야기들』에서 '감사란 모든 사물과 대상에 대하여 고맙게 여기는 마음'이라 하면서 여기에 '창조의 동력'이 있다고 말한다. 기독교 성품학교에서는 감사를 가리켜 '당신에게 입은 은혜를 알려주는 것'이라고 말한다.『한 줄의 기적 감사일기』의 작가 양경윤은 감사를 가리켜 '쓸수록 힘이 나고 하루가 행복해지는 마법의 한 줄'이라고 정의했다.

이런 설명을 종합해 볼 때 감사란 '상대에게 입은 은혜를 알리거나, 상대를 소중히 여기고 고마워하는 마음을 담아 인사하는 것'이라 하겠다. 여기에서 상대방이란 사람, 동식물, 물건을 모두 포함하며, 첨단 전자시대답게 이제는 문자, 카톡, 카스, 페북 등 IT매체라든지 SNS 상의 모든 글도 포함하는 게 자연스럽다.

감사운동을 가리켜 '하이애나'운동이라고 정의해 본다. 기독교적 관점을 꿰뚫는 통찰이라고나 할까? '하이애나'는 언어유희에 가까운 조합이다. 하지만 요즘 젊은이들의 글자조합에는 한참 못 미친다. 그 의미를 유추해보자.

'하'-하나님 사랑, '이'-이웃사랑, '애'-사랑 애愛, '나'-나 자신我이다. 즉, 하나님을 사랑하고, 이웃을 사랑하며, 나의 소중함을 일깨우고 나 자신을 사랑하자는 주장을 담는다. 혹자는 갑자기 웬 사랑 타령인가 생각할지 모르나, 사랑 없는 감사는 매우 무의미하다. 감사의 진정성은 사랑에서 나타난다. 사랑하지 않은 채 감사하다는 인사말은 그저 의미 없는 고개 짓에 지나지 않다.

성서적 근거를 찾아 한발 더 나아가보자.

○ "서기관 중 한 사람이 그들이 변론하는 것을 듣고 예수께서 잘 대답하신 줄을 알고 나아와 묻되 모든 계명 중에 첫째가 무엇

이니이까. 예수께서 대답하시되 첫째는 이것이니 이스라엘아 들으라 주 곧 우리 하나님은 유일한 주시라 네 마음을 다하고 목숨을 다하고 뜻을 다하고 힘을 다하여 주 너의 하나님을 사랑하라 하신 것이요 둘째는 이것이니 네 이웃을 네 자신과 같이 사랑하라 하신 것이라 이보다 더 큰 계명이 없느니라" (막 12:28-31)

○ "어떤 율법교사가 일어나 예수를 시험하여 이르되 선생님 내가 무엇을 하여야 영생을 얻으리이까, 예수께서 이르시되 율법에 무엇이라 기록되었으며 네가 어떻게 읽느냐, 대답하여 이르되 네 마음을 다하며 목숨을 다하며 힘을 다하며 뜻을 다하여 주 너의 하나님을 사랑하고 또한 네 이웃을 네 자신 같이 사랑하라 하였나이다, 예수께서 이르시되 네 대답이 옳도다 이를 행하라 그러면 살리라 하시니"(누가복음 10:25-28)

○ "이스라엘아 들으라 우리 하나님 여호와는 오직 유일한 여호와이시니, 너는 마음을 다하고 뜻을 다하고 힘을 다하여 네 하나님 여호와를 사랑하라 오늘 내가 네게 명하는 이 말씀을 너는 마음에 새기고 네 자녀에게 부지런히 가르치며 집에 앉았을 때에든지 길을 갈 때에든지 누워 있을 때에든지 일어날 때에든지 이 말씀을 강론할 것이며 너는 또 그것을 네 손목에 매어 기호를 삼으며 네 미간에 붙여 표로 삼고 또 네 집 문설주와 바깥문에 기록할지니라"(신 6:4-9)


신명기 책에 나오는 위 부분은 이스라엘인들이 '쉐마'(신 6ㅣ4)라

하여 특별히 자녀들을 가르칠 때 적용하는 말씀이다. 그것이 바로 '하나님 여호와를 힘껏 사랑하라'는 말씀이다. 이것이 예수께서 살아계시던 때에 한 서기관(율법교사)이라 이름 하는 한 사람에 의해 다시 한 번 확인되었다. 예수님의 대답에서 이웃사랑으로 그 의미가 확장되었다. 이는 다시 바울의 목회서신 갈라디아서에서, 그리고 야고보서에서 확인되었고, 이는 다시금 레위기에서 이웃사랑을 실천하는 일이야 말로 하나님의 뜻이며 그리스도인의 표상으로 강조되고 있다.

　○ "온 율법은 이웃 사랑하기를 네 자신 같이 하라 하신 한 말씀에서 이루어졌나니"(갈 5:14). 바울은 여기서 온 율법은 이웃 사랑에서 이루어졌다고 선언한다.

　○ "너희가 만일 성경에 기록된 대로 네 이웃 사랑하기를 네 몸과 같이 하라 하신 최고의 법을 지키면 잘하는 것이거니와"(약 2:8). 야고보는 이웃 사랑을 가리켜 '최고의 법'(율법, 말씀)이라고 진단하며 이를 잘 지키면 잘 하는 것이라고 했다.

　○ "원수를 갚지 말며 동포를 원망하지 말며 네 이웃사랑하기를 네 자신과 같이 사랑하라 나는 여호와니라"(레 19:18). 네 이웃 사랑하기를 네 자신과 같이 사랑하라는 명령은 여호와 하나님 아버지의 뜻임을 분명히 하고 있다.


맞다. 어떤 이는 자기 자신도 사랑하지 못하면서 이웃 사랑하겠다고 나선다. 어떤 이는 가까운 이웃도 사랑하지 못하면서 보이지 않는 하나님을 사랑한다고 말한다. 물론 예수처럼 자기 자신을 아끼지 않고 죽기까지 내어주는 하나님 아버지의 십자가 사랑, 그리고 하나님의 뜻을 이루어감은 만인의 표상이다. 하지만 우리들이 모두 예수님 흉내를 낼 수는 없는 법 아닌가. 다만 예수님의 가르침을 명심하고 따를 수는 있는 일이다.

그래서 나는 '하이애나' 운동을 주창한다. 혼자는 실행하기 어려운 일이다. 하지만 함께 하면 가능한 일이다. 하나님을 사랑하는 자가 되는 것이 목표이다. 이웃을 사랑함 없이 하나님만을 사랑하는 것은 무의미하다. 나 자신도 사랑하지 못하며 이웃과 하나님을 사랑하겠다는 것 또한 의미가 없다. 이기적인 사람 운운하는 이야기가 아니다.

감사운동의 목표는 나를 사랑하고 이웃을 사랑하며 하나님까지 사랑하기로 옮아감이다. 하이에나hyena처럼 연대하고 뭉쳐서 이웃을 사랑하고 하나님을 사랑하자면 역설일까. 기독교적 세계관으로 풀자면 문제가 될 수도 있다. 내가 죽기까지 헌신하고, 죽기까지 사랑하고, 현실에서 누리지 못한 것은 죽어서 천국복락을 기약하며 나아가자는 것이 기독교신학이니까 말이다.

하지만 신앙적인 측면 보다는 현실에서의 삶을 설득하는 데는 진행이 있어야 한다. 그래서 우리의 '삶의 자리'삶의 정황, Sitz im Leben는 언제나 중요하다. 감사운동과 감사이야기는 논리가 아니라 삶의 실천이다. 감사는 반드시 사랑의 메시지와 더불어 가야 한다고 본다.

# 3

## 감사운동은 '나작지 운동'이다

언젠가 감사를 잃어버린 적이 있다. 특히 학업, 등록금, 진로, 취직, 진급 등 내 맘대로 안 될 때 더욱 그랬다. 대학원에 등록하고 교육담당 파트 타임으로 일하던 때가 있었다. 연말에 호봉과 사례(월급)를 조정할 때 나의 경우를 보니, 엉터리도 그런 엉터리가 없었다. 그야말로 임금 착취나 다름없었다. 결혼도 하고 대학원생인 나를 이럴 수가 없다면서 대표에게 항의해 보았으나 막무가내 식이다. 단칸 자취집에 돌아온 나는 친구들에게 한숨 섞인 하소연을 했던 기억이 난다. 감사를 잃었음이다.

그때 한 친구가 이런 말을 하였다. "지금의 보수는 네 생활과 정도에 턱없이 부족하지만 그분이 너의 태도를 보고 있을 거다. 그러니 나중을 기약해보자."라고 했다. 친구에게 화가 난 채 푸념을 한 기억이 나지만 지금 생각해보면 화 낼 일도 아니다. 나를 화나게 한 것은 친구들과의 비교에서 온 상대적 박탈감 때문에 일어난 일이다.

그런데 생각해 보자. 이 세상이 '내 맘대로' 돌아간다면 어찌될 것인가. 그거야 말로 큰일이다. 그런데 내 맘대로 안 된다고... 감사마저 잃어버린 것이다. 염려, 불안, 근심, 걱정, 불평, 불만... 아마도 염려와 불안만 떼어놓고 살아도 한평생 한숨 없이 살아갈 수 있지 않을까 생각된다.

왜 그때 감사를 잃어버렸을까? 감사운동이란 무엇인가. 감사운동의 정의를 묻고자 함이 아니다. 하지만 감사운동은 '나작지'운동이라 하겠다. 이는 감사에 대한 정의가 아니라 성격을 말함이다. '나를 회복하고 나로부터 시작하며, 작은 것을 회복하고 작은 것부터 실천하며, 지금을 회복하고 지금부터 실행하자는 운동이다.'

첫째, 감사는 나를 찾아가는 여행이다. 나를 잃어버렸기 때문에 모든 문제가 시작된다. 나를 잃어버린 사람은 아무것도 할 수 없다. 나를 잃어버린 사람은 세상도 잃는다. 나를 잃지 않는 사람이 세상을 잃지 않는다. 나를 찾은 사람은, 정확히 말해 나의 존재 이유를 찾은 사람은 약간의 어려움이나 고난도 잘 견딜 수 있다. 감사하는 사람은 큰 힘을 얻는다. 죽음의 유혹에서도 견디고 이기는 힘은 감사가 으뜸이다.

그런데 나를 잃는 일은 단번에 잃는 것이 아니다. 일단은 중독이 되고 거기서 헤어 나오지 못하면서 나를 잃게 되는 과정을 거친다. 중독이 되었다 해도 좋은 친구와 멘토가 있으면 해결된다. 좋은 상담가와 영적 선생님을 만난다면 그의 권면을 붙들고 헤쳐 나올 수가 있다. 힘든 과정이지만 중독자가 붙잡을 의지(힘)가 있을 때만이 가능하며, 사회체계 내에 좋은 사람을 영적 멘토로 둔 사람은 살아나올 확률이 크다.

진주 출신으로 서울대학교를 나온 한 수재 청년이 이야기다. 알코올 중독에 빠져서 잘나가던 직장과 행복하던 가정을 깨뜨릴 뻔했다. 죽음의 유혹, 동맥을 자르는 자해의 유혹, 인생을 포기하는 낙담의 유혹에서 헤매었다. 어느 지인의 소개로 감사기도원 원장을 만나고는 감사의 유익을 체험하였다. 감사가 그의 인생을 바꾸었다. 신학을 공부하고 목사가 되었다. 그리고는 「어느 알콜 중독자의 죽음」과 감사책 「감사, 그 놀라운 이야기들」을 집필하였다. 그가 임효주목사님이다. 임효주에게서 감사의 마인드를 배웠다. 학습은 수개월간 계속되었다. 그때는 내가 영적 고갈현상이 다가와 기진맥진(번 아웃)하던 때였다. 감사는 나를 스스로 일으켜 세운 힘이요 구조선救助船이다.

땅 한 평에 목숨 걸지 말자. 집 한 채에 목숨 거는 일도, 로또에 목숨 거는 일도, 투전판에 목숨 거는 일도, 골프 내기에 목숨 거는 일도, 쾌락에 목숨 거는 일도, 술 많이 먹기에 목숨 거는 일도 모두 부질없다. 세상의 것은 거의가 다 중독성이 있다. 땅 사고, 집 사고 물질에 목숨을 걸고 돈만을 따라다니는 사람은 언젠가 사기꾼에게 걸려들게 마련이다. 정당한 대가를 논하고 노동의 대가로 물질을 마련하려는 게 아니라. 일확천금을 꿈꾸기 때문이다.

해방 전에 이북에서는 금광 노다지에 전 재산을 팔아 투자하던 시절이 있었다. 일설에 의하면 김ㄷㄱ박사의 부친도 금광에 투자해 돈 벌겠다고 나섰다가 모든 가산을 탕진하고는 가출했다고 한다. 다행이 그 사람은 아내를 잘 둔 덕에, 남매를 평양과 서울 대도 시에서 공부시키고 해외까지 유학시켜 박사, 교수, 장관, 총장으로 키운 경우이지만 대부분은 이런 경우 소생불가蘇生不可의 나락으로 떨어지고 만다.

정선 땅에 어려운 조손, 한부모 가정을 지원하고 돌보기 위해 방문했던 한 사업가 이야기다. 호텔에 묵던 중 카지노가 어떤 곳인지 구경이나 하자고 내려갔다가 가산을 탕진하고 기업을 송두리째 날리고 말았다. 1년 새에 수십억 이상을 다 날렸는데 너무도 아까워 3년째 집에 내려가질 못하고 있었다. 카지노측은 그가 왕년에는 VVIP였기 때문에 잠시는 공짜로 먹여주고 재워주었다. 잠시 손님 데려오고 소개하는 역할을 맞기고 용돈을 주었지만 이젠 찬밥신세가 되었다.

글쎄 이 중견기업의 사장님, 투전에 중독되니까 미국에 살던 딸이 죽었다는 부고訃告 소식을 듣고도 '애비가 미국 간다고 죽은 딸이 살아나느냐'며 아직도 정선을 내려가지 못하고 있다는 소식이었다. 참으로 중독은 무섭다. 중독은 인간을 비이성적으로 만들고 몰상식으로 내동이 친다.

머리가 비상한 고향의 한 어른이 있었다. 그는 한학을 배워 글을 잘 썼기에 동리에 대소사가 있을 때면 귀빈대우를 받는다. 어느 집 상량식上梁式이나 초상 등이 있으면 그의 실력이 유감없이 나타난다. 새집의 대들보에 멋진 글귀를 일필휘지一筆揮之로 써 내린다. 그러던 그가 알코올에 중독됐다. 일을 안 하고 놀고먹는다. 다랑이 논과 인근 밭들에 잡초가 무성해도 갈아엎을 생각을 하지 않는다. 온 동네에 생일자 리스트를 수첩에 적어가지고는 이른 새벽 맨 앞자리에서 상을 받는다. 나중엔 동네 아이들에게까지 놀림을 받았다. 둘째 동생도 알코올중독으로 유명을 달리했고, 막내 동생도 알코올 중독으로 객사했다. 중독은 자기를 저버린다. 무섭다. 그래서 나를 찾아야 한다.

나를 찾으면 감사를 회복하고 감사가 회복되면 세상이 읽혀진다. 중독이 없는 것은 두 가지 뿐이다. 하나는 독서이고 둘째는 감사이다. 독서는 인성과 인문학의 시작이고 과실을 일구는 과정에 비유된다. 그런데 감사는 결실을 맺는 작업이다. 매듭을 짓는 몸짓이기에 매우 귀하다.


둘째, 감사는 작은 것부터 회복하는 운동이다. 현대인은 작은 것들을 잃었다. 큰(많은) 것만 선호한다. 작은 것을 묵상하면 살아날 수 있다. 작은 것에 충성(충실)하면 큰 것에 쓰임 받고 결국은 성공할 수 있다. 작은 것에 감사하면 진정 감사를 회복할 수 있다.

성경은 말한다. 작은 것이 중요하다고. 작은 것에 충성하면 큰 것에도 충성할 수 있다고. 작은 것에 정직하지 못하면 큰 것에도 의로울 수 없다고. "지극히 작은 것에 충성된 자는 큰 것에도 충성되고 지극히 작은 것에 불의한 자는 큰 것에도 불의하니라"(눅 16:10). 누가복음 19장에 나오는 '주인'은 말한다. "잘 하였다 착한 종이여 네가 지극히 작은 것에 충성하였으니 열 고을 권세를 차지하라"(19:17).

현대인들은 작은 것을 잃어버렸다. 큰 것만을 찾는다. 작은 회사는 이력서도 안내고 대기업만 기웃거린다. 청년들은 취업이 안 된다고 아우성이다. 차라리 놀지언정 작은 월급은 곁눈질도 하지 않는다. 그런데 생각해보라. 능력이 검증되지 않은 낯모르는 사람을 무작정 많은 월급을 줄 회사가 어디 있겠는가. 우리 속담에 '첫 술에 배부르랴'라는 말이 있다. 차근차근 일을 배우고, 정직과 끈기로 나아갈 때 회사로부터, 윗사람으로부터 인정을 받으며, 진급하고, 점차 대우를 받게 되는 것 아닌가. 이것이 순리이다. 처음부터 단번에 인정을 받기를 원한다. 단번에 합격을 원한다. 그런데 수고 없이 단번에 이루어지는 사회는 좋은 사회가 아닐뿐더러 소망 있는 나라도 아니다. 감사는 어려울 때, 고달플 때, 힘들고 지칠 때 올릴 수 있어야 한다. "여호와께 감사하라 그는 선하시며 그 인자하심이 영원함이로다"(시편 136:1).

셋째, 감사는 지금(현재)을 찾는 운동이다. 현대인은 '삶의 자리'를 잃어버렸다. 사람들은 먼데서 성공을 찾는다. 성공은 먼데 있는 게 아니라 지금 여기에 있다here and now. 지금부터 두드리고 찾아내고, 어려운 지금, 책을 읽고 연구하고, 안 되는 지금에 집중하고 깊이파고 들어가면 길이 보인다. 그래서 지금이 중요하다.

지금(현재), 나는 무엇을 어떻게 하며 살고 있는가? 세상 모두가 불공평, 불공정, 불의한 것이 아니다. 세상이나 돈이나 물건이란 녀석은 중성적이다. 거기엔 인격이 없다. 악한 것도 선한 것도 아니다. 다만 그것을 선하게 활용하면 선한 것이 된다. 선하게 생각하고 만들어가는 게 좋은 세상의 이치다. 감사하며 나아가면 세상도 감사의 세상이 된다. 색안경을 끼고 세상을 보라 안경의 색깔대로 보일뿐이다. 감사하지 못하고 불평가운데 세상을 볼라치면 온통 불평꺼리만 보일뿐다.

구한말의 애국자, 도산 안창호선생은 타인보다 조금 늦은 나이인 25세에 미국에 유학했다. 그는 미국에서 푸대접받는 한인들의 위상을 높이기 위해 앞장섰다. 앞마당 쓸기 운동, 인사하기, 정직운동을 펼쳤다. 그의 작은 행동과 리더십에 의해 한인들의 위상은 회복되어 갔다. 감사는 이렇게 시작되는 것이다. 지금 여기에서 말이다.

감사는 하늘에서 떨어지는 것이 아니다. '나작지'란 나로부터, 작은 것부터, 지금부터 감사 실천을 하자는 의미이다. 그래서 감사운동은 은근과 끈기가 필요하다. '하늘은 스스로 돕는 자를 돕는다.'는 서양의 속담이 있듯이, 나로부터 감사를 시작해나갈 때 언젠가는 땅과 하늘이 소통하게 되는 날이 올 것이다.

1980-90년대 가톨릭(김수환 추기경에 의해)에서 시작한 중요한 캠페인이 있었는데 '내 탓이오' 운동이다. 사회가 어렵고, 국가가 어렵고, 민주화는 꼬여가고, 남북회담도 불발되고, '86아시안게임, '88올림픽은 잘 치렀지만 사람들의 인성과 내면은 크게 달라진 게 없는 상태였다. 사는 게 모두모두 어려울 때 고 김수환 추기경에

의해 제창된 "내 탓이오 운동"은 '회개 운동'의 일환으로 일대 센세이션을 일으켰다. 사회적 파급효과가 컸다. 한 사람, 리더십의 중요성을 보여준다. 개신교단이 자리다툼에 분열현상을 보여줄 때, 사회와 국민들은 교회에 등을 돌리기 시작했다. 깊이 생각해 볼 일이다. 작년도 종교인 통계에서 개신교 신자가 제일 많다는 보고가 있다. 자화자찬할 때가 아니다. 개신교회는 이미 종교 호감도에서 꼴찌를 면치 못하고 있다는 사실을 유념해야 할 일이다.

# 4

## 감사운동이란
## 30배 60배 100배의 결실 운동이다

　소속 교단의 사회선교단 2017-2차 선교대회가 6월 25일 공릉동
의 '나눔아트센터'에서 열렸다. 이때 초빙강사는 한세대학교 차준
희박사였다. 그는 예언자의 영성을 미가의 예를 들어 설명해나갔
는데, 그의 강좌가운데 눈과 귀를 사로잡은 말이 있었다. 강의초
반 도입부에서 언급한 조선 선교초기의 놀라운 이야기들이다. 감
사와 감격의 이야기였기에 기록으로 남기고 싶어 감사 이야기의
초반을 장식한다.

　차준희박사는 세 가지를 이야기하는 가운데 초창기 기독교의
힘과 정직성에 대해 언급하였다.

　첫 번째 이야기는 조선의 왕비 명성황후 시해사건이다. 1895
년 10월 8일 새벽, 고종의 왕비인 명성황후가 일본총독부의 고위
층이 보낸 자객에 의해 무참히 살해당했다. 보고를 받고 황급히
달려온 고종은 선혈을 흘리며 아직 숨이 넘어가지 않은 왕비를 부
여잡고는 "거기 어디 예수 믿는 사람 없소?", "거기 어디 예수 믿는

사람 없는가?" 이렇게 두 번이나 외쳤다고 한다. 1884년 9월20일 의사 알렌이 부산항에 입항한지 11년, 아펜젤러와 언더우드가 인천항을 통해 조선 땅에 복음을 전한지 꼭 10년이 되는 해였다. 대한제국 고종황제의 입에서 촌각을 다투는 황급한 일이 벌어졌던 순간에 기독교인을 불렀다는 것은 기독교인들이 고종과 궁중에 끼친 강한 신뢰감을 상징한다.

두 번째 이야기는 〈대한그리스도인회보〉 1899년 3월1일자에 실린 기사다. 당시는 매관매직賣官賣職이 횡행하던 조선 말엽으로 국기는 문란하였다. 조선이란 나라를 놓고 벌이는 세계열강들의 욕심은 노골화되어 풍전등화風前燈火의 때였다. 한 관리가 북도군수(평안도) 자리를 샀는데 웃돈을 줄 테니 영남도로 바꿔달라는 탄원을 냈다는 웃지 못 할 기사였다. 이유를 알고 보니, 당시의 평안도는 초창기 기독교인들이 조선 땅에서 가장 많은 곳으로 세력을 확장하던 부흥의 터전이었다. 당시 북도에서는 주민들이 모두 강직하고 청렴하여 부정이나 뇌물이 통하지 않는 곳으로 정평이 나 있었다. 많은 돈을 들여 산 관직이었기에 이 관리는 2~3년 안에 매관매직에 들인 돈을 회수回收해야 하는데 성공하기는 글렀다는 이야기다. 이유는 단 하나, 그곳의 기독교인들 때문이었단다. 19세기 말에 들어온 초기의 조선 기독교인들이 얼마나 청렴했는지, 부정이나 부패에 얼마나 단호했는지를 보여주는 대목이다.

세 번째 이야기는 일본 수사관들의 대화문서이다. 1919년 3월1일, 3,1만세운동이 벌어지고 난 뒤 파죽지세로 전국으로 번져 나가는 만세소리가 예상되는 만큼 초장에 경찰을 동원하여 무력으로 진압할 계획을 한 터. 지도자들에 대한 대대적인 구금과 체포령을 내렸다. 체포, 고문, 수사 등 강압통치의 과정에서 수사경찰들은 이 사건을 속히 마무리하길 원했다. 방법은 간단했다. 참으로 간단하였다. '폭동의 주동자들을 신속히 잡아들여!' '예수를 믿는지만 물어!' 수사관들의 대화문서 기록이다. 어떻게 모의했는지? 누구의 지시를 받았는지? 과정은 무엇인지? 등은 관심사가 아니었다. 다만 '그리스도인인가?'를 물으라고 지시했다는 내용이다. 하급간부가 '아니 그들이 예수를 안 믿는다면 어찌합니까?' 되물으니, 상관은 '조선 야소교인들은 거짓말을 하지 못한다.'라고 대답했다는 기록이다. 당시 기독교인은 당시 인구대비 1%가 채 안되었다. 그런데 3.1만세운동으로 수감된 사람들 중 40%가 예수쟁이들이었다. 일제하 기독교인들은 당시 최고의 지식인이었으며, 정직하였다. 의에 대하여, 독립에 대하여, 굽힐 줄 모르는 사람들이었다. 민족과 나라를 구출하길 원하던 앞서가는 믿음의 사람들이었다.

위 세 가지 사례에서 볼 때 참으로 놀랍다. 와우! 기가 막히고 코가 막히는 놀라운 이야기 아닌가. 지금 풍자를 하자는 이야기가 아니다. 조선말 급변하던 국난의 때, 대한제국의 황후가 일본인

낭인 자객에 의해 조선의 수도 궁궐 한복판에서 목 베임을 당하던 부끄러운 때, 그리고 고종황제가 서거하여 나라와 민족의 등불이 사라지던 때 기독교인들은 분노하였고 일제에 항거하였다. 존중받고 신뢰받는 존재였다. 그것이 한국의 야소교였고 기독교의 모습이었다. 대한민국에 이렇게 영광스럽고 놀라운 예수 복음이 들어온 것을 감사한다. 복음의 주체이신 하나님을 찬양하며 감사와 영광을 돌린다. 또 놀라운 사건들을 소개해 준 차준희 박사에게도 감사드린다.

대한민국의 기독교는 해방 후 10년을 주기로 배가에 배가를 거듭, 파죽지세로 부흥하였다. 해방 당시 기독교인 수는 40만 명 정도였다고 한다. 한국전쟁을 거치고 50년대 중반 80만여 명으로, 60년대엔 다시 150만여 명으로, 70년대엔 300만여 명으로, 80년대엔 600만여 명으로, 90년대엔 1200만여 명으로 폭발적으로 증가했다.

그런데 그 이유가 무엇인가? 참으로 기독교 부흥의 원동력이요 발전의 이유가 무엇이란 말인가? 한국교회 목회자들의 성장에 대한 열정에 기인한 점도 사실이다. 초창기의 목회자들은 정말 가족을 돌보지 않을 정도로 헌신적이었다. '이 몸이 부서져도 복음이 살고 교회가 산다면...' 이란 자세로 헌신하였다. 선교사들의 헌신에 기인한 것도 부인하지 않는다. 서울 합정동의 선교사묘역에 가면 한 분 한 분의 스토리에 숙연해지며 눈물이 앞을 가린다. 단연

코 19~20세기를 빛낸 인물들임에 틀림없다. 평신도 기독교인들의 전도와 기도, 부흥에 대한 열망 때문이라 해도 그것 또한 어느 정도 사실이다. 여러 가지 이유가 있겠으나, 무엇보다도 앞에서 차준희박사가 언급한 서두의 이야기와 비교가 되지 않는다.

초기 한국의 기독교는 정직성의 징표였다. 정의의 사람들이었다. 부정을 몰랐다. 영성 하면 기독인들이었다. 불교나 무당이나 어떤 타종교에서도 찾을 수 없는 그 무엇이 기독교인들에게 있었다는 말이다. 기독교가 그랬고 그리스도인들이 그러했다. 이것이 신뢰가 되고 바탕이 되어 한국교회사에 밑동을 바쳤으며 저변을 타고 흘러내렸다. 이는 보수와 진보를 가리지 않는 생명수였다. 이 글을 쓰는 지금 감동이 북받친다. 감격이다. 감복하는 감사 이야기다. 대한민국에서 예수를 믿고 신앙생활을 했으며 목사가 되었고 지금까지 복음을 외친 것을 감사한다. 하나님 아버지 영광을 받으소서.

감사운동은 겨자씨의 비유처럼 처음에는 매우 초라하고 클 것 같지 않고 나무도 인간도 될 것 같지 않던 존재가 크게 자라나 자기 구실을 한다는 이야기운동이다. 하나님의 원리는 세상에서 가장 작은 씨 겨자씨가 자라나더니 공중의 새들이 그 그늘에 깃들일 만큼 놀랍도록 큰 나무로 자라난다는 것이다.

청소년 시절 15살 때였다. 부친이 병드시고 농사를 지을 수 없으니 공부하던 형제들이 모두 휴학을 하였다. 장가든 큰 형님이 농사를 짓는다고 시골로 내려가면서 작은 누님과 나도 휴학하여 일 년 간 농사일을 거들었다. 농사는 모내기철이 가장 바쁘다. 못 자리에서 어린 벼를 이앙하여 모내기를 하는데 거기서 볍씨가 달리고 쌀이 나오는 원리를 그 때 눈으로 보고 체험하였다.

한 달이 지나고 두 달이 지나면 엉성하던 모종이 두툼하고 우직한 볏단 뭉치가 되어간다. 서 너 개 옮겨 심은 벼 모종이 열두세 포기 이상으로 곁가지를 늘려 자라난다. 그 한 포기에서는 한 이삭마다 낱알이 70~100여개씩 달린다. 성경은 30배 60배 100배의 원리라고 말하고 있다. 볍씨의 경우만 살펴보면 약 200배가 결실하고 있음을 본다. 보통 4개의 볍씨 이앙에서 12개포기로 번식하고 거기에서 벼 이삭마다 80여개씩 달리니 그렇다는 말이다. 상상할 수 없는 원리인 것이다.

30일 동안 1에서 시작한 금전을 배가해 늘린다면 30일째가 되는 날 1억 원을 훌쩍 넘긴다. 고등학교 시절 수학선생님으로부터 들은 그 같은 산술적 배수 원리의 놀라운 이야기는 수에 약한 나를 경악케 했다. 산술적 배수도 그러하거든 성경이 이야기하는 겨자씨 비유의 이야기는 또 무엇이란 말인가? 하나님 나라의 원리는 인간이 생각한 그 어떤 것보다도 놀랍도록 질적으로 크게 부흥하고 성장한다는 것을 보여준다. 하나의 겨자씨와 그 나무도 새들이 깃들이도록 은혜를 베풀고 혜택을 나누며 함께 누린다는 이야기는 내게 놀라운 복음으로 다가온다.

○ 또 이르시되 우리가 하나님의 나라를 어떻게 비교하며 또 무슨 비유로 나타낼까 겨자씨 한 알과 같으니 땅에 심길 때에는 땅 위의 모든 씨보다 작은 것이로되 심긴 후에는 자라서 모든 풀보다 커지며 큰 가지를 내나니 공중의 새들이 그 그늘에 깃들일 만큼 되느니라 (막 4:30-32)

○ 좋은 땅에 뿌려졌다는 것은 곧 말씀을 듣고 받아 삼십 배나 육십 배나 백배의 결실을 하는 자니라(막 4:20; 마 13:8; 눅 8:8)


시작은 상당히 작아 보이지만 감사가 나의 심령과 우리 가정에 들어올 때 도저히 생각지 못한 놀라운 힘이 되고 파급력이 되었다. 우리 가정은 이미 시작되었다. 아내와 함께 감사의 원리에 대해 알아버린 후 그것은 소망이 되고 믿음이 되었다. 그 때는 이미 아내가 먼저 예수전도단의 BeDTS훈련을 받았고, 나 또한 BeDTS 훈련을 받고 있던 시절이었다. 때문에 영적인 문제가 생길 때는 언제든지 같이 기도하고 같이 결단할 준비가 되어 있었다.

감사에 방해가 되는 것들은 모두 제거해 나가기로 작정하였다. 특히 재정에 투명해야 할 것을 하나님께서 말씀하셨다. 아내와 의논하고 결정을 내렸다. 카드와 빚을 청산하기로 작정하였다. 자녀 교육비로 인한 은행부채와 카드빚을 정산해보니 1억여 원에 달했다. 부채負債와의 전쟁을 선포하고 피눈물나는 어려움 속에서 원금을 갚기 시작하였다. 2017년 8월 현재 부채는 3천만 원대로 떨어져 있고, 내 학자금을 비롯 자녀들의 학자금마저 모두 청산했다. 한 달에 최소 50만원에서 100만 원 이상씩 원금을 상환하였다. 대중교통만을 고집하였고, 외식을 금하였으며, 소비는 철저히 줄일 수밖에 없었다. 카드는 모두 소각하였다. 교통카드를 겸하고 있는 1개만 사용하고 있다. 재정에 자신감이 붙으니 감사에도 속도가 붙었다. 감사의 내용들이 더욱 더 풍성해지고 있다. 재정에 쫓기면 감사에 실패하기 쉽다. 은혜의 생활이나 믿음의 생활에도 결국은 실패한다.

노년에 대한 두려움에 떠는 시대, 자녀들이 나를 요양원에 보낼까 고심하는 시대, 생명은 연장되나 노후는 두려움이다. 침대에 누워서 뒤척이며 사는 것에 무슨 행복이 있을까. 나는 은퇴 이후가 더 바쁜 생활인이길 원한다. 건강을 챙기고 퇴직 후 달려갈 새로운 노년을 기약한다. 독서로 다져진 두뇌와 마음, 속사람의 역량, 운동으로 챙긴 하체와 근육의 힘, 기도와 감사로 강건해진 속사람의 영성이 나의 70대 이후를 책임지게 될 것이다. 생명은 하나님께 있음을 고백하며 감사운동을 시작하게 하신 그분께 진정 감사와 영광을 올려드린다.

# 5

# 감사운동은 독서와 닮았다

2천 년대 이후 세계는 점점 두가지에 문제가 발생하기 시작한다. 독서와 감사이다. 급격한 전자기기의 발달로 인해 떨어졌다. 휴대폰, PC, 태블릿, 노트북, 전자게임 등에 의해 독서할 기회를 잃고 있다. 특히 우리나라의 경우는 심각하기 이를 데 없다. 최근에는 핸드폰과 PC의 중독을 우려하는 소리가 여기저기서 들린다. 교육계에서는 중고생의 25% 가까이가 핸드폰 중독, 게임중독 성향에 가까운 수치라고 우려한다.

유럽은 시리아전쟁 난민, 러시아의 우크라이나 침략, 이스라엘과 하마스의 전쟁, 예멘반군의 준동, 중국의 대만을 향한 군사적 도발징후 등으로 정치 지형마저 바뀔 태세다. 세계 곳곳에서 정치적, 인종적, 종교적인 이유로 폭탄테러가 끊이지 않고 있다. 소시민과 영유아들을 상대로 한 묻지 마 자폭테러까지 극심한 혼란을 겪는다. 유럽은 그 공포가 도를 넘어섰다. 중국, 동남아, 중남미 아메리카 등 기근과 지진, 쓰나미, 폭풍우 등 자연재난으로 어수선하다. 무엇을 말함인가? 감사하기 어려운 시대라는 의미다. 우리는 자고 일어나면 유럽과 아시아는 물론 아메리카대륙에서 일어나는 크고 작은 소식들(대개 나쁜 소식들...)을 뉴스로 접한다. 예전 같으면 모르고도 살 일을 지금은 그렇지 않은 시대에 살고 있다. 그래서 염려와 근심 그리고 불안과 걱정들이 많다.

문재인정부의 출발과 함께 내수를 살리기 위해 취업, 정규직, 인권, 평화, 소통, 민주화, 자주, 자립에 강한 드라이브를 걸고 있다. 수출은 아직 부진하다. 높은 청년실업률에, 취업하기 어렵다고 야단이다. 지방정부를 비롯하여 수많은 가정 부채가 나라발전에 걸림돌이다. 미국이 기준금리 인상카드를 만지작거린다는 소리에 다들 불안하다. 북한은 핵개발과 미사일개발로 미국을 비롯하여 남한 전역을 사정권 안에 두고 '서울 불바다 운운하는' 시대에 살고 있다. 정정과 민생이 불안하다.

정부는 선심성(?) 복지정책을 쏟아내고 있다. 당장 소시민들은 달갑지마는 복지예산의 폭발적 증가가 가져올 재앙에 언론들은 연일 쓴 소리를 쏟아내고 있다. 그것도 우리 후세대들의 몫이라니 걱정이다. 2017년, 살충제 계란파동에 어린이집과 유치원, 학교와 군대도 계란급식을 중단했다. 살충제 계란파동으로 양계 닭까지 살 처분해야만 했다. 가족건강을 위해 청정란을 고가에 구매하여 먹던 계란이 살충제 범벅이라니 믿을 수가 없다. 2011년에는 구제역으로 소, 돼지 100만여 마리를 살 처분한 바 있다. 2017년 초에는 AI여파(조류독감)로 닭, 오리 2천400만여 마리나 매몰시켰다. 인간의 패악이 저지른 죄의 대가인가. 불안하고 근심이 크니 감사하기 더 어려운 시대다.

먹거리에, 정치, 경제, 사회문화, 남북관계 등 어느 것 하나도 평안한 데가 없다. 불안하니 근심되고, 걱정하니 염려뿐이다.

"너희 중에 누가 염려함으로 그 키를 한 자라도 더할 수 있겠느냐, 그러므로 염려하여 이르기를 무엇을 먹을까 무엇을 마실까 무엇을 입을까 하지 말라 …, 내일 일은 내일이 염려할 것이요 한 날의 괴로움은 그 날로 족하니라"(마 6:27,31,34)

이 같은 시대 현상에 그냥 매몰될 순 없다. 돌파구가 필요하다. 이에 대한 돌파구는 감사가 제일이다.

"하나님을 알되 하나님을 영화롭게도 아니하며 감사하지도 아니하고 오히려 그 생각이 허망하여지며 미련한 마음이 어두워졌나니"(롬 1:21)
"그리스도 예수 안에서 너희에게 주신 하나님의 은혜로 말미암아 내가 너희를 위하여 항상 하나님께 감사하노니"(고전 1:4)

그런데 내가 독서한 바에 의하면 독서와 감사는 매우 닮은 데가 많다. 이 둘의 유사점을 통하여 감사해야 할 이유서들을 한걸음 더 들어가 보자.

첫째로, 이 둘은 중독이 없다. 아무리 많이 해도 지나침이 없다.

세상에 몰두해서 중독이 일어나지 않는 것은 거의 없다. 운동도 중독이 있고, 약도 중독이 있으며, 담배와 술, 도박은 중독의 대명사이다. 그런데 독서를 많이 한다 해서 중독은커녕 오히려 창의적 아이디어와 신선한 디자인으로 앞서가는 사람이 될 뿐이다. 뿐만 아니라 아무리 감사를 많이 해도 중독에 걸렸다는 보고가 없다. 감사를 많이 한 사람이 질병에서 고침을 받는다든가, 농장에서 감사를 하면 젖소가 우유를 많이 생산한다는 것하며, 화훼농부가 감사했더니 꽃은 더욱 만개하더라는 등의 보고가 있다. 멋들어진 자연 세계의 원리다. 이 같은 이유로 매일 감사하는 사람은 존경받는 사람이 될 확률이 높다. 영적으로 리더가 될 승수가 크다. 양질의 좋은 독서가 인물을 키우는 원리요, 리더를 만드는 데 유익하다면, 감사 또한 영적 리더가 될 자질을 모색하는 중요한 모티브를 제공한다. 감사는 리더 중의 리더를 키운다고 말하고 싶다.

  둘째로, 독서와 감사에 성공하기 위해서는 인내를 필요로 한다. 이들은 처음부터 익숙해지기가 쉽지 않다. 일정한 습관이 정착되어야 성공한다는 뜻이다. 처음부처 독서를 잘하는 사람은 없다. 하지만 독서라는 책읽기에 습관이 붙어준다면 놀라운 사람으로 성장할 수 있다. 마찬가지로 처음부터 감사 잘 하는 사람도 없다. 하지만 감사하는 삶도 처음이 낯설지 일주일씩 3주 만 잘 노력해 성공하면 멋진 삶의 스타일로 자리 잡을 수 있다. 일정한 수준과 시간만큼 인내가 관건이다.

셋째로, 감사는 독서와 닮은 데가 많다. 독서는 앞서가는 사람을 만든다면 감사는 함께하는 사람을 만든다. 독서가 개성 있는 사람을 만드는 셈이라면 감사는 융합하는 사람을 만드는 우물이다. 독서가 창의성의 원천이라면 감사는 융복합의 원리를 만드는 출발이다. 감사는 그런 의미에서 독서와 닮은 데가 매우 많다. 반면에 독서는 연역적이라면 감사는 귀납적인 데가 있다. 독서가 독재형의 인물을 키운다면 감사는 민주형을 지향한다. 독서가 앞을 향해 달려가게 한다면 감사는 좌우를 살피는 섬세함이 있다. 독서하는 이가 잘 나가다가 한방에 함몰웅덩이 빠지는 실수를 할 수 있지만 감사하는 이는 도무지 실수를 용납하지 않는다. 독서가 일등을 만들지만 감사는 일등을 바라보며 자신의 뒤에 처진 3,4,5등을 바라보고 안타까워한다. 그런 의미에서 독서하는 이와 감사하는 이는 둘 다 리더형이지만 감사의 사람이 더욱 오래도록 탈 없이 성공할 징후가 농후하다.

독서를 통한 지성에 인성과 덕성을 함양해주어야 하며 더욱이 감사 영성을 더해 주기만 한다면야 금상첨화錦上添花라 하겠다.

독서도,

꿈도,

그리고 감사도 그 자체가 목적은 아니다.

다만 과정일 뿐이다.

목표를 향해 달려 나가는 과정 말이다.

어떤 이는 독서가 많은 사람을 훌륭한 인물로 키운다고 말한다. 그럴 가능성이 큰 것뿐이지 반드시 그런 것은 아니다. 꿈도 마찬가지다. 꿈이 있는 아이는 목표가 설정된 것이기 때문에 꿈이 없는 아이에 비해 훨씬 큰 인물이 될 확률이 높다. 하지만 꿈이 곧 목적은 아니다. 꿈이 있다면 없었던 아이보다는 여러 가지 생각과 접근들이 시도 되었을 터이다. 그만큼 성공할 가능성이 큰 것이다.

독서와 감사의 비슷한 점은 터널에 비유할 때 잘 어울린다. 독서는 보이지 않고 무엇인지 모르는 산 너머의 세상, 또 다른 세상으로 인도하는 터널과 같다. 그러므로 독서가 가져다주는 결과는 참으로 놀랍다. 에디슨은 살아생전에 일천여개의 발명특허를 냈다. 그런데 그를 초대하는 회사에 에디슨이 요구한 것은 단 하나, 그것은 도서관이었다. 연구소 곁에 늘 도서관을 지어달라고 말했다는 것이다. 바로 발명의 기저가 독서에 있음을 알리는 대목이다.

감사도 독서와 매우 비슷하다. 수많은 사람들이 말하듯이 행복으로 인도하는 최고의 지름길은 감사라고 한다. 감사는 기쁨을 낳고, 감사는 평안을 낳으며, 종국에는 행복으로 인도한다고 말이다. 감사가 곧 행복은 아니다. 행복으로 가는 기찻길이요, 과정이요, 터널이요, 길(고속도로)이다.

'행복해서 감사한 게 아니라 감사해서 행복해진다.'는 경구를 새

겨볼 만하다. 존경하는 한 선배는 말한다. '클로버의 세 잎은 행복이고, 네 잎은 행운이라 하지요? 사람들은 네 잎의 행운만을 찾으려고 그 흔하디흔한 행복을 놓치고 산다고.' 감사만 잘하면 행복한 삶을 시작할 수 있다.

# I532 감사저널의 태동

요한복음 21장에 보면 베드로는 낙향한 실패자다. 나사렛으로 돌아간 베드로의 친구들도 같은 실패자들이다. 예수 따라다니며 성공가도를 달릴 때는 모두 좋았다. 하지만 지금은 아니다. 하늘처럼 받들던 선생님 예수는 십자가에서 허무하게도 죽어버렸고 이제는 산도 절도 없이 소망도 미래도 잃어버린 채 고향에 내려와 살던 시절이다.

바로 그때, 부활하신 예수님과 베드로가 재회하는 장면이 나오는데 그야말로 신명나는 이야기다. 그런데 첫머리는 아직 힘이 느껴지지 않는다. 디베랴바다에 나간 베드로는 밤새도록 물고기 한 마리 잡지 못했다. 완전 허탕이다. 바다에서 고기 못 잡으면 기운 빠지고 초라해진다. 베드로는 동네 친구인 요한, 안드레, 야고보 등과 같이 함께 고기잡으러 나갔는데 그들 모두가 허탕이었다.

나도 나면서부터 바닷가에서 살았다. 그물 가지고 아버지와 동네 형들이랑 바닷가에 틈틈이 나갔다. 문제는 많이 잡으면 힘이 나는데 그렇지 못할 때는 한 없이 힘들다. 갯벌은 빠지지, 물 머금은 그물은 더 무겁지, 식사 때는 훌쩍 지나 시장기는 느껴지지 베드로의 힘들고 지친 사정을 조금은 알만하다.

헌데 허탕치고 그물 거두어 씻는 베드로에게 예수께서 다가오시더니 '뭘 좀 잡았느냐?'라고 묻는다. 아무것도 잡지 못했다는 대답이 돌아오자 그러면 배 오른편에 그물을 던지라고 말씀하셨다. 말씀에 순종하여 오른편에 그물을 던진 베드로는 예전에 경험해 보지 못한 엄청난 고기를 잡게 되었다. 한번 그물 던져서 잡아 올린 물고기가 무려 153마리*에 이른다. 자기의 배가 작아 잡은 고기를 모두 끌어올릴 수가 없으니 친구들의 도움을 받아 그물을 건져 올렸다. 두 배에 가득했다.

만선의 기쁨이다. 예수를 다시 만난 기쁨에, 물고기를 가득 잡은 만선의 기쁨에, 그토록 사모하던 예수와 같이 둘러앉아 식사하는 기쁨까지 맛보았다. 「153」이란 숫자는 바로 이런 기쁨의 상징이다. [1]은 일생에 단 한번밖에 맛볼 수 없는 기쁨을 말한다. 말씀이신 예수님을 만나 거듭나고 새사람이 되는 기쁨을 말함이다. [5]는 어떤 일의 중요도를 말할 때 다섯 손가락 안에 든다고 표현한다. 나라의 큰일을 할 때 적어도 다섯(5) 장수는 있어야 하는 것 아닌가. [3]은 1은 아쉽고 두 번은 우선순위가 정해지지 않을 수 있으니 삼세번으로 중요한 결정을 내릴때 사용하는 숫자이다. 중요한 결정이다. 이것은 번복하기 어렵다. 이렇게 [1], [5], [3]은 기쁘고 즐겁고 중요하고 중대한 내용을 담을 때 매우 유용하다.

* 요한복음 21:11

252

감사는 기쁨이다. 감사는 평안이다. 감사는 행복이다. 감사하면 기쁨이오고 감사하면 평안이오고 감사하면 행복을 맛보게 된다. 감사에도 일정한 순서가 있다. 제일 먼저가 기쁨이고 다음이 평안이며 마지막이 행복이다. 행복은 그냥 다가오는 게 아니다. 그것은 혼자 오지 않는다는 말이다. 기쁨과 평안을 동반하면서 밀려오는 종국의 맛이 행복(감)이다.

보통, 감사를 말하는 분들은 하루에 3가지 또는 5가지씩 감사를 써보자고 제안한다. 이것을 21일간(3주) 계속하면 좋은 생각과 행동이 만들어져 습관이 될 수 있다고 한다. 좋은 성격의 사람이 되어 드디어는 사회에 영향력을 줄 수 있는 사람이 된다는 원리이다. 좋은 습관이 중요하다는 이야기다. 감사일기는 믿음의 눈으로 보면 일종의 조용한 시간을 갖는 것이다. 이른바 하루하루를 되돌아보고 생각하기다. 이 때 생각은 사색에 해당한다. 깊이 생각하는 것이다. 잠시의 짬을 내어 하루의 시간을 되새기며 앞으로 다가올 인생을 설계하는 초석을 다지는 시간이다.

사람이 어찌 깊은 생각 없이 어떻게 귀한 일을 한단 말인가. 생각이 깊어져야 의미 있는 인생을 살 수 있음과 같다. 외국의 수많은 감사 저자들의 사례에서도 보지만, 대개 매일 3~5가지 정도로 감사저널을 썼다고 알려진다. 이는 하루의 결말을 감사로 마무리했다는 이야기가 된다. 감사로 하루를 매듭 짓고 수면을 취할 땐 숙면에도 도움이 될 것이다. 이런 사람에겐 꿈속에서 악몽이나 사탄의 등장은 있을 수가 없다. 감사로 매듭을 지은이는 자연스레 아침에도 감사로 하루를 시작하게 된다. 우리 부부는 9년 전부터 이일을 시작했다. 개인적인 하루하루의 감사일기는 자기 수첩에 적고 주일의 감사는 가족밴드에 게시한다. 하루의 아침도 새벽에 일어나 아내와 함께 이른 기도를 하고 감사를 올린다. 하늘 그분에게 하루의 일정을 보고 드린다.

2014년이라 기억하는데 감사 저자인 임효주와 6개월 가까이 감사그룹에 참여하는 행운을 얻었다. 이 때만해도 그는 아직 책을 출판하기 전으로 감사 글을 가지고 모임을 진행하며 내게 교정을 요청하기도 했다. 여러 권의 감사 책이 있지만 매우 좋은 책이다. 임효주는 그의 책*에서 153방식으로 감사하자고 제안한다. [1] 말씀 감사, [5] 다섯 가지 감사, [3] 세 사람께 감사하자는 식이다. 요한복음 21장의 153을 감사도구(툴)로 활용한 것이다. 이것의 장점은 매우 손쉬운 감사방식이다. 남녀노소 누구나 참여할 수 있다.

이것은 감사저널의 일 순위를 말씀감사로 하였다는 데 의의가 있다. 감사생활 가운데 말씀감사가 첫째란 의미이기도 하다. 이는 말씀을 묵상하는데도 유익하다. 묵상 없는 말씀감사가 나오지 않기 때문이다. 큐티(QT)도 좋지만 그것을 제대로 하는 것이 쉽지 않고 지속하기도 쉽지 않다. 말씀감사를 먼저 해보면 큐티가 더

*『 감사, 그 놀라운 이야기들 』kmc(2013)

자연스럽고 손쉬울 것이다.

또 하나는 하루의 감사했던 것을 다섯 가지로 정리해보자는 의미이다. 하루 감사한 일이 어찌 다섯 가지 밖에 되지 않을까. 다섯 가지씩이라도 감사내용을 매일같이 정리하다보면 열 가지를 넘어 스무 가지 서른 가지도 감사할 수 있다.

또 다른 하나는 세 사람에게 감사하자는 것이다. 여기서 중요한 것은 상대방이 알 수 있도록 감사를 표表하자는 뜻이다. 인사를 잘 하자는 의미다. 감사한 일은 감사하다고 말하고 감사하지 못할 일이 있어도 감사할 수 있다면 우리는 위대한 일을 할 수 있겠다. 내가 하루를 살면서 감사해야 할 사람을 생각하면 참 많은 인연이 있다. 하지만 3사람에게 만이라도 문자를 보내고, 카톡을 하고, 전화를 하고, 감사표현을 해나간다는 것이 중요하고도 매우 주의할 사항이다. 감사 저자 임효주와 매주 만나면서 감사관련 나눔을 배우고 진행하는 법을 습득하였다. 약 6개월이 지났을 때 감사모임 분립을 추진하였다. 그렇게 시작된 것이 계양의 감사모임이다. 임 목사에게 고마움을 전한다.

반면 행복나눔125추진위원회 위원장 손욱은 그의 책*에서 125 방식으로 감사하자고 주장한다. '천만 국민의 삶을 변화시킨 위대한 습관'이란 부제가 말하듯이 저자는 세종을 만난 것이 감사한 일이며, 위대한 감사습관을 지속시켜 위대한 세종시대의 부귀영화

---

*『나는 당신을 만나 감사합니다』김영사(2013)

를 누리는 문화융성국가의 꿈을 목표로 삼는다. '문사철 600권'이란 어록을 말한 그의 생각이 결코 책을 빼놓을 리 없다. 이 책은 앞에서 언급한 임효주의 책과 함께 내가 매일 곁에 두고 아끼며 수시로 애독하는 책이다.

손욱은 말한다. [1] 한 주에 1가지씩 선한 일을 하고, [2] 한 달에 2권씩 책을 읽으며, [5] 매일 5가지씩 감사하자는 방식이다. 여기서 한 달에 2권씩 독서하자는 것이 나의 마음을 파고든다. 한 달에 겨우 한권 정도를 읽는 우리나라의 독서력을 겨냥해 선진국으로 가는 길을 제시한 감사 툴이다. 독서가 없이 인생의 삶의 질을 논할 수 없고, 독서 없이 인간의 행복을 말할 수 없다. 대한민국의 삶의 질인 행복지수가 OECD 35개국 가운데 늘 하위권인 것은 독서량의 부족과도 무관하지 않다고 여겨지는 터에 손욱선생의 주장은 곱씹어야 할 필요가 있다.

최근에 읽은 양경윤의 책*에서는 현직 교사답게 자신이 경험한 감사 노하우를 잘 정리해 놓았다. 일정한 감사 툴을 제시하지는 않지만 감사노트에 매일 적어나가는 감사일기를 언급하면서 그녀도 독서를 강조한다. 독서를 통하여 감사일기를 업그레이드 한 이야기, 동료교사들이나 학생들과 함께 한 감사의 사례 등이 잘 정리되어 유익하다. 감사하기를 원하는 사람은 필독을 권한다.

*『 한 줄의 기적, 감사일기 』쌤앤파커스(2014)

이렇게 해서 필자의 [1532 감사저널] 방식이 태동하였다. 임효주의 153감사일기와 손욱의 125가 결합하여 세상에 나오게 된 것임을 밝힌다.

특히 한 달에 두 권씩 책을 읽어나가자는 손욱선생의 주장은 임효주의 153감사가 잊기 쉬운 독서를 붙잡았다는 데서 의미가 있다. 대중운동 성격으로써 대한민국이 잊지 말아야 하고 국민계도성 취지에서 독서를 고려했다고 본다. 뿐만 아니라 153이란 툴이 매우 좋지만 성서 말씀만을 고집하는 외통수에서 벗어나 양질의 책들을 함께 읽어가야지만 문화대국으로, 선진교양국으로, 그리고 우리들의 행복지수가 높아져야 한다는 사명감으로 부득이 한 달에 두 권씩을 넣게 되었다. 과거에 독서(학교)운동을 해나가던 뜻을 다시 펼치고자 하는 의도도 담았다.

# 2

# 나는 1532로 감사한다

1532는 감사의 도구이다. 쉽고 간단하게 감사할 방법은 없는가 생각하다가 고안해 낸 툴이다. 첫째는 한 가지 말씀으로 묵상하며 감사하자는 취지다. 둘째는 다섯 가지로 하루감사를 정리해보자는 것이다. 셋째는 하루를 살면서 적어도 3사람 이상에게 은혜를 입고 살았다고 믿기에 감사로 인사하자는 뜻이다. 넷째는 인간은 책과 떼어놓을 수 없는 존재이므로 한 달에 2권 이상씩 독서 하자는 취지이다.

① 1532에서의 [ 1]은 '말씀의 감사'이다.

앞서 '1532 감사저널의 태동'이란 글에서 1532의 [1]은 일생에 단 한번밖에 맛볼 수 없는 기쁨을 뜻한다고 말했다. 말씀, 회심(거듭남), 새사람 됨은 인생에서 제일로 중요하다. [1]은 제일이라는 의미이며 그 어떤 것보다도 중요함을 말한다. 그래서 나는 1532중 [1]이란 것을 하나님의 말씀으로 정하였다. 그것은 어떤 감사도 천상천하 유아독존天上天下 唯我獨尊일 수는 없다. 하나님의 말씀 없는 감사는 아무 의미가 없다. 감사는 말씀이신 예수 그리스도와 함께할 때 의미를 더한다.

감사의 의미를 세상적 관점에서 찾기도 하지만, 본래의 근본적 감사 원리를 하나님의 말씀에서 찾고자 한다. 감사가 곧 세상을 움직이는 이치처럼 둔갑할 소지가 있기 때문이다. 세인들이 말하는 꿈의 원리가 그와 비슷하다. '꿈은 이루어진다. 세상은 꿈꾸는 자의 것이다. 꿈을 그리고 꿈을 생각하고 꿈을 꾸면 그대로 이루어진다.'라고 말한다. 감사도 같은 이치에서 설명하려고 하는 이들이 있다. 무슨 감사가 만능인 것처럼 말이다.

감사는 인간이 창조해 낸 전유물이 아니다. 학자들은 감사는 인간만이 표할 수 있는 감성이며 그 어떤 동물에게서도 찾을 수 없다고 한다. 그러면 감사가 인간이 발견한 것인가? 인간이 창조한 것인가? 아니다. 하나님께서 주신 것이다. 때문에 감사는 하나님을 빼놓고는 말할 수 없다. 하나님의 말씀 없이 감사가 있을 수 없다.

'감사'라는 단어는 성서 속에 188구절이 나온다. 구약에 126구절, 신약에 62구절이 등장한다. 이들 감사라는 단어와 구절은 거의 모두가 '하나님(아버지)', '주', '여호와' 라는 단어와 함께 등장한다. 다시 말하자면 감사는 '하나님' 없이, '여호와' 없이, '주' 없이는 존재할 수 없고, 가치도 없고 의미도 없다는 뜻이다. 아래의 구절들을 유심히 지켜보라, '여호와', '하나님', '주' 라고 하는 단어들이 빠짐없이 이어지는 것을 경험해 보자.

○ 역대상 23:30에 의하면, 아침과 저녁마다 서서 여호와께 감사하고 찬송하며

○ 역대상 16:34에 의하면, 여호와께 감사하라 그는 선하시며 그의 인자하심이 영원함이로다

○ 시편 136:1에 의하면, 여호와께 감사하라 그는 선하시며 그 인자하심이 영원함이로다

○ 시편 136:2에 의하면, 신들 중에 뛰어난 하나님께 감사하라 그 인자하심이 영원함이로다

○ 시편 136:3에 의하면, 주들 중에 뛰어난 주께 감사하라 그 인자하심이 영원함이로다


식물이 성장하는 원리는 태양에 의해서 이뤄진다. 성장의 3요소는 햇빛과 물과 적당한 공기(온습도)이다. 그 중에서도 제일은 햇빛이다. 일차로 빛이 주어지지 않으면 어떤 식물도 자라날 수 없다. 빛은 모든 식물들의 탄소동화작용을 돕는다. 그것을 통해 식물들은 숨을 쉬고 영양분을 나르며 자라게 된다. 마찬가지로 빛만 아니라 맑은 물 또한 중요하다. 물은 동식물의 대부분을 차지하는 질량이면서 동시에 그 속에 든 모든 양분을 나르는 도구이다. 빛이나 물은 공기 중의 온도나 습도를 규정한다. 이 모든 것이 태양과 밀접한 관계가 있다.

마찬가지로 인간은 식물(음식물)을 섭취하며 삶을 지속하지만 속사람은 영적인 존재이기에 그 영을 살찌우고 성장케 하는 것은 영의 양식이다. 하나님의 말씀이다. 하나님의 말씀을 먹어야 하루하루 속사람이 성장하고 자라며, 영성도 풍부하게 되는 원리이다.

[1] 말씀감사의 사례를 몇 가지 들어본다.

## [1] '말씀감사'의 실례

● 살전 5:18 "범사에 감사하라 이는 우리 주 예수 그리스도 안에서 너희를 향하신 하나님의 뜻이니라" ⋯ 범사에 감사하는 것은 예수 안에서 우리들을 향하신 하나님의 뜻임을 알고 매일 경주할 것을 다짐하며 감사합니다.

● 시편 100:4 "감사함으로 그의 문에 들어가며 찬송함으로 그의 궁정에 들어가서 그에게 감사하며 그의 이름을 송축할지어다" ⋯ 감사하는 것은 하나님의 궁정에 들어가는 놀라운 원리임을 알게 하시니 감사합니다.

● 시편 136:1 "여호와께 감사하라 그는 선하시며 그 인자하심이 영원함이로다" ⋯ 감사의 제일원리는 여호와 하나님을 기억하는 것임을 깨닫게 하시니 감사합니다.

② 1532에 [5]는 '5가지 감사'를 말한다.

감사운동을 하자고 하면 뭐 대단한 것인 줄 알고 어려워한다. 감사운동은 아주 손쉬운 운동이다. 숨쉬기 운동처럼 매우 쉬운 것이다. 방법을 모를 뿐이다. 방법을 알면 감사는 아주 쉬워진다. 감사는 '나작지' 운동이다. '나로부터, 작은 것부터, 지금부터' 하자는 말이다. 사람들은 자꾸 자기는 빼고 남들만이 뭔가 해주기를 바란다. 거기에서 모든 문제가 발생한다. 나를 포함해야 하고 나로부터 솔선수범하는 운동이다. 아주 작고도 소소한 일부터 감당하자는 운동이다. 작은 일에 소홀한 사람은 큰 것도 중요한 것도 그 어떤 것도 소홀하게 된다. 소홀하면 실수가 나온다. 또한 모든 일을 뒤로 미루는 것이 아니라 지금부터 하자는 것이다. 지금부터 자신이 결정한 일을 실천해 나가는 것은 쉽지가 않다.

이때 삼국통일의 일등 공신 김유신이 애마의 목을 자른 사건이 떠오른다. 그 좋아하는 술과 쉼이 있는 곳, 사랑하는 애첩이 앉아서 교태를 부리는 장소, 얼마나 자주 갔으면 자신이 조는 사이 말이 그 길을 재촉했겠는가. 나라를 살리겠다는 구국 일념의 결단을 내린 시점이기에 그는 자신의 애마에서 내리기가 무섭게 그 목을 잘랐다는 이야기.

나라 일도 마찬가지다. 나의 일과 가정 일, 사회적인 일과 나라 일을 구분하지 않으면 큰 일을 치르게 된다. 박근혜정부에서 국정을 농단한 최○○사태가 무엇을 말함인가. 자기 곳간과 나라 것을 구분하지 않는 데서 시작한 사태가 아닌가. 의식과 개념이 얼마나 중요한가를 말해준다. 실은 감사운동은 의식개혁운동이기도 하다. 나 자신의 의식을 바꾸자는 운동이다. 작은 것부터 바꾸어나가자는 것이다. 나중에 실천하는 것이 아니라 지금부터 당장 고쳐나가자는 뜻이다.

5감사는 그러니까 감사의 내용을 말함이다. 내가 주인공이 되는 운동이고, 작은 것에서부터 시작하자는 말이며, 내일부터가 아니라 오늘, 그것도 지금부터 실천해 내자는 운동이다. 매우 작은 움직임이지만 매우 힘 있는 운동이다. 내가 움직이면 결국에는 우주가 움직이게 되는 결과를 낳는다. 누가복음 16:10에 '지극히 작은 것에 충성된 자는 큰 것에도 충성되고 지극히 작은 것에 불의한 자는 큰 것에도 불의하다.'라고 했다. 아주 하찮은 것에도 감사하는 것이 감사의 원리라고 할 수 있다.

[5] '다섯가지 감사'의 실례

- 아침마다 아내의 손길이 머문 사과 반쪽과 요거트 식사*에 감사
- 새벽기도 시간 하루의 일과를 묻고 일정을 조정하는 아내에 감사
- 가족 식사 챙기기, 빨래 하기, 설거지 하기 등 수고하는 분들에게 감사
- 넘어지지 않는 '롤리폴리엣지' 텀블러 덕분에 감사
- 이방 저방 옮겨놓으며 제몫을 톡톡히 하는 '위닉스 제습기'에 감사

③ 1532에 [3]은 3사람에게 감사 인사함을 말한다.

감사의 대상에 대하여 정중하게 인사하는 것을 말한다. 감사는 이론이 아니다. 감사는 생각만이 아니다. 감사는 행동이요 실천이

---

* 요거트에 블루베리, 무화과잼, 잣, 화분, 땅콩, 호두 등 각종 너트를 넣어 만든 대용식사

다. 감사는 인사하는 것이다. 그것도 정중하게 마음 중심을 담아 감사를 표하는 것이다. 감사는 상대를 존중하는 것이다.

감사 인사에도 차원이 있다. 1차원은 내 물건을 팔아준 사람에 대한 조건부 감사이고, 2차원은 내가 필요로 하는 물건을 팔아주어 감사 인사 하는 때문에의 감사이며, 3차원은 당신이 그날 거기에 있어 감사를 표하는 조건 없는 감사 인사이다. 감사는 표현하는 것이다. 감사는 속으로만 생각하고 있는 것이 아니라 그때그때 소리를 내는 것이다. 좋은 소리가 나지 않으면 종이 아니듯이 사람은 감사를 말해야 한다. 감사를 말할 수 있어야 진정한 인간이란 뜻이다.

어떤 친구는 이런 말을 목회에 적용한다. "축하할 때"-"당 신 멋 져", "당 신 멋 져" 말하자면서 '당당하게 삽시다', '신나게 삽시다', '멋지게 삽시다', '져주며 삽시다'. 아~ 그것도 좋다. 하지만, '당신 때문에 감사하고, 당신이 있어 감사하고, 당신이 믿는 하나님으로 인해 감사할 뿐이오.'하는 사람이라면 이런 분이야 말로, 감사의 고차원인 것이다.

「평생감사」의 저자 전광은 감사의 1차원을 조건감사if라 했고, 2차원을 때문에의 감사because라 했으며, 감사의 3차원은 그럼에도 불구하고의 감사in spite of라 했다. 역시 철학과 차원이 다르다.


### [3] '세 사람에게 인사하기'의 실례

- 사랑하는 아내에게
- 자랑스런 우리 아들 지훈에게
- 시금치 파는 시장 아주머니께
- 늘 웃음으로 인사하는 홈 마트 사장님께
- 부르면 달려오는 해병선배 안집사님께

④ 1532에 [2]는 한 달에 2권씩 책을 읽자는 말이다.

　독서는 인간의 정신 세계를 풍요롭게 하는 샘이다. 인간이 아무리 건강해도 속에 든 게 없으면 쓸모가 없다. 인간의 창의성이나 아이디어 창업 정신 등 새로운 세계에 대한 도전은 독서에서 나온다. 경희대 명예 교수 조만제는 독서를 치약에 비유한다. 중앙교회 담임목사 한기채는 독서를 가리켜 마중물이라 한다. 이장우은 세계를 한권의 책으로, 고 장영희는 독서는 대리경험이라 말한다. 이어령은 말한다. '독서는 어린시절 좁은 세계의 문을 깨뜨리고 날아오른 세계에로의 여행이었다.'라고. 작가 이지성은 '물감을 아끼면 그림을 못 그리듯 꿈을 아끼는 사람은 성공을 그릴 수 없다.'라고 말한다(꿈꾸는 다락방). 이 사실은 독서에도 그대로 적용할 수 있겠다.

　나는 우리교단의 〈100주년추친본부〉에서 진행했던 청소년독서학교 총결산자료집에서 독서를 이렇게 정의했던 기억이 난다. '책읽기는 인재를 키우는 꿈나무 사역이다.'라고 나름 해석학적 정의를 내려 보았다. 첫째, 책읽기는 인성을 키우고 인간의 두뇌를 개발시키는데 가장 효과적인 작업이다. 둘째, 독서는 인류의 가장 훌륭한 사람들과 다시 만나는 작업이다. 셋째, 독서는 이 시대에 필요한 리더들을 키우는 작업이다.

주지하다시피 우리나라는 세계적으로 책을 읽지 않기로 소문나 있다. 국민 1인당 독서력이 OECD 국가 중 가장 낮은 수준에 머물러 있다. 세계에서 최고의 고학력을 자랑하는 국가가 독서를 하지 않는다라니 이해할 수가 없다. 이를 타파하기 위해서는 늦은 감이 있지만 책을 다시 붙들어야 한다. 이렇게 해서 손욱선생이 주창한 한 달에 2권씩이라도 책을 읽자는 사실에 공감하고 독서 2권 이상을 감사저널에 끼워 넣었다. 부끄럽지만 우리국민의 현실이므로 이제부터라도 개선하고 타파할 일이다.

독서는 사물을 생각하게 하고 창조하게 하며 독창성을 이끌어내는 그리고 타락하지 않는 지름길이다. 생각이 있는 사람은 난폭하지 않으며, 생각하는 사람은 신중하기에 천박하지 않다. 독서가 사람의 가치와 무게와 심력과 체력과 모든 인간에게 필요한 것들을 공급하기에 부족함이 없다. 그래서 인간은 책을 읽어야 한다. 감사운동도 책과 함께 가야 하는 이유가 거기에 있다.

### [2] '한 달에 2권 이상 책읽기'의 실례

- 「7전8기 무릎경영」/최복이
- 「사랑수레 싱글맘들에게 찾아온 봄이야기」/김혜란/이영복/
  다비다자매들

# 3

# 범사에 감사하기

데살로니가전서 5:18 "범사에 감사하라 이것이 그리스도 예수 안에서 너희를 향하신 하나님의 뜻이니라"

오늘날 우리시대, 대한민국은 경제, 과학, 군사, 외교, 정치적으로 그 위상이 한없이 드높아져 있다. 하지만 그 내면을 들여다보면 안타까운 일들이 많다. 달러는 쌓이지만 수출입은 감소해가고, 통일의 기대는 크지만 정치는 혼돈스러우며, 민의는 높아져가지만 지도자들은 부패한 실정이다. 뿐만 아니라 이혼율과 자살율이 세계적으로 높고, 출생율은 세계 최저치를 기록하며, 자녀교육비 부담은 날로 커지니 OECD 국가 중 행복지수는 늘 하위권이다. 이런 문제에 대한 대책은 없을까? 뾰족한 해결책 말이다.

성경말씀, 데살로니가전서 5:18에서 그 해답을 찾고 싶다. "범사에 감사하라 이것이 그리스도 예수 안에서 너희를 향하신 하나님의 뜻이니라." 여기서 내가 주목하는 단어는 두 가지 이다. 하나는 '범사'라는 말이고, 또 하나는 '감사'라는 단어이다.

범사凡事는 어려운 말 같지만 사실은 아주 쉬운 말이다. 문자적으로는 '평범한 모든 일들'이라는 의미이며, '항상', '쉬지 말고', '어떤 환경에서도'in all circumstance라는 뜻이다. 그런데 그 뒤에 '감사'라는 말이 나온다. 이것을 어떤 목회자는 '넘치는 감사'라고 표현하는데 아주 적절하다. 이것을 성서적 의미를 첨가해 부연하자면, '평범한 모든 일들 가운데서의 감사'이다. 그러니까 '크게 올리는 감사'요*, '전심을 다한 감사**'이며, 앉을 시간이 없는 레위인들에게 당부하시는 말씀에서도 보듯이 '서서 드리는 아침과 저녁의 감사이야기***'라 하겠다.

이길 때 감사한다? 아니다. 우승했을 때 감사한다? 아니다. 합격했을 때 감사한다? 아니다. 그것도 포함사항이지만 이런 때만 감사한다면 이는 초보적인 감사에 불과하다. 이는 누구나 할 수 있는 감사이야기다. 진정한 감사를 생각하면, 이것은 한국의 기독교인들에게 주는 메시지가 크다. 초보적인 감사에서 벗어나 깊이와 너비가 있는 감사를 드리자는 뜻이 아닐까?

김연아 선수가 2014년 소치 올림픽에서 심판들의 편파 판정으로 금메달을 놓치고 은메달에 그쳤다. 우리 국민들은 분노했다.

---

* 시편 109:30, 내가 입으로 여호와께 크게 감사하며 많은 사람 중에서 찬송하리니

** 시편 111:1, 할렐루야, 내가 정직한 자들의 모임과 회중 가운데에서 전심으로 여호와께 감사하리로다

*** 역대상 23:30, 아침과 저녁마다 서서 여호와께 감사하고 찬송하며

심판과 러시아의 코치, 그리고 금메달을 딴 소트니코바 선수와의 커넥션에 의문을 품었다. 실제로 경기 후 의문스러운 광경들이 목도되기도 했다. 하지만 김연아는 은메달을 목에 걸고는 의미심장한 이야기를 하였다.

"저는 은메달을 땄지만 오히려 감사합니다. 이 자리에 서기까지 국민들께서 성원해주신 것을 감사하고, 코치선생님과 감독님께도 감사를 드립니다."라고 감사를 말하여 분노한 국민들의 마음을 차분하게 가라앉혔다. 김연아는 일류一流를 넘어 특급선수였다. 이 것이 김연아가 준 '감사메시지'이다. 자칫 5천만 우리 국민들의 마음이 분노로 번질 뻔한 사건을 잦아들게 만든 사건이며 그것은 분명 특종特種감이다.

감사는 사람에게 큰 위로와 힐링을 준다. 불안과 불화, 근심과 걱정에서, 그리고 신경증과 알코올 중독에서도 효과가 크다는 보고와 저술들이 나오고 있다.


○ 미국의 방송인, 오프라 윈프리*는 자칫 포기할 뻔 했던 10대 생활을 감사일기, 저널 그리고 독서를 통해 극복하고 세계적인 인물로 부상했다. 감사의 힘이다.

○ 행복나눔125위원장, 손욱은 「나는 당신을 만나 감사합니다」라는 저술을 내고 '일천만 한국민의 삶을 변화시킬 위대한 습관은

---

* 미국에서는 이단시비에 넌크리스찬이라는 평가가 있기에 감사에만 국한하여 말하고자 한다.

'감사'라고 설파했다. 감사의 감동이다.

ㅇ 감사 전도자 임효주는 자신의 책 「댕커스」에서 '자신을 알코올 중독으로부터 나오게 한 힘은 감사가 최고였다.'라고 고백한다. 감사의 능력이다.

ㅇ 「0.3초의 비밀 감사의 힘」의 저자 데보라 노빌은 자신의 책에서 '인생의 키워드 두 가지 'S'를 잡으라고 하면서 "행복happiness S은 '감사합니다'로 시작되고, 성공Success S은 '고맙습니다'가 보장한다!"고 말한다.

ㅇ 매일 아침 218만명에게 희망의 메시지를 전하고 있는 작가 고도원은 「사랑합니다 감사합니다」라는 책에서 주장한다. "하루에 한번, 자기 자신에게 말하기를, '고맙다, 오늘도 열심히 살아줘서 고맙다!'라고 하면서 스스로를 긍정하고 응원하는 사람이 행복하다고 전제하고, 행복에 이르는 가장 쉬운 말 역시 '사랑합니다, 감사합니다.'"라고 설파한다.

ㅇ 「감사합니다 한국」의 저자 이케다 다이사쿠는 한국을 가리켜 '문화대은文化大恩의 나라'요 '형님의 나라'라 부르면서 고대로부터 일본에 문화를 전해준 한국에 은혜感謝를 갚아야 한다고 주장한다. 안중근, 안창호, 이순신, 유관순, 한용운, 윤동주 등 한국의 영웅을 일본뿐 아니라 전 세계에 알려온 인물임을 이수성(전 국무총리)씨는 전한다. 일본에도 양심적인 감사의 인물이 있음을 보게 된다.

한번, 대답해보시라.

○ 왜 에덴에서 아담과 하와가 실패했는가. 그 무엇도 부족함이
없는 에덴에서 말이다.

○ 인류의 첫아들 가인이 왜 살인죄를 저질렀을까? 제사(또는 예
배)를 잘 드린 후에 말이다.

○ 소돔과 고모라의 의인 롯은 인생말년, 왜 실패자가 되었을
까? 여러 가지 이유들이 있겠지만 첫째 이유를 들자면 저는 감사
의 문제를 꼽겠다. 감사가 부족해서 감사에 실패했다. 아니, 정확
하게 말하자면 넘치는 감사에 실패했기 때문이다.

그런 의미에서 다음의 성경말씀을 잊지 말자.

○ 골로새서 3:17 "또 무엇을 하든지 말에나 일에나 다 주 예수
의 이름으로 하고 그를 힘입어 하나님 아버지께 감사하라" 같은
책 2:7에 보면, "그 안에 뿌리를 박으며 세움을 받아 교훈을 받은
대로 믿음에 굳게 서서 감사함을 넘치게 하라"

○ 시편 7:17에서는 "내가 여호와께 그의 의를 따라 감사함이여
지존하신 여호와의 이름을 찬양하리로다"

○ 시편 9:1~2에 의하면, "내가 전심으로 여호와께 감사하오며
주의 모든 기이한 일들을 전하리이다, 내가 주를 기뻐하고 즐거워
하며 지존하신 주의 이름을 찬송하리니"

감사하기 어려운 시대에 넘치는 감사가 필요한 이유서이다.

# 작은 것에 감사하기

감사는 긍정과 고마움의 마음을 먹고 살아가는 나무이다. 감사는 긍정의 마음 밭에서 자라는 식물이며, 고마움의 텃밭에서 자라나는 과실과 같다. 감사라는 녀석은 수박이나 참외, 오이마냥 마른 가뭄이 오래면 쉽게 타들어가는 성질이 있다. 과실이 달려도 쓰고 맛이 없다. 장마가 오래면 웃자라나 쉽게 썩는 이치과 같다.

때문에 긍정과 고마워하는 마음 밭이 매우 중요하다. 날카로운 사람이나, 까칠한 성격, 또는 딱딱하고 거친 사람 속에는 감사하는 마음이 싹트기 어렵다. 아무리 그러하다 해도 우리의 마음 밭을 기경하면 가능하다. 감사는 모든 사람이 키울 수 있고 가꿀 수 있는 가능한 내적 온화함이다. 흡사 하나님 아버지의 마음과 같다.

농부는 척박한 논밭을 겨울이 오기 전에 갈아엎는다. 거름을 듬뿍 주고는 다시 한 번 갈아둔다. 겨우내 수축收縮, 응축凝縮이 되고 또 늘어지고 풀어지는 작업을 거듭하다가 해동기가 지나고 봄이 다가올 때에 다시 쟁기질을 하고 나면 논밭은 그야말로 여느 집의 밭처럼 거듭나게 된다. 개혁改革이다. 이와 같이 인간의 마음 밭도 청소년기 또 청년의 때에 기경을 잘 하고 나면 사람이 달라지게 된다. 아니 불혹의 나이가 지나고 쉰 살이 넘어도 개혁은 마음먹기 나름이다.

빅토르 위고는 인간의 나이에 대해* "마흔 살은 젊은 층에게는 늙은 나이이고 쉰 살은 노년층에게는 젊은 나이이다."라고 말했다. 요즘 말로 이야기하자면 나이는 숫자에 불과하단 말이다. 과학과 의료기술의 발달로 인생 100세 시대가 도래했다. 나의 어머니도 106세까지 살았다. 요양원에 계시면서 하체가 불편해지셨지만, 소천하시기까지 귀가 밝았다. 우울감이 사라지고, 보는 이 아이가 누군지 정리되고 기분 좋아지면 묻는 말에 대답을 하셨다. 어머니의 경우는 특별한 경우라 해도 요즘 시골(고향)에 내려가면 70대 후반 만해도 경로당에서 애들 취급을 받는다. 아니 어르신들 수발드는 봉사자로 활동함이 자연스럽다.

이러한 실정이기 때문에 나이 오십을 넘어 예순이라 해도 전업을 시도한다든지, 마음을 다지고 종교에 귀의하며, 외국에 나가 선교적인 일로 일생을 마감하고 싶어 하는 분들이 많은데 가능한 소원이다. 지인 한 분은 육사출신으로 청와대에 파견 근무를 주로 하다가 제대했다. 장로로서 교회에서 봉직하더니 자청하여 나이 59세인 그가 인도차이나에서 의미 있는 일을 하겠다고 오지 선교현장에 나섰다. 자기가 살아온 날의 작은 감사에 성공한 경우이다. 라오스에 가서 그를 만났는데, 청와대 근무 시절의 잘나가던

*「인생미학 나이에 대한 위인들의 단상·고찰」 (경향신문, 1996.8.9. 29면)

모든 것들을 내려놓고 아내와 함께 나서서 성실하게 어린 선교사들을 섬기고 직원들을 격려하는 모습을 보니 참으로 대견하고 감사하였다.

부정과 우울은 감사의 적이다. 다시 말하면 부정과 우울은 감사와는 상극이란 말이다. 부정적인 사람은 입에서 감사가 나오기 어렵다. 또한 우울한 사람이나 조울증에 걸린 이는 감사하기가 여간 어렵지 않다. 이런 경우의 사람에겐 곁에서 도와주는 감사의 조력자가 있어야 한다. 특히 감사의 조력자가 그 사람의 멘토이면 더욱 좋다. 그것은 멘토의 말을 잘 흡수하기 때문이다.

순종하며 의에 종이 된 이는 바울이다. 이에 대한 감사를 표현하는 바울의 마음을 다음의 구절을 통해 읽게 되어 더욱 기쁘다. "하나님께 감사하리로다 너희가 본래 죄의 종이더니 너희에게 전하여 준 바 교훈의 본을 마음으로 순종하여 죄로부터 해방되어 의에게 종이 되었느니라"(로마서 6:17-18).

또 하나의 로마서 말씀이 생각난다. "우리 주 예수 그리스도로 말미암아 하나님께 감사하리로다 그런즉 내 자신이 마음으로는 하나님의 법을 육신으로는 죄의 법을 섬기노라"(로마서 7:25).

바울은 때로는 곤고함 속에서, 극심한 고민 가운데서도 '주 예수 그리스도로 인하여 하나님께 감사하겠다.'라고 고백한다. 하나님의 섭리가운데 그리스도의 행하심이 놀랍도록 감사했기 때문이다.

얼마 전, 동네를 지나다가 한 전단지를 받았는데 아래의 10가지 문장이 모두 감사로 촘촘하게 수놓아 꾸며져 있다. 바로 내가 드리고 싶은 하루하루의 감사 표현들이었다. 고이 접어 스크랩북에 간직해오고 있다가 오늘에야 펼쳤다. 그 내용은 '작은 감사가 큰 행복을 낳습니다.'라는 제목을 달고는 꼭 나의 주변과 생활에서 있게 되는 소소한 10가지의 감사를 기록하였다.

○ 내가 생각할 수 있음을 감사한다.

○ 아침에 하루를 시작하며 새로운 시간을 주심에 감사한다.

○ 식사 때마다 먹을 수 있는 음식이 있음에 감사한다.

○ 일터에 가면서 내가 움직일 수 있다는 것에 감사한다.

○ 일하면서 느끼는 보람과 건강이 있음에 감사한다.

○ 내가 사랑하는 사람이 있음에 감사한다.

○ 귀가 후 돌아 올 가정과 가족을 주심에 감사한다.

○ 신문, TV를 보면서 작지만 귀한 여가 주심에 감사한다.

○ 따뜻한 잠자리를 주심에 감사한다.

○ 아침에 눈을 뜨고 일어남에 감사한다.

우리가 잊고 지내던 수많은 생활이 다 감사의 조건이었음을 깨닫는다. 동시에 그렇게 인식하지 못하고 감사하지 못하였던 것을 회개한다. 아니 조건 때문이 아니라 나의 삶, 환경, 가족, 가정, 동아리, 친구들, 매일같이 오가며 만나는 사람들, 단골 수퍼마켓의 직원과 사장, 취미생활하면서 사귄 통장님, 학생복 사장님, 세탁소 사장님, 젊은 청년들, 가톨릭 형제와 자매님 등 일상과 매일매일 속에서 감사할 것을 찾아낸다면 그것은 밭에 감추어졌던 보화를 발견하는 기쁨과 같다. 그렇다. 감사는 밭에 감추어진 보화다. 그러므로 밭을 일구어 감사를 회복하자.

# 5

## 오밀조밀 감사하기 Ⅰ

큰 딸 지영이가 대학생이던 23살, 꽃다운 나이에 베체트씨병에 걸렸다. 자가 면역체계 질환으로 분류되며 위중하기에 나라에서 의료비를 90% 지원한다. 처음에는 베체트씨병에 대한 지식이 없어 수개월을 허송세월 했다. 입안에 궤양 현상이 생기면 이비인후과에 가보고, 무릎에 반점이 돋아 통증을 호소하면 정형외과나 피부과에 가보고, 그리고 외음부 성기에 치명적인 궤양 증세가 생기면 산부인과에 다니면서 이렇게 6개월을 훌쩍 넘기고 말았다. 다행히 상도동의 이화피부과 선생님이 대학병원에 추천서를 써주어서 확진판정을 받는데 성공했다. 인하대학병원에서 확진판정은 받았으나 베체트씨병에 관한 최고 권위자는 연세대학교의 세브란스에 있다고 해 연락을 해보니 진료를 받는 데만도 6개월이나 걸린다는 것이다. 난감했다. 다행히 신문사편집국장(후배)의 소개로 달포 만에 진료를 받는데 성공했지만 또 실망할 수밖에 없었다. 그것은 쉽게 낫는 병이 아니고 평생을 가지고 가야할 지병이라는 것이다. 기도가 안 되고, 원망에 한숨에 하소연이 겹쳐지고 있었다. 남몰래 컴컴한 도심의 하늘을 여러 차례 올려다보았다.

하늘도 무심하시지....

그동안 9년의 세월이 흘렀다. 딸은 대학 졸업 후 MBC, KBS와 멕시코계 광고회사를 거쳐 국내의 중견광고업체에서 일하면서 유럽에 배낭여행을 다녀왔다. 기도하고 버티고, 기도하고 안정을 찾고, 기도하고 눈물을 흘리는 일이 어디 한 두 번일까.

그러던 중에 조금의 안정을 찾은 지영이가 2012년 5월 어버이날을 맞이하여 보냈던 예쁜 "감사카드" 내용을 소개해본다. 지영이의 베체트씨병 치유소식은 뒤에 감사의 결과, 힘과 능력을 간증형태로 다시 한 번 더 언급하고자 한다.


From 큰 딸 지영~
To 사랑하는 아빠께∨


아빠! 큰 딸 지영이에요

♡언제나 사랑으로 네 자녀를 양육하시고, 엄마와 화목한 가정 이끌어 나가 주셔서 감사해요.

♡요즘 다른 집들 보면 가정불화에, 이혼에, 바람나는 부부들도 많은데... 늘 가정과 목회에만 전념하시고, 행복한 가정을 유지해 주시고, 기도와 사랑으로 함께해주셔서 정말 감사해요.

특별히 아빠를 똑 닮은 유전자 덕분에 사회생활도 잘 하고, 다재다능한 인생을 살아가고 있음에 감사드려요. 하나님 안에서 늘 화목하고 행복한 삶을 살아가는 아빠 되시길 간절히 소망합니다. 사랑해요!

♡You are my shiny star.♡ (당신은 나의 반짝이는 별이에요)


딸에게 베체트가 찾아왔을 때 나는 감사하지 못하고 있었다. 아이의 질병의 원인이 무엇일까에 골몰하고만 있었다. 함몰 웅덩이에서 헤어 나오지 못하고 있었던 것이다. 그런데 딸은 이미 힘들고 지친 고단하고도 깊은 고통의 강, 콜로라도강을 건너고 험준한 안데스산맥에 올라 드넓은 미시시피강의 대평원을 바라보고 있었다...* 지영이는 이미 감사에 성공하고 있었다.

감사는 참으로 놀라운 결과를 만들어내는 힘이요 하나님의 은혜요 통로였다. 감사는 축복의 통로이다. 하나님의 은혜와 축복이 그리고 치유와 힐링이 그 감사를 도구 삼아 흐른다는 사실을 깨닫게 되었다. 뒤집어 말하자면 감사는 내게 기쁜 소식이지만 구원의 복음은 아니다. 감사는 치유도 선물하지만 감사하면 그 결과 반드시 능력이 나온다고 말할 수 없다. 감사는 기쁨을 선물하지만 그 자체가 기쁨도, 평안도 행복도 아니다. 다만 그것들의 통로가 될 뿐이다. 행복으로 들어가는 터널 말이다.

감사는 인간의 마음 밭에 기쁨을 나눌 공간, 평안을 누릴 공간, 만족과 행복을 머금을 공간을 마련한다. 그것이 발아하여 숙성하면 행복(감)으로 다가온다. 행복은 많은 물건이 가져다주는 게 아

* 활천(월간, 2016년12월호)

니다. 다양한 취미생활이 가져다주지 않는다. 재물이나 권력도 학력도 아니다. 행복은 감사가 답이다.

어느날, 스포츠신문*을 읽다가 한 야구선수의 감사이야기를 접하고 다시 한 번 무릎을 쳤다. 이것이구나. 롯데의 노장 우완투수 송승준(37)은 야구선수로서는 할아버지 같은 서른일곱 나이에 빛을 발하고 있었다.

> 흔들려도 무너지지 않는 송승준 '100승투'
> 위기마다 맞혀 잡는 피칭 노련미 빛나
> 넥센전 5연패 사슬 끊고 시즌 7승
> 데뷔 10년 만에 역대 29번째 100승 달성

이러한 발문發文만을 보면 별 감동이 없다. 하지만 송승준의 이력을 보면 그땐 달라진다. 그는 미국의 마이너리그를 거쳐 2007년 그의 나이 27살 늦깎이로 롯데를 통해 한국프로무대에 데뷔했다. 10년 만에 100승 투수가 되었다. 왜 그라고 기복이 없었을까? 지난해엔 부상으로 10경기에 나서 1승2패에 그쳤다. 그는 구속이 130킬로 후반 대이며, 포크볼의 낙폭도 크지 않다. 이럴 때 그는 자신의 컨디션을 끌어올리며 제구에 초점을 두는 쪽으로 방향을

---

* 스포츠서울 2017년8월7일[제9853호] p. 4.

잡고 투구한다. 백전노장다운 지혜로운 투구이다. 미국에서 마이너리그를 경험하면서 풍부한 경험의 코치들에게 전수받은 기술들이 녹아 있다. 그것이 지금의 송승준을 만들었다. 포기하지 않는 근성으로 지금의 그가 있는 이유이다.

인터뷰 끝 무렵, 신문에 표기된 송승준의 이야기를 들어보자.

"지난 해 포기하고 싶은 생각이 들 때도 있었지만 미국 마이너리그 때의 힘들었던 기억을 떠올리며 버텼어요."

"생각보다 일찍 100승을 달성해 마음 편히 남은 경기를 할 수 있을 것 같다. 11년 뛰는 동안 도움을 준 모든 동료 선수들 (감사합니다)과 올해 로테이션에 들어올 수 있는 기회를 주신 감독님 (감사합니다), 항상 좋은 가르침을 주셨던 여러 코치님들께 감사하며 특히 내 공이 좋을 때나 안 좋을 때나 묵묵히 받아준 강민호에게 감사와 존경의 말을 전하고 싶습니다."

그는 184㎝, 105㎏, 1980년 6월 29일생. 19세이던 1999년 연봉 4억 원에 보스턴 레드삭스에 입단한 발군의 선수였다. 미국에서는 이렇다 할 이름값을 내지 못했다. 하지만 한 가지는 건졌다. 퍼시픽대학교에서 경영학을 공부한 것이다. 그리고 2007년 롯데로 입단했다. 10년이 지난 지금 롯데에서의 그의 존재감은 놀랍다. 유망주 투수 박세웅, 박진영, 김원중 등 롯데 마운드 재편의 중심에 선 그들 모두가 송승준의 경험과 노하우를 배우는데 열정적이다. 볼 배급, 완급 조절, 자신감, 조언 등 그는 롯데 투수들의 버팀 목이요 정신적 지주역할을 톡톡히 하고 있다.

2017년 매우 잘나가는 그의 입에서 감사가 넘쳐난다. 감독님께 코치진에게 포수 강민호에게... 인터뷰에는 나오지 않았지만 조금만 더 시간을 주었다면 자신을 잘 따르는 후배들에게도 분명 감사 인사를 했을 법하다. 내가 보건대 '송승준은 감사의 인물임에 틀림 없다'.

# 6

## 오밀조밀 감사하기 2

몇 해 전부터 한 달에 두 곳 이상으로부터 감사세미나 초청을 받게 해 달라고 기도해 왔다. 연 초에는 소원이 들어지는 듯 했다. 하지만 여름철만 되면 흐지부지 일그러지기 십상이었다. 이것이 지난 3년간의 성적표다. 헌데 2017년 들어서 기도응답을 보았다. 1월부터 잘 이어지고 있다. 9월에는 4곳으로부터 과분한 초청을 받았다. 참으로 감사한 일이다. 18년에는 전주바울교회의 초청을 받아 말씀을 전했고(4월), 6월에는 부천 꿈마을엘림교회의 1일 감사부흥회를, 7월에는 대구 현풍성광교회에서 감사부흥회를 이틀간 인도하기도 했다.

감사운동을 작정하고 혼자 한 말이지만, 태평양 건너 하와이라도 미국이든 영국이든 싱가폴이든 부르는 곳이면 아낌없이 달려가겠다고 작정했다. 아니 아프리카라도 달려가겠다고 다짐했다. 강사비가 없어도 자비량으로 달려가겠다고 다짐했다. 이제는 응원해주는 분들이 생겨나고 있어 감사한 일이다. 그런데 올 초 아프리카의 카메룬에서 사역하는 윤원로선교사에게서 초청을 받았다. 두 주간 일정으로. 고민하던 중 책자가 나오면 가지고 가겠다고 조정하였다.

○ 내가 관여하는 한부모가족돌봄센터 위대한맘(싱글맘) 단체의 정숙자매로부터 일전에 전화가 왔다. 7월말에 이사를 하는데 이사 후 심방예배를 드려달라는 요청이다. 저들은 삶이 어렵기 때문에 대부분 가리고 싶어 한다. 드러나는 것을 보통 원치 않는다. 그런데 자신이 다니는 교회가 있음에도 내게 또 심방을 요청한 것이다. 아내와 상의하고 쌀 한포를 준비해 놓고 있다. 그 쌀 한포는 이미 정숙자매와 자녀들 6명의 몫이다.

○ 작년의 일이다. 부천의 한 목회자로부터 전화를 받았다. 만나고 싶다는 것이다. SNS 상에서 나의 감사칼럼을 읽었다는 것이다. 이틀 후에 약속일을 잡고는 만났다. 나오는 길에 쌀 20kg짜리 한포를 선물로 주신다. 감사세미나 날짜를 잡아주더니 식사하면서 34년 목회이야기를 풀어놓는다. 헤어질 때, 아래층 한 가게를 더 들러 아내에게 주는 선물이라며 소고기 정육을 한 덩어리 사서 들려준다. 하나님의 음성을 듣는 순간이다.

아침에 아내로부터 직장에 출근하며 '소고기가 먹고 싶다'는 말을 들은 터이다. 쌀 포대에, 소고기에, 감사세미나 요청까지 받으니 이처럼 놀라운 이야기가 또 어디 있을까? 집에 돌아와 나의 서재에서 무릎을 꿇었다.

'하나님 아버지, 나의 일거수일투족을 지켜보시는 아버지시여!'

'나는 부족합니다. 너무 교만했습니다. 서툴렀습니다.'

'감사합니다. 감사만 전하겠습니다. 무조건 순종하겠습니다.'

'감사합니다. 따르겠습니다. 요나처럼 매맞고서가 아니라 처음부터 조용히 순종하겠습니다.'


○ 일면식도 없고 아무 관계도 없는 한 사모님으로부터 연락이 왔다. 감사지기 임목사님을 만나고 싶다는 것이다. 한 날 부평의 한 카페에서 만났다.

"나는 감리교회의 한 원로목사 사모입니다. 부평에서 개척했고 일평생 목회하다가 조금 일찍 은퇴하여 광명에서 노후생활을 하고 있지요. 남편 목사님과 함께 탁구 테니스 등 운동을 하며 건강하게 지내고 있습니다." 겉으로 보아하니 얼굴색이 거무스름하니 운동에 살짝 그을린 모습이다. 건강미가 넘친다.

저를 어찌 아시고 연락을 했느냐 했더니 SNS상의 밴드에서 '1532감사일기' 쓴 것을 늘 읽고 있었기에 연락을 하게 되었다는 것이다. 밴드에서 가끔씩 댓글을 달아 관심을 표한 것은 기억난다. 헌데 그 사모님이랑 식사를 하게 되고, 또 카페에 들르고, 몇 번의 만남이 이어지다가는 '스에나가색채심리연구소'(소장 백낙선 교수)를 소개받았다. 또한 그분의 강의를 위대한맘 정기모임에서 듣게 되고, 또 그분을 통해 네이버 해피빈의 '폭력치유상담프로그램'을 유치하게 되었다. 감사일기와 감사운동이 주는 유익은 상상

이상이었다.

생애 중 최고로 어렵고 춥던 시절, 아내의 소개로 감사운동가를 만나고, 한주 한번 정기적으로 모여 감사일기를 쓰고 발표하고 토론하며 이론서를 읽어나갔다. 큰 은혜를 받았다. 그리고는 결심을 하였다. 이제부터는 감사의 사람, 한국교계의 감사지기, 감사운동가가 되겠노라고.

그것이 계기가 되어 감사관점으로 성경을 읽어 내려간다. 성경을 수십 번도 더 읽었을 테지만 감사관점으로 읽어 내려가니 성경이 다르게 보인다. 인물들이 다르게 보인다. 사건들이 정갈하게 풀어지고, 인물들이 튀어나와 내 곁을 뛰어다니는 기분이랄까. 놀라운 경험을 하게 되었다. 성경에 난해구절이라 해서 나를 어렵고 힘들게 하는 것들도 아무 문제가 되지 않았다.

매일같이 감사한 일들을 경험하며 수시로 수첩에 써내려간다.

주일 저녁에는 온가족들이 모여 찬송을 부르고, 한 사람이 기도한다. 각자가 기록한 1532감사 일기를 발표한다. 거실은 뜨거운 열기로 빛난다. 치킨 2마리 또는 피자 2판 정도를 준비해 놓고는 자유롭게 먹으면서 순번 없이 감사저널을 발표한다. 6년 이상을 이어오고 있는데 얼마나 축복인지 알 수가 없다. 그로 인한 가족 간의 우애와 동질감, 감사의식의 습득과 과정, 결과들을 통해 즐겁고 귀중한 행복을 경험하고 있다.

하루는 큰 딸이 말한다. 우리 집의 감사밴드이야기를 책자로 묶어보자고... 그것도 신나는 일이 될 듯하다.

"우리가 아직 죄인 되었을 때 그리스도께서 우리를 위하여 죽으심으로 하나님께서 우리에 대한 자기의 사랑을 확증하셨느니라"

(롬 5:8).

# 나가는 말

하버드대학에서 있었던 일이다. 스트레스분야 연구로 노벨생리의학상을 수상(1958년)한 한스 셀리에(1907-1982)의 고별강의가 있었다. 당시 그 자리에는 세계적인 석학들, 박사과정 생은 물론 수천의 하버드학생들이 대강당을 가득 메운 상태였다. 스트레스에 관한 레전드 한스 셀리에의 강연을 듣기 위해서였다. 그의 열강은 멋지게 끝나고 우레와 같은 박수가 쏟아졌다. 그런데 퇴장하는 한스 셀리에에게 한 청년이 손을 높이 들고는 때늦은 질문을 던졌다. 온 청중의 눈이 그의 질문에 모아졌다. '온 세상이 스트레스 덩어리들인데 그것을 해소할 방법을 한 가지만 알려 주십시오!' 잠시의 침묵을 깨고 던진 셀리에의 한마디는 "감사! 감사하십시오 Appreciation."라는 외마디였다. 셀리에는 다시금 박수를 받으며 유유히 청중을 헤치고 사라졌다.

필자는 감사가 주는 유익, 감사가 주는 힘, 감사에 따른 평안, 감사에서 오는 기쁨, 감사로 인한 치유와 힐링에서부터 결국엔 행복해진다는 사실을 깨닫게 됐다. 단지 잊지 말아야 할 것은 계속해서, 매일같이 감사생활을 해야 한다는 조건이 있을 뿐이다. 현대인들에게 다가오는 무거운 스트레스는 분명 해결해야 할 숙제임에 틀림없다. 현대의학의 연구에 의하면 스트레스 해소방법으로 두 가지가 대표적이다. 하나는 우는 것이고,. 다른 하나는 규칙적 운동이다. 스트레스를 받으면 '코티졸'이란 물질이 분비되는데 이것은 사람이 울 때 제일 잘 배출된다고 한다. 그리고 쥐의 실험에서 스트레스를 주고난 뒤 운동을 시킨 것과 그렇지 않은 것은 엄청난 차이가 났다. 운동을 시키지 않은 쥐들은 3주 후에 모두 죽었으나, 운동을 규칙적으로 시킨 쥐들은 하나도 죽지 않았다는 것이다.

스트레스를 해결하는 것은 행복으로 가는 길이다. 그런데 진정한 행복은 무엇일까? 부채를 갚았다고 행복해지는 것일까? 석·박사학위를 받았다고 행복해지는 것인가. 자녀가 취직과 합격의 통지서를 가지고 나타난다고 진정 행복하다는 말인가. 로또복권에 당첨됐다고 행복해질까? 행복으로 가는 길에 입문한 것뿐이다. 작은 기쁨과 조그만 평안을 회복한 것뿐이다. 하지만 진정한 행복은 감사를 통하여, 특히 운동을 하듯이 규칙적인 감사의 감격과 찬양의 눈물로 행복해진다는 사실이다. 감사생활에도 근육이 붙어야 한다.

감사관련 서적을 30여권 넘게 읽는 동안 참으로 많은 사실들을 깨닫게 되었다. 감사感謝는 '마음의 전달이요 소통'임을, 감사感謝는 '고마운 마음을 상대방에게 전하며 인사하는 것'임을, 감사感謝는 '고마운 감정을 상대에게 말로만 아니라 몸으로 관절과 마디를 굽히고 접어서 인사하는 것'이라는 데에까지. 감사는 오해를 풀게 하고, 싸움을 그치게 하며, 고통과 한의 응어리도 풀어지게 하는 힐링과 치유가 있음을 알게 되었다.

이 놀라움을 혼자서만 소유하기에는 죄스럽다는 마음이 든다. 혼자만의 것으로 차지하기에는 벅찬 감격들이다. 그동안 모바일 신문 「본 헤럴드」를 통해서 독자들과 공감해왔다. 이제는 오프라인 상으로 많은 형제자매들, 친구들, 동문과 사역자들, 그리고 수많은 소시민들과도 감사한 마음을 나누고 싶다. 왜냐하면 우리가족들, 나뿐만아니라 아내와 큰 딸에까지 큰 병마에서 건짐을 받는 특별한 병고침의 체험도 했기 때문이다.

어느 날, 나는 감사생활을 하는 중에 감사 십계명十誡命을 작성하게 되었다. 가족밴드에 올려놓고 매일같이 묵상해본다. 나에게 있어서 감사란 무엇인가. ① 감사는 마음을 다스리는 명약이다. ② 감사는 행복을 누리는 지름길이다. ③ 감사는 고집을 허무는 시작이다. ④ 감사는 포기하지 않는 생명이다. ⑤ 감사는 활력을 주는 기름이다. ⑥ 감사는 찾지 않으면 잊어버리는 망각이다. ⑦ 감사는 퍼낼수록 샘솟는 우물이다. ⑧ 감사는 가꿀수록 아름다운 보배이다. ⑨ 감사는 경주할수록 잘 달리는 말과 같다. ⑩ 감사는 언제나 유용하다.

이 책은 여러 사람들에게 은혜를 입었다. 손욱 선생의 저술 '나는 당신을 만나 감사합니다'가 모티브가 되었다. 그리고 임효주 목사의 책 '감사, 그 놀라운 이야기들'이 자신감을 주어 여러 번 정독해 읽었다. 이영훈 목사의 감동 책자 '감사, 행복의 샘'을, 그리고 김은호 목사의 '땡큐 바이러스'를, 고도원 선생의 '사랑합니다 감사합니다' 등이 나를 여기까지 오도록 용기를 주었다.

나에게도 길이 있겠구나. 넓은 세계로 나가는 길을 모색해보자. 감사 칼럼들을 쓰기 시작했으나 그것이 책이 되어 출판되기는 쉽지 않았다. 연재를 허락해준 본 헤럴드의 최원영목사께 감사드린다. 2016년 말에 시작해 2018년 봄까지 한 주에 한번 꼴로 글을 써 올렸다. 이참에 글을 읽고 그림을 만들어 글을 맛깔나도록 예쁘게 디자인해준 윤홍식본부장께 감사드린다.

감사생활을 실천하는 데는 우리가족들이 큰 힘이 되었다. 게으름에 빠질 때마다 정신을 차리도록 충고해준 사랑하는 아내 장순복사모에게 감사드린다. 주일 감사모임에 꼭꼭 참석해 감사저널을 기록하여 밴드에 올려준 큰 딸 지영, 사위 창근, 둘째 지해, 셋째 지수, 넷째 지훈 등 온 가족들에게 감사한다. 재롱둥이 외손녀 세현이, 아현이가 참여해 더욱 기뻤다.

예배와 모임마다 넉넉히 배려해주신 CTS경인방송사 사장 진문용장로님, 더감사교회의 가족들, 위대한맘 인천한부모센타 가족들, 은혜주택 원장님과 대한간호학원 이사장님의 은혜를 잊을 수가 없다. 끝으로 출판을 허락해 준 글샘출판 대표 황성연장로와 그의 스탭들에게도 감사드린다.

# 우리 가족 감사이야기

우리가족은 4년 전부터 주일저녁마다 감사모임을 시작했다. 하루는 감사지기 집에서 다음 주엔 큰 딸네 집에서, 그 다음은 작은 딸네 집에서 이렇게 세 곳을 돌아가며 감사모임을 진행하였다. 매일감사는 각자 알아서 하기로 여유를 주었다. 주일저녁 7시면 어김없이 약속된 장소에 모여든다. 피자, 치킨 사이다 등 아이들이 좋아할 만한 음식을 준비하고 여유 있을 때는 아내가 약간의 간단 요리를 준비한다. 샐러드, 또는 족발을 구입해 놓는다.

제일 편한 복장에, 편한 자세다. 무슨 격식이 필요한 것이 아니다. '자, 우리, 찬양 한 곡 하자!' 좋아하는 찬양을 한 곡 부르고는, 내가 기도를 한다. 주로 감사기도이다. 건강한 것, 자녀들이 잘 자라고, 취직을 하고 아르바이트를 하는 등 필요에 따라 허락하시는 것에 대한 감사이야기다. 준비한 음식을 먹으며 감사이야기를 작성하고 돌아가며 발표를 한다. 이 또한 순서가 없다 준비되는 대로 발표한다. 그리고는 손을 어깨 높이로 들어서, "들어주셔서 감사합니다."라고 외치면, 회중 모두가 "나눠주셔서 감사합니다."라고 제창으로 화답한다. 이렇게 한 사람의 감사이야기가 발표되면 다음 사람이, 그 다음 사람이 같은 형식으로 반복하여 감사이야기를 발표하고는 그날, 바로 〈우리가족 감사이야기〉밴드에 게재하여 불참한 자도 볼 수 있도록 배려한다.

이러기를 약 4년차 되었다. 아래 이야기는 [153(2) 감사 형식]으로 올린 감사이야기를 부록으로 두 주차에 실린 내용을 올려보았다. 가족마다, 교회마다, 작은모임, 구역(속)회에서 이렇게 감사이야기를 나눈다면 우리사회와 나라, 민족과 국가는 놀라운 행복의 나라가 될 것을 확신한다.

■ 2018년 10월 14일

1532 감사일기 / 감사지기 임승훈

**❶ 말씀 감사**

항상 기뻐하라 쉬지말고 기도하라 범사에 감사하라(대살로니가전서 5:16~18)

- 기뻐하는 것, 기도하는 것, 감사하는 것이야말로 그리스도인의
  기본임을 깨달으니 감사

**❺ 다섯가지 감사**

- 청주신흥교회 감사세미나 다녀오니 감사
- 바나바 김정호원장을 만나 함께 저녁 식사하니 감사
- 가로수교회(김상효목사) 임직식을 축하하며 감사
- 감사책을 순조롭게 만들어가니 감사
- 34년간 동고동락해 준 아내가 있어 감사

❸ 세사람에게 감사

 - 사랑하는 아내 장순복에게

 - 더욱 열심히 공부해나갈 것을 믿으며 아들 지훈에게

 - 후원자개발을 위해 고군분투하는 글로벌비전 이기현대표께


❷ 두권 이상 책 읽기

 - 그분의 정원에서/이강천/시.사진집


■ 2024. 01. 21. 주일

1532 감사일기 / 둘째 딸 임지해


❶ 말씀감사

개역개정 시편 119 : 148-1149절

- 주의 말씀을 조용히 읊조리려고 내가 새벽녘에 눈을 떴나이다.
  주의 인자하심을 따라 내 소리를 들으소서 여호와여 주의 규례
  들을 따라 나를 살리소서

- 24년에 나에게 허락하신 말씀에 감사합니다. 올 한해 성실하게
  주님의 말씀을 따라 살도록 인도하시니 감사합니다.


❺ 다섯 가지 감사

 -연초에 해나무 공부방에 학생들이 새로이 등록하니 감사

- 순탄하게 결혼을 준비하게 하시니 감사
- 망고와 낑깡이(고양이들) 아프지 않고 활발하게 잘 지내니 감사
- 가족 간에 화목하고 서로 위하는 마음이 가득하니 감사
- 책모임이 꾸준히 지속되어 멤버들과 함께 책을 읽고 생각을 나
  누게 하시니 감사

❸ 세 사람에게 감사
- 항상 사랑과 기도, 믿음으로 지지해주는 엄마, 아빠께 감사
- 내 편이 되어주고, 함께 해주는 기연이에게 감사
- 의지가 많이 되는 동생 지수에게 감사

❷ 두 권 이상 책 읽기
- 사람, 장소, 환대 - 김현경
- 벌레를 사랑하는 기분 - 정부희

■ 2024. 01. 21. 주일
153 감사일기 / 아내 장순복

❶ 말씀 감사
　그는 육체에 계실 때에 자기를 죽음에서 능히 구원하실 이에게
심한 통곡과 눈물로 간구와 소원을 올렸고 그의 경건하심으로 말

미암아 들으심을 얻었느니라. 그가 아들이시면서도 받으신 고난으로 순종을 배워서(히브리서 5:7-8)

- 고난을 통해서 순종을 배우신 주님을 보면서 순종도 배워야 함을 알고 깨닫게 되어서 감사

⑤ 5가지 감사
- 결혼 34주년을 기념하여 남편과 경서동 드림파크 국화축제에 다녀오니 감사
- 유치원 원장님에게 전통한복 책갈피 받으니 감사
- 매일 감사일기 쓸 수 있어 감사
- 친정아버님 건강하게 우리 곁에 계시니 감사
- 목사님 청주 신흥교회 감사세미나 인도하실 수 있어서 감사

❸ 3사람에게 감사
- 친정아버지 돌봐드리는 동생 내외에게
- 풍성한 먹거리 주신 조리장님께
- 예배 시간에 할아버지 챙겨드린 지훈에게
- 엄마를 챙기는 자녀들에게

■ 2024. 01. 21. 주일
153 감사일기 / 딸 지수

297

**❶ 말씀 감사**

하나님이 모든 것을 지으시되 때를 따라 아름답게 하셨고 또 사람들에게는 영원을 사모하는 마음을 주셨느니라. 그러나 하나님이 하시는 일의 시종을 사람으로 측량할 수 없게 하셨도다(전도서 3:11)

- 나를 지으신 분이 하나님이심을 알게 하시니 감사합니다. 주님께서 나를 아름답게 사용하실 때를 감사함으로 기다릴 수 있게 늘 인도해주세요.

**❺ 5가지 감사**

- 일 할 수 있도록 건강을 주시니 감사합니다
- 매번 제가 마주한 상황에 가장 필요한 말씀을 주시니 감사합니다
- 친구들에게 복음을 전할 기회를 주시니 감사합니다
- 믿음의 공동체를 이루게 하시고, 그 안에서 은혜 나눌 수 있게 하시니 감사합니다
- 주님이 예비하신 가장 아름다운 때를 기대하며 기다리게 하시니 감사합니다

**❸ 3사람에게 감사**

- 나를 위해 기도해주고 함께 은혜 나누는 지체들에게 감사
- 믿음의 가정을 세워주신 부모님께 감사
- 서로 챙겨주고 아껴주는 가족들에게 감사

# ■ 2024. 01. 21. 주일
## 153 감사일기 / 아들 임지훈

❶ 말씀 감사

   사람이 시험을 받을 때에 내가 하나님께 시험을 받는다 하지 말지니 하나님은 악에게 시험을 받지도 아니하시고 친히 아무도 시험하지 아니하시느니라. 오직 각 사람이 시험을 받는 것은 자기 욕심에 끌려 미혹됨이니(야고보서 1:13-14 KRV)

   - 주님은 그 누구도 시험하지 않으시니 우리가 시험받는 것은 우리들 스스로 미혹되기 때문임을 깨우쳐주셔서 감사


❺ 5가지 감사

   - 엄마 눈 주변 염증이 나아서 감사

   - 국어 사회 과학시험을 매우 잘 봐서 감사

   - 다음 시험을 기약하고 다짐하니 감사

   - 매번 맛있는 음식을 먹을 수 있으니 감사

   - 아빠 자전거 덕에 학교 가는 길이 편해져 감사


❸ 3사람에게 감사

   - 자전거 일일이 손봐 주는 아빠께

   - 삼촌 좋아해 주는 아현에게

   - 함께 노는 친구들에게

부록 2

# 아내에게 드리는 100감사

1. 제대 후 외롭던 내게 다가온 순복, 그대와의 만남을 감사

2. 고단한 잠을 못 이겨 새벽기도회에 못 나가는 나를 깨우러 오던 순복께 감사

3. 재정이 없던 내게 차비를 맡기며 같이 통학을 하자고 제안한 순복에게 감사

4. 성가대에서 내게 꾸지람을 맞으면서도 잘 참아준 순복에게 감사

5. 내 생각이 늘 옳은 것은 아니겠으나 적극 찬성해준 순복에게 감사

6. 장모님이 나를 무던히 구박했으나 무조건 좋아해준 순복에게 감사

7. 장인어른을 소개해주고 맛있는 불고기를 먹게 해준 순복에게 감사

8. 처제들과 처남을 소개하고 지지해달라고 손을 쓴 순복에게 감사

9. 처남의 힘든 군 생활을 알려주어 편지를 쓰게 해준 순복에게 감사

10. 제대 후 '우리 모두 예수 믿자'는 처남의 한마디가 나오기까지 복음의 기초가 되어준 순복에게 감사

11. 장모님의 미신과 불심(佛心)을 몰아내기까지 온갖 핍박을 잘 참아준 순복에게 감사

12. 장모님, 장인어른을 피해 경기도 모처에 피신한 곳까지 같이 가자 한 순복에게 감사

13. 판잣집 무허가 단칸방으로 내려앉았을 때에도 가족같이 지내준 순복에게 감사

14. 롤러스케이트장에서 간식을 만들어 코흘리개 돈을 받으면서도 마냥 좋아하던 순복에게 감사

15. 제대로 준비도 안 된 결혼식, 반지, 시계도 좋은 것 못 해주었는 데 결혼식에서 눈물을 흘리던 아내에게 감사

16. 제주도도 아니고 부산의 태종대로 신혼여행을 갔어도 불평하지 않은 아내에게 감사

17. 허름한 모텔에 들었어도 어린아이처럼 마냥 좋아하던 사랑스런 아내에게 감사

18. 대학원을 휴학하고 오갈 데 없을 때 이모님 단칸방에서 지내도록 배려해준 아내에게 감사

19. 석남동 시장에 신혼집을 차리고 피아노교습소를 하던 아내에게 감사

20. 어린 지영이를 가좌동에 맡기고 레슨 하러 다니는 고단함을 감수한 아내에게 감사

21. 부천에서 미래피아노학원을 운영하면서 나의 대학원 학비를 조달하고 공부하게 해준 아내에게 감사

22. 동업이라는 미명 하에 온갖 어려움을 겪으면서도 잘 참아준 아내에게 감사

23. 대학원 다니던 내게 어린 지영이를 업혀 보내준 아내에게 감사

24. 있는 것은 없어도 늘 당당하게 살던 남편을 자랑해준 아내에게 감사

25. 1987년 12월 월간목회에 입사했을 때 누구보다 기뻐했던 아내에게 감사

26. 너무나 바쁘고 고단해 달포마다 몸져 누울 때면 안타까워하던 아내에게 감사

27. 피아노학원 아이들과 씨름하느라 늘 목이 쉬어있었지만 열정을 잃지 않던 아내에게 감사

28. 잡지발행 때마다 늦게 들어오는 게 미안해 콜라, 오징어 사오면 좋아하던 아내에게 감사

29. 한바탕 다투고도 이내 눈물 흘리며 같이 밥을 먹던 사랑스런 아내에게 감사

30. 부산 시절 사택에 갇혀 우울해하던 아내에게 태중의 아기(지수)를 허락해 주심을 감사

31. 부산 방문한 장모님이 청소하시다가 꼬리뼈를 다쳐 아파하실 때 안타까워하던 아내에게 감사

32. 무더운 여름철 한산도 일대를 함께 여행할 때 그렇게도 즐거워하던 아내에게 감사

33. 어머님, 장모님, 형수와 형이 부산에 내려오면 매일같이 스케줄을 짜서 맛있는 별미음식을 대접하던 넉넉한 마음씨의 아내에게 감사

34. 비가 오는 가운데서도 진해 군항제에 지영, 지해를 데리고 지수를 업은 채 함께 사진을 찍던 아내에게 감사

35. 서대신동 맛집 막창구이집에서 대창구이를 같이 먹을 때 특이 좋아하던 아내에게 감사

36. 후암백합교회 시절 갖가지 헌금에 빠듯한 생활 중에도 열정
    으로 기도하던 아내에게 감사

37. 아이들 시집 갈 때 신랑집에 보낸다고 1년 만에 성경필사에
    성공한 아내에게 감사

38. 봉천동 개척 시절 감자탕요리로 대접하길 기뻐했던 아내에
    게 감사

39. 봉천동 개척 시절 문태현전도사, 김영금집사와 함께 열정으
    로 전도해준 아내에게 감사

40. 봉천본동 일대를 내 집처럼 훑고 다니며 전도하던 아내에게
    감사

41. 냄새나던 화장실의 찌든 때를 윤기 나게 청소하던 아내에게
    감사

42. 지훈이를 등에 엎고서도 비탈길을 오르내리며 전도하고 기
    도에 힘쓰던 아내에게 감사

43. 카니발을 교회 차량으로 교체했을 때 누구보다 기뻐하던 아
    내에게 감사

44. 지혜의 친구들이 전도돼 등록할 때면 크게 기뻐하던 아내에
    게 감사

45. 여름철 학생수련회 때 턱밑에 큰 혹이 생기고도 믿음으로
    붙들고 기도하던 아내에게 감사

46. 지영이가 괴한에게 붙들려 소리칠 때 어미의 육감으로 내
    달리던 아내에게 감사

47. 지영이가 베체트로 고통받을 때 제일 안타까워 소리쳐 기도
하던 아내에게 감사

48. 지해가 엄마가 2등하게 해달라고 기도해 1등을 못한다고 할
때도 1등이 계속 바뀌는 가운데 넌 계속 2등이니 네가 1등
이라고 달래준 속 깊은 아내에게 감사

49. 신안교회에서 교우들이 넉넉하게 생선과 나물을 가져 나를
때 기뻐하던 아내에게 감사

50. 신안교회에서 그렇게 고통주었도 하나도 밉지 않다는 아내
에게 감사

51. 테니스나, 수영을 가르치려 애썼지만 몸치여서 아내가 포기
한 것도 감사

52. 아내의 몸에 맞는 운동을 배우고 가르쳐야 하는데 내가 좋
다고 끌고 가려던 것 회개하며 감사

53. 지훈이가 과학영재 반에서 공부 잘할 때 자랑스러워하던 아
내에게 감사

54. 5학년 담임선생님께서 지훈이는 언제 어디서든 미래를 헤
쳐나가는 큰 인물이 될 거라는 말에 감격해 하던 아내에게
감사

55. 환경변화에 힘들어하면서도 계산역 지하에 탁구대가 있어
좋다 하던 아내에게 감사

56. 매일같이 즐거워하며 탁구 치는 아내에게 감사

57. 지훈이에게 창현탁구장에서 선출선생님께 개인레슨을 시
키며 좋아하던 아내에게 감사

58. 고혈압으로 눈에 이상이 왔을 때 좋은 결과가 있을 것을 믿던 아내에게 감사

59. 딸 지영의 소개로 영등포안과에서 검사 후 큰 병원으로 추천받은 아내에게 감사

60. 부평 한길안과병원에서 약물치료 주사요법을 믿고 달게 받은 아내에게 감사

61. 한쪽 눈이 나빠졌지만 생활탁구로 재미 붙이고 있는 아내에게 감사

62. 고혈압 판정이 나왔어도 잘 극복해 나가는 아내에게 감사

63. 직장이 힘들긴 하지만 지혜롭게 잘 버티는 아내에게 감사

64. 탁구를 치던 중 갑작스런 고통으로 어려운 가운데서도 침착함을 잃지 않던 아내에게 감사

65. 한길안과에서 백내장 수술을 권하였지만 거절한 아내에게 감사

66. 한길안과에서 망막혈액제거수술을 받고 어려운 자세로 잘 버텨준 아내에게 감사

67. 안과 수술 후 병원에서 함께 지내도록 허락한 병원측과 아내에게 감사

68. 자녀들과 남편을 챙기느라 자신을 돌보지 못한 데대해 미안한 생각과 함께 머리 숙여 아내에게 감사

69. BeDTS 기도 동역자들과 늘 함께 하는 아내에게 감사

70. 두 곳에 흩어졌던 우리 가족을 계산동에서 다시 뭉치도록 인도한 아내에게 감사

71. 소록도봉사 체험에 남편을 함께 하도록 인도해준 아내에게 감사

72. 사역에 어려움을 겪을 때 BeDTS 기도 동역자들과 중보기도를 하던 아내에게 감사

73. 괌도 아니고, 송도도 아니고, 음성도 아니라는 계시를 보여준 중보기도자들와 아내에게 감사

74. BeDTS 인천 독수리제자훈련학교로 인도해준 아내에게 감사

75. BeDTS 훈련 중 어려운 일들이 많았으나 끊임없는 기도로 중보해준 아내에게 감사

76. BeDTS 훈련 중 훈련비용을 잘 마련하도록 도와준 아내에게 감사

77. 여름철 무더위 속에서 국내 단기선교를 잘 다녀오도록 중보해준 아내에게 감사

78. 어린이집 주방사역이 많이 힘들 텐데도 티 내지 않는 아내에게 감사

79. 어린이집에서 진급 기회가 있는데도 고3 아들을 생각하며 마다한 아내에게 감사

80. 수피아에서 어린 교사들과 방과 후 선생들과도 잘 어울리는 아내에게 감사

81. ILP사역을 통해 목회자 영성훈련을 받는 남편을 보며 기뻐하던 아내에게 감사

82. 매일같이 남편의 식사 반찬을 잘 챙겨주는 아내에게 감사

83. 생일만 되면 늘 맛있는 곱창전골요리를 해 주는 아내에게 감사

84. 곱창요리는 손질이 많이 가는 음식이건만 손수 요리하기를 즐겨 하는 아내에게 감사

85. 명절 고향 나들이마다 선물을 챙겨 형님, 고모님, 큰아버님, 숙부님댁을 기쁘게 방문하는 아내에게 감사

86. CTS경인방송 지사장 진문용장로님댁까지 선물을 준비해주는 아내에게 감사

87. 형수의 생일이 추석날과 겹쳐서 늘 선물과 용돈까지 준비해주는 아내의 배려에 감사

88. 매일같이 비타민과 눈 영양제를 챙겨주는 아내에게 감사

89. 버스를 2번씩이나 갈아타고 출근하지만 늘 불평 없이 규칙 생활하는 아내에게 감사

90. 생활비가 모자라 늘 아이들에게 잘해주지 못하지만 조금씩 생활이 나아지는 것을 기뻐하는 아내에게 감사

91. 가정의 부채가 모두 갚아질 때 제일로 기뻐하며 눈물흘리던 아내에게 감사

92. 동양동 주공임대주택에 이사 올 때 생애 첫 아파트에 감격해하던 아내에게 감사

93. 임대주택의 관리비, 월세가 20만원 초반대로 감당할만 하다고 기뻐하는 아내에게 감사

94. 잊었던 국민연금을 퇴직금 반환, 추납, 매월 납입 절차를 잘
    살려 노후준비를 한 데에 칭찬해준 아내에게 감사

95. 국민연금이 생활에 보탬이 된다며 남편의 결정 가운데 제일
    잘했다고 엄지척으로 칭찬해준 아내에게 감사

96. 카드 없애기, 빚 안 지기, 대중교통 이용하기 등 노후생활건
    강을 제안한 아내에게 감사

97. 당뇨, 고혈압, 고지혈 판정을 받았지만 침과 음식으로 생활
    습관을 정착시켜 준 아내에게 감사

98. 60대가 되어 부부사랑이 더욱 성숙해지니 아내에게 감사

99. 매일같이 말씀묵상, 기도생활, 감사생활을 함께 이어가는 아내에게 감사

100. 남편에게도 99번의 실천을 요청하고 지지하는 아내에게 감사

101. 하늘의 공급해주시는 능력으로 살아가는 아내 주심을 감사

나는 감사로 기적을 보았다

초판 1쇄 발행 2018년 11월 05일
개정증보판 1쇄 발행 2024년 3월 15일

---

지은이 임승훈
펴낸이 황성연
펴낸곳 글샘출판사
출판등록 제8-0856
주소 경기도 파주시 광탄면 혜음로883번길 39-32

전화 031- 947-7777
팩스 0505-365-0691
이메일 hanulbook1@naver.com
디자인 청우(박상진)
마케팅 이숙희, 최기원
제작 관리 이은성, 한승복
Copyright ⓒ 2024, 글샘출판사

ISBN 978-89-91358-65-2 03230